WHY

왜 조선은 정도전을 버렸는가

세상의 모든
호기심에 답하는 책
WHY

왜 조선은 정도전을 버렸는가

조선 역사의 56가지 진실 혹은 거짓

이한우 지음

KI신서 1935

왜 조선은 정도전을 버렸는가?

1판 1쇄 인쇄 2009년 6월 2일
1판 6쇄 발행 2013년 3월 25일

지은이 이한우 **펴낸이** 김영곤 **펴낸곳** (주)북이십일
본부장 임병주
기획·편집 은지영 박영진 **디자인** 씨디자인 네오북
마케팅영업본부장 이희영
광고홍보 김현섭 김다영 강서영 **프로모션** 민안기 최혜령 김해나 이은혜
출판영업 이경희 정경원 정병철
출판등록 2000년 5월 6일 제10-1965호
주소 (우413-120) 경기도 파주시 회동길 201(문발동)
대표전화 031-955-2100 **팩스** 031-955-2151 **이메일** book21@book21.co.kr
홈페이지 www.book21.com **커뮤니티** cafe.naver.com/21cbook

값 13,000원
ISBN 978-89-509-1894-1 03900

조선 500년을 돌아보다

2001년부터 2007년까지 7년에 걸쳐 태조부터 순종까지의 조선왕조실록 번역판을 완독했다고 하면 사람들이 가장 궁금해 하며 묻는 것이 바로 '조선 사람들은 지금의 우리와 어떻게 달랐는가?' 하는 것이다.

그러면 필자는 늘 이렇게 답한다. '거기에도 우리와 똑같은 사람들이 있었다.' 좀 더 구체적으로 말하면 '거기에는 우리와 거의 똑같은 한국 사람들이 있었다' 라고.

물론 조선시대 사람들과 오늘날의 한국 사람들이 같을 수는 없다. 그들의 역사적 조건과 경험은 현대를 살아가는 우리의 역사적 조건 및 경험과 판이하기 때문이다. 조선은 군주제 국가였고 지금은 민주정 국가이다. 조선은 신분제 사회였고 지금은 신분이란 개념 자체가 없다. 조선은 자유가 무엇인지도 몰랐던 나라였으나 지금은 자유 민주주의를 기본으로 하는 나라이다. 무엇보다 조선은 중국의 변방에 붙어 어렵사리 그 존재를 이어온 힘없고 가난한 국가였고 대한민국은 세계적으로 인정받는 부유한 나라에 속한다.

그러나 우리는 조선 500년에 걸쳐 형성된 사회적, 문화적 배경을 바탕으로 대한민국이라는 근대 자유 민주국가를 만들어 냈다. 대한민국은 진공 상태에서 툭 튀어나온 것이 아니다. 아프리카나 동남아시아, 중국이나 러시아의 역사적 배경이 아니라 조선 500년을 본바탕으로 해서 만들어진 나라가 바로 대한민국이다.

일제 식민지에서 벗어난 지 정확히 3년 후인 1948년 8월 15일 대한민국이 탄생했을 때, 많은 한국 국민들에게 조선은 혐오와 배척의 대상일 수밖에 없었다. 무엇보다 조선은 일제 치하에서의 식민 생활을 가져와 백성들에게 말할 수 없는 고통을 안겨 준 만악의 원흉, 혹은 뿌리로 간주됐다.

만일 식민지화라는 과정을 거치지 않고 조선 내부에서 새로운 세력이 탄생해 근대국가를 세웠다면, 그 자부심이나 자신감을 바탕으로 조선의 역사에서 계승해야 할 것과 버려야 할 것을 차분하게 검토했을 것이다. 고려를 자력으로 무너트리고 조선을 세운 조선 초의 조선인들이 그러했던 것처럼.

유감스럽게도 우리의 현실은 그렇지 못했다. 조선은 식민지라는 과도기를 거쳐 대한민국으로 이어졌다. 36년 식민지 체험은 피식민자들에게는 깊은 트라우마(정신적 외상)를 남겼다. '조선적인 것' 일반에 대한 맹목적인 적대감이 그것이다. 이런 적대감은 신생 국가 대한민국의 건설이 가속화될수록 강화되었다. 자기 역사에 대한 비하는 점차 제도화되고 관습화되었다. 조선의 재발견은 대한민국이 하나의 나라로써 자신감을 회복하게 되는 90년대 중반까지 무려 50년 가까이 유보될 수밖에 없었다.

조선의 재발견은 곧 식민지의 정신적 외상에서 자유로운 젊은 학자들의 등장과 함께 본격화되었다. 마침 그 무렵 조선왕조실록 번역이 완성되고 정보화 작업도 추진되었으며, 실록은 조선의 역사 500년을 새롭게 볼 수 있는 지평을 열어 주었다. 2000년대 들어 실록을 통한 새로운 역사 보기가 붐을 이루게 된 데는 이 같은 인식의 전환이 크게 작용했다.

그런 흐름에는 필자도 속해 있다. 필자의 경우에는 조선왕조실록에서 먼저 국왕의 교육과 리더십에 초점을 맞췄다. 더불어 조선 국왕과 재상들의 정치 행태를 면밀하게 추적하는 데 관심을 쏟아 왔다. 그런데 놀랍게도 당시의 정치 행태와 현재의 정치 행태는 상당히 유사했다. 상하 관계, 최고 권력자를 둘러싼 암투, 기득권층과 신진 세력의 반복되는 충돌 등은 예나 지금이나 크게 다를 바가 없다. '거기에도 우리와 거의 똑같은 한국 사람들이 있었다'는 말은 그런 의미에서다.

종종 실록과 관련된 강연을 할 때 필자는 실록 읽기 7년을 백두대간 종주에 비유하곤 한다. 실제로 실록을 읽다 보면 큰 봉우리와 깊은 계곡도 만나고, 때로는 가볍게 오를 수 있는 구릉과 눈부시게 아름다운 비경을 만나기도 한다. 실록은 27개의 거대한 산(국왕)이 연이어 있다는 점에서 분명 하나의 산이나 산맥보다는 백두대간에 더 가깝다. 백두대간이 공간적으로 한반도의 중추이듯이 조선왕조실록은 우리 2000년 역사의 중추다. 전문 역사학자들이 그중 한 산을 선택해 깊이 파고든다면, 필자는 저널리스트로서 조선 500년의 전체적인 윤곽에 더 관심이 많았다.

앞서 언급한 대로 필자가 대학에 다니던 시절, 많은 학생들에게 역사, 그중에서도 우리 역사는 꺼려지는 대상일 뿐이었다. 필자가 서양 철학이나 서양의 역사 철학에 더 많은 관심을 쏟은 것도 어쩌면 우리 역사나 조상들에게서는 그다지 배울 것이 없으리라는 편견 내지 반발심 때문이었을 것이다.

언론사 생활을 하면서 우연한 기회에 역사 쪽에 관심을 갖게 되었고, 현대사뿐만 아니라 조선시대 500년을 통관(通觀)하는 체험을 하게 되었다. 막상 직접 역사 자료들을 보니, 예전에 책이나 학자들로부터 보고 배웠던 것들과 다른 사실들도 많았다. 그보다도 당연히 알려져야 할 것들 중 너무나 많은 사람들과 사건들이 제대로 주목받지 못한 채 내팽개쳐져 있다는 사실이 더 가슴 아팠다. 알려져야 할 것들이 묻혀 있으면 우리 역사는 빈곤할 수밖에 없기 때문이다. 때문에 조선시대의 역사 자체가 빈곤했던 것이 아니라 그것을 끊임없이 자기 것으로 만들어야 하는 우리 후손들의 역사 의식이 빈곤했던 것은 아닌가 하는 반성을 하게 됐다. 자기화의 결핍에 대한 반성이었다.

조선은 우리가 생각하듯 그렇게 빈곤하고 유약하기만 했던 나라가 아니다. 주어진 여건 하에서 최선을 다해 지혜를 모으고 난관들을 돌파해 나가며 500년을 유지한 나라이다. 그런 모습에 대해 사람에 따라 만족, 불만족이 있을 수 있다. 한쪽에서는 500년이나 유지되었다는 것은 알 수 없는 저력이 있지 않았겠느냐고 하고, 다른 한쪽에서는 임진왜란이나 병자호란이 일어난 200년쯤 되었을 때 망했어야 새로운 나라가 탄생해 일본의 침략도 받지 않았을 것이라고 비판하기도 한다. 물론 양쪽 견해 모두 충분히 존중받아야 한다. 다만 한 가지, 만족, 불만족에 앞서 과연 우리는 조선 500년의 실상을 충분히 알고서 만족이나 불만족을 표명하는지 되물어 볼 필요가 있다. 어떤 사안이나 인물에 대해 충분한 탐구도 해 보지 않고 서둘러 판단을 내리려는 조급함, 여기서 한국 사람들의 일반적인 특징을 보게 된다. 그러나 적어도 조선시대 사람들은 그보다 훨씬 수준이 높았다. 어떤 사안을 다룰 때는 반드시 선후본말(先後本末)과 완급을 따져 가며 접근했고, 사람을 평할 때도 인간의 양면성을 반드시 고려했다. 조선 사람들이 한국 사람들보다 뛰어난 점이라 할 수 있다.

필자의 경우에는 조선이 강국은 아니었지만 그렇다고 마냥 약소국이었다고 보지는 않는다. 자랑스러운 면도 많고 자괴감 드는 면도 많은, 그러면서 한국인인 필자로서는 있는 그대로 받아들이지 않을 수 없는 숙명과도 같은 역사 속의 나라가 바로 조선이다. 다른 나라의 역사를 보는 것과 달리 자기 나라의 역사를 보는 것은 곧 자신을 보는 작업이기도 하다. 조선은 우리에게 뛰어난 교사이면서 동시에 부끄러운 반면교사이다. 조선으로부터 배워야 할 것은 배우고 배워서 안 될 것은 배우지 않는 지혜는 온전히 우리 몫이다. 여기서는 일단 꼭 배워야 할 것 몇 가지만 지적해 두고자 한다.

조선인들이 오늘날의 한국인보다 뛰어난 점이 무엇이냐고 묻는다면 필자는 서슴지 않고 '역사의식'이라고 말하고 싶다. 역사의식이란 현재의 자신이 과거의 어떤 역사적 맥락 속에 위치하고 있는지를 분명하게 인식하는 자세를 말한다. 물론 세종대왕이라고 하는 위대한 국왕이 있었기 때문에 가능했겠지만, 조선이 고려 500년 역사를 총 정리하는 작업을 완성한 것이 1451년(문종 원년)이다. 조선이 탄생한 지 정확히 60년 만이다. 그런데 우리는 대한민국 탄생 60년이 넘도록 조선 500년 역사는 말할 것도 없고, 대한민국 60년 역사도 제대로 정리하지 못해 역사를 둘러싼 지식인 사회의 전쟁이 계속되고 있다.

두 번째로 실록을 통관하면서 새삼 알게 된 것은, 왕권(王權)이 강할 때는 나라도 강했고 신권(臣權)이 강할 때는 나라가 쇠약해지고 내우외

환에 시달렸다는 점이다. 하지만 우리가 접하는 역사책들은 왕권보다는 신권 우위가 더 바람직한 듯 서술하는 경우가 많다. 예를 들어 정도전이 말한 군신공치(君臣共治)가 가장 바람직한 정치인 양 맹목적으로 찬양하는 것도 그런 경우다. 그러나 이는 현실과 동떨어진 서술이라는 비판을 면키 어렵다.

신하들이 득세하면 결국 붕당이 생기고 백성들은 도탄에 빠진다. 이것은 필자 개인적인 견해가 아니라 실록 자체가 가르쳐 주는 엄정한 교훈이다. 조선 전기에는 비교적 왕권이 강했고, 조선 중기를 넘어서면 여러 가지 요인들로 인해 왕권이 약화된다. 아마도 현재 우리가 민주주의 사회에 살다 보니 강한 왕권에 대한 거부감이 있을 수 있지만, 조선의 역사를 살피면서 그런 거부감이 개입돼서는 안 될 것이다. 즉, 민주주의와 강한 리더십은 모순되는 것이 아니라 오히려 공존하게 만들어야 한다는 뜻이다. 이런 문제 의식은 이 책 전반에 깔려 있다.

이 책 한 권으로 조선 500년 역사의 전체적인 면모를 다 보여 줄 수는 없다. 그저 장님 코끼리 더듬듯 만지는 수준에 불과하다. 그러나 더듬지 않고서는 우리가 알고자 하는 그 대상으로 나아갈 수 없다. 다만 흥미 위주의 야사풍 일화집이 되지 않도록 사건 하나하나를 고를 때 일회성 에피소드보다는 나름의 의미와 문맥을 함축하고 있는 사건과 인물들을 고르려고 애썼다는 점만은 덧붙여 두고 싶다. 이 책이 재미와 의미가 함께하는 '조선 500년 답사 여행' 가이드로서의 역할만 할 수 있어도 더 이상 바랄 것이 없겠다.

이 책은 2008년 3월부터 2009년 1월까지 조선일보 주말 섹션 WHY에 연재했던 시리즈 '이한우의 역사 속의 WHY'가 없었다면 만들어지지 못했을 것이다. 이 책은 그 연재 시리즈를 골격으로 해서

배 이상 새로운 글을 추가해 만든 것이다.

먼저 필자에게 소중한 기회와 자극을 던져 준 조선일보 주말섹션 WHY의 책임자인 문갑식 기획취재부장에게 깊은 감사를 드린다.

또 첫 회가 나가자마자 출간을 제의하고 오랫동안 기다려 준 21세기북스의 김영곤 대표, 예리한 통찰로 완전히 새로운 책이 탄생할 수 있도록 도와 준 은지영 팀장, 박영진 과장께도 진심으로 감사의 마음을 전한다.

2009년 6월

이한우

|차례|

제2장 칼날 위 군주의 길을 가다
벨 것인가, 베일 것인가? 왕들의 정치 생존법을 밝히다

제3장 왜 그들은 권력과 멀어져야 했는가?
권력을 지양하지만 또 지향했던 왕실 종친의 삶을 들여다보다

제4장 왜 우리는 명신보다 충신을 기억하는가?

왕을 이끌고 돕고, 때로는 배반한 신하들을 살펴보다

제5장 관가를 알면 조선이 보인다

조선 500년을 지탱해 온 관가의 이모저모를 들여다보다

제6장 조선 사람들은 어떻게 살았을까?

각양각색의 조선 사람들에게서 진짜 조선을 찾다

제7장 왜 그들은 조선을 거부했는가?

난세의 민심에서 조선의 치부를 읽다

정사와 야사

우리는 흔히 정사(正史)와 야사(野史)를 구분할 때 고려 때 서술된 『삼국사기』와 『삼국유사』의 예를 자주 든다. 김부식이 편찬한 『삼국사기』는 정사, 일연이 편찬한 『삼국유사』는 야사라는 것이다. 정사는 공식적으로 기록된 사료들을 바탕으로 한 반면, 야사는 공사(公私)의 자료와 개인적인 체험뿐 아니라 민간에 전해져 내려오는 구전까지 담고 있다. 그래서 정사는 신빙성은 높으나 재미가 없고, 야사는 재미있지만 신빙성이 없다는 지적을 받곤 한다. 그러나 정사라고 해서 반드시 재미가 없고 야사라고 해서 반드시 신빙성이 떨어지는 무의미한 자료라 할 수는 없다.

예를 들어 조선 중기의 문신 이수광의 『지봉유설』이나 조선 후기의 실학자 이익의 『성호사설』은 전통적인 분류로 하자면 야사에 속하겠지만, 그 내용을 들여다보면 야사라기보다는 정사 해설 내지 역사 비평에 가까운 부분들이 많다.

이수광의 『지봉유설』에는 세종의 다섯째 아들인 광평대군이 굶어 죽었다는 충격적인 내용이 담겨 있다.

광평대군(廣平大君) 이여(李璵, 세종 7년 1425년~세종 26년 1444년)가 어렸을 때 관상 보는 자가 상법(相法)으로 따져서 말하기를 "마땅히 굶어죽을 것이다"라고 했다. 이 말을 듣고 세종이 말하기를, "내 자식이 어찌 굶어 죽을 이치가 있느냐"하고, 동쪽에 있는 적전(籍田-임금이 직접 경작하던 땅)을 모두 이여에게 하사했다. 그 뒤 이여는 생선을 먹다가 생선 가시가 목에 걸려 아무것도 먹지 못하다가 죽었다.

이 사건은 과연 사실일까? 아니면 어느 부분까지가 사실일까?

일단 정사인 실록을 통해 확인해 보자. 먼저 세종이 어려서 아들의 관상을 보았다는 이야기는 실록에 나올 수 없는 내용이다. 왕자들의 관상을 보았다는 이야기는 지극히 사적일 뿐만 아니라 실록의 세계관인 유학 정신과도 맞지 않기 때문이다. 그러나 매사에 최선을 다했으며, 필요하면 풍수지리까지도 동원했던 세종의 성품이라면 당대 최고의 관상쟁이를 불러 왕자들의 관상을 보았을 개연성은 거의 100%에 가깝다. 물론 그 이후 이야기도 실록에는 나오지 않는다. 대신 실록에는 세종 26년(1444년) 12월 6일 광평대군이 창진(瘡疹-부스럼)을 앓는다는 기사가 나오고, 광평대군은 그 다음날 세상을 떠난다. 생선 가시가 목에 걸렸다거나 식사를 하지 못했다는 기록은 전혀 없다.

그렇다면 이수광의 이야기는 역시 야사답게 거짓말일까? 실록의 편찬자가 의도적으로 거짓을 기록하지 않았다면 이수광의 이야기는 '믿거나 말거나'라고 할 수 있다. 그러나 편찬자가 '한 나라의 왕자가 생선 가시 때문에 죽었다는 이야기는 민망하다'라고 생각하여 은근히 돌려 적었을 수도 있다. 이수광이 저잣거리의 이야기꾼이 아닌, 이조판서까지 지낸 조선 중기의 명망 있는 중신이었기 때문에 더욱 그렇다. 이런 경우에는 사실과 거짓을 반반 정도로 보는 게 온당할 것이다.

그러나 대부분의 경우, 정사인 실록이 야사의 정확성을 압도한다. 영·정조 무렵 편찬된 것으로 보이는 작자 미상의 대표적인 야사집 『소대기년(昭代紀年)』에는 이이의 10만 양병설과 관련해 이런 기사를 싣고 있다.

일찍이 경연(經筵)에서 미리 군사 10만을 양성하여 이로써 급한 일에 대비해야 할 것이니 그렇지 않으면 10년이 지나기 전에 장차 흙처럼 무너지는 화(禍)가 있을 것이라고 청했다. 그러나 서애 류성룡은 일이 없는데 군사를 기른다는 것은 화를 기르는 것이라 했고, 이때는 모두 오랫동안 세월이 편안하여 경연의 신하들은 모두 이이의 말이 잘못이라고 했다. 이에 이이는 밖으로 나와 류성룡에게 이르기를, "나라의 형세가 누란(累卵)과 같은 이때에 속유(俗儒)들이 시무(時務)에 통달하지 못하니 딴 사람에게는 진실로 바랄 수 없지만 그대마저 역시 이런 말을 하는가? 지금 미리 양성하지 않으면 뒤에 가서 미치지 못할 것이다"라고 했다. 임진 난리에 서애가 사람들에게 말하기를 "당시에 나도 또한 그 시끄러울 것을 염려하여 그르다고 했지만 지금에 와서 보니 이이는 참으로 성인(聖人)이로다"라고 했다.

흔히 말하는 이이의 '10만 양병설'의 골자가 고스란히 담긴 야사이다. 이에 대해서는 뒤에 별도로 상세히 살펴보겠지만, 본디 '10만 양병설'의 기획자는 이이가 아닌 선조였고 이런 이야기가 나올 당시의 주적(主敵)도 일본이 아니라 북방 오랑캐(훗날의 청나라)였다. 이 야사는 완전한 사실무근은 아니고, 훗날 일부의 사실과 일부의 허구가 결합되어 인조반정으로 집권한 서인 세력의 정당성 신화 중 하나로 자리

잡게 된다. 이이는 주희와 함께 서인들이 '영원한 영수(領首)'로 받드는 인물이다. 반면 류성룡은 남인 쪽 인물이었다. '10만 양병설의 주인공=이이'라고 하는 것은 서인들이 국가의 장래를 미리 걱정해 계책을 마련했다는 하나의 근거가 되기 때문이다. 이런 야사는 정사와의 정밀한 비교를 통한 해체(解體) 독해(讀解)를 할 때 그 실상을 잡아 낼 수 있다. 해체 독해는 야사뿐만 아니라 정사를 제대로 이해하기 위해서도 필수적인 방법이다.

그렇다고 야사를 무시해야 한다는 것은 결코 아니다. 야사는 재미도 있지만 때로는 인간과 역사에 대한 깊은 통찰을 담고 있을 때가 많기 때문이다. 임진왜란 극복에 큰 공을 세운 윤근수의 문집 『월정만필』에는 아주 흥미로운 이야기가 실려 있다.

안성부원군 이숙번은 어린 광묘(光廟-세조)를 보고 말하기를, "어린애의 눈동자가 너무도 그 할아버지를 닮았구나. 모쪼록 형제끼리 우애하고 너의 할아버지는 본받지 말라" 하였다 한다. 할아버지는 태종을 가리킨 것이다.

우선 사실 여부를 따져 봐야 할 것은, 태종 이방원의 '혁명 동지'였던 이숙번이 과연 어릴 때의 세조를 보고 그런 말을 실제로 했을까 하는 점이다. 세조는 1417년생으로, 아버지 세종이 왕위에 오르기 1년 전에 태어났다. 정황으로 보자면 태종이 상왕으로 물러나 어린 세종을 섭정할 때에는 제 아무리 태종과 가까웠던 이숙번이라 하더라도 이런 위험한 발언을 하진 못했을 것이다. 태종은 1422년 세상을 떠났다. 이때 세조는 여섯 살 무렵으로, 결국 이숙번은 이런 말을 세종 5 ~7년 사이에 할 수 있었을 것이다. 그런데 이숙번은 세조가 태어나던 그 해에 경상도 함양으로 유배 갔고, 세종 21년(1439년)에서야 세종의 특별한 배려로 고향인 경기도 안산으로 옮겨 살다가 이듬해 세상을 떠났다. 애당초 세조에게 그런 말을 할 기회가 없었던 것이다.

그러나 이 말은 비록 사실성은 현저하게 떨어지지만, 윤근수처럼 예조판서까지 지낸 조선의 고위 관리들이 태종이나 세조에 대해 어떻게 생각하고 있었는지를 은근히 보여 준다는 점에서 무의미한 일화라고 할 수는 없다. 사실은 아니지만 일말의 진실은 전하고 있기 때문이다.

사실 전근대에서 근대로 들어오면 정사, 야사의 이분법이 그다지 큰 의미를 갖지 않는다. 시민사회의 파워가 커지면서 국가에 의한 정통 역사 기록이라는 것 자체가 의문시되며 분야별 역사로 전문화되기 때문이다. 그것은 민주주의 발달에 따른 자연스러운 흐름이다. 또 국가나 지도자보다는 민초들의 삶에 주목하려 했던 민중사 또한 역사 이해의 폭을 넓히는 데 일정한 기여를 한 것이 사실이다. 그러나 국가의 역사를 배척하고 매도하는 태도 또한 역사를 보는 올바른 태도라고 할 수 없다. 정사와 야사를 아우르며 서로 비교하여 야사를 통해 정사에 생명력을 불어넣고 정사를 통해 야사의 진위를 걸러내는 작업은 조선시대뿐만 아니라 우리가 살고 있는 대한민국을 바로 들여다보기 위해서도 반드시 필요하다. 정사와 야사는 전체로서의 역사를 볼 수 있게 해 주는 두 개의 눈이다.

제1장

조선은 군주의 나라이다

흥미로운 일화와 사건으로 왕들의 삶을 재구성하다

국왕은 하나같이 지존(至尊)이요, 최고의 권력자였다. 또한 그들은 모두 별개의 성격을 지니고 있었다. 싫건 좋건 한 국왕의 시대는 그 국왕의 성격에 의해 결정적인 영향을 받았다. 조선의 어느 특정 시대를 알고자 하면 먼저 그 당시 국왕의 성격부터 파악해야 하는 것도 그 때문이다. 그 말은 곧 조선의 국왕을 모르고서는 조선의 기본 골격을 알 수 없다는 말과도 통한다. 군주국가 조선의 이야기를 하면서 군주의 이야기로부터 시작하는 것도 그 때문이다.

왜 이성계를
고려의 임시 국왕이라 했을까?

공식적으로 명나라로부터 '조선 국왕'으로 처음 인정받은 국왕은 태조가 아니라 태종이다. 그렇다고 여기에서 조선의 건국 시점을 두고 논란을 벌이려는 것은 아니다. 궁금한 것은, 그렇다면 명나라로부터 처음 책봉받은 태종의 전임 왕들인 태조 이성계나 태종의 형 정종은 조선 국왕이 아니라 무엇으로 불렸는가 하는 점이다.

그전에 먼저 국호부터 정리할 필요가 있다. 태조 이성계는 즉위한 그 해 11월 29일, 예문관 학사 한상질(韓尙質)을 명나라에 보내 조선(朝鮮)과 화령(和寧) 중에서 하나를 골라 새로운 나라의 국호로 삼을 수 있게 해 달라고 주청했다. 화령은 이성계의 근거지인 함흥 일대를 말한다.

명나라는 이에 대한 공식 승인은 하지 않은 채 조선이라는 명칭을 쓰고 싶으면 알아서 하라고 퉁명스럽게 답했다. 명나라로서는 고려가 망하고 새로운 나라가 생겼다고는 하나 앞으로 상황 변화를 지켜볼 필요가 있다고 판단하고 유보적인 태도를 보인 것이다. 그에 앞서 명나라를 방문하고 돌아온 조림(趙琳)은 명나라 조정으로부터 신왕(新王) 이성계의 칭호를 권지국사(權知國事)로 해도 좋다는 허가를 받아 왔다.

이 둘을 종합하면 태조 이성계의 명칭은 '조선국 권지국사'가 되어야 하지만, 명나라에서는 공식 외교문서를 보낼 때 이성계를 '고려 권지국사'로 불렀다. 국호를 조선으로 공식 인정하는 고명(誥命)을 보내지 않았기 때문이다. 고명이란 황제가 내리는 일종의 임명장 같은 것이다. 그러다 보니 조선에서 명나라에 보내는 외교문서에서는 '조선국 권지국사'라고 써도 명나라에서 보내는 답신은 언제나 '고려 권지국사'로 왔는데, 태종의 즉위와 함께 고명과 인신(印信-국새)을 받고 나서야 비로소 '고려 권지국사'가 '조선 국왕'으로 바뀔 수 있었다. 그 의미는 컸다.

'권지(權知)'란 요즘 용어로 말하면 '인턴', '임시' 등의 뜻이다. 따라서 권지국사란 정식 국왕이 아니라 임금 준비를 하는 임시 국왕이라는 뜻으로, 권서국사(權署國事)라고도 불렀다. 결국 태조와 정종은 적어도 공식적으로는 조선의 임금이 아니라 '고려의 임시 국왕'이었던 셈이다. 이후에도 중종처럼 반정에 의해 왕위에 오르거나 선조처럼 왕통이 끊어져 방계에서 잇게 될 경우에는 명나라의 고명이 오기 전까지 '권지국사'를 자처하기도 했다.

사실 이 문제는 조선으로서는 대단히 치욕적인 부분일 수도 있었다. '권지'란 국왕이라는 칭호 앞에 붙이기에는 너무나도 어울리지 않기 때문이다. 원래 권지란 벼슬 이름 앞에 붙여 그 벼슬을 잠시 맡아보는 자나, 그 벼슬의 후보자를 지칭하는 말로 널리 쓰였다. 예를 들면 성균관의 말직이 학유(學諭, 종9품)였는데, 문과에 급제하고 성균관에서 수습을 받게 될 경우 '성균관 권지 학유'가 된다.

요동 정벌을 중단하고 위화도 회군을 통해 실권을 장악한 뒤 고려를 엎고 새 나라를 만든 이성계에 대해 명나라 태조 주원장은 왜 이처럼 부정적인 태도를 보인 것일까? 그 원인은 고려 말로 거슬러 올라가야 한다. 이성계가 실권을 장악하고 사람들을 끌어 모으자 무력을 갖지 못한 이색은 명나라의 힘을 빌리려 했다. 그래서 이색은 명나라에 사람을 보내 황제에게 '공양왕은 왕씨가 아니라 이성계의 친척일 뿐'이라는 황당한 외교문서를 올리기도 했다.

이런 해프닝이 일어나게 된 배경을 정확히 이해하려면 1368년 주원장이 중원에서 몽골을 축출하고 명나라를 건국한 이후 계속된 고려와의 외교적 충돌을 먼저 알아야 한다. 명나라가 들어섰을 때 고려는 공민왕 재위 17년을 맞고 있었다. 공민왕은 명 건국을 고려가 원나라(당시는 북원) 지배로부터 벗어날 수 있는 계기로 삼으려 했다. 그래서 이듬해인 공민왕 18년(1369년) 4월 주원장이 고려에 사신을 보내오자 원나라 연호인 '지정(至正)'을 정지시키고, 5월에 명나라로 사신을 보내 신하로서의 충성을 약속한다. 명나라와 고려는 그렇게 우호적 관계를 맺는 듯했다. 그러나 공민왕은 국제 정세를 읽는 데 있어 철저한 리얼리스트였다. 원나라 연호를 버렸음에도 불구하고 명나라 연호 '홍무(洪武)'를 사용하지 않은 것은 아직 명나라를 완전한 주군(主君) 국가로 모시지는 않겠다는 은근한 의지의 표현이었다.

사실 공민왕의 고민은 더 먼 곳을 향하고 있었다. 명나라가 안정되는 것이 고려에 복인가, 화인가? 송나라를 제외한다면 한나라, 수나라, 당나라 등이 모두 건국 초기에 한반도를 침략했다. 이 점을 모를 리 없는 고려 조정과 공민왕은 장기적인 대책을 마련하지 않을 수 없었다.

그것이 바로 대륙의 주인이 바뀌는 가운데 무주공산(無主空山)처럼 돼 버린 요동을 선점하는 전략이었다.

공민왕 19년 1월, 동북면 원수 겸 문하성 지사 이성계는 기병 5000

명과 보병 1만 명을 이끌고 요동을 공격해 대성공을 거둔다. 그러나 요동에 군대를 주둔시키지는 않고 2월에 모두 복귀시켰다. 명나라는 이성계의 요동 공격에 대해 즉각적 반응을 보이지는 않았지만 요동은 명나라에 속하는 땅임을 고려에 주지시켰다. 그러나 공민왕은 이를 무시하고 19년 8월부터 11월까지 다시 요동을 공격해 요성(遼城)을 함락시켰다. 이런 가운데 요동의 실력자들이 공민왕 20년 윤3월부터 하나둘 명나라에 투항하기 시작하고, 이때부터 고려를 계속 의심해 오던 명 황제 주원장은 고려에 대해 위압적인 태도를 보이기 시작한다. 군사적 정벌 가능성까지 내비친 것이다. 이에 불안을 느낀 고려는 공민왕 22년 10월, 사신을 보내 거듭 충성을 맹세함으로써 긴장의 강도를 완화했다. 거듭되는 고려의 저자세 외교 끝에 마침내 공민왕 23년 6월, 주원장은 불가침을 약속한다. 그러나 고려를 의심의 눈초리로 보는 주원장의 본심까지 바뀐 것은 아니었다.

게다가 3개월 후인 공민왕 23년 9월, 공민왕이 피살되고 우왕(禑王)이 즉위하면서 상황은 다시 급변한다. 우왕을 둘러싼 이인임을 비롯한 원로 세력들이 북원과의 관계를 회복한 것이다. 이인임에 대해서는 약간의 설명이 필요하다.

이인임(李仁任, ?~1388년)은 공민왕 17년(1368년) 좌시중(左侍中-좌의정)을 거쳐 이듬해 수문하시중(守門下侍中)이 되고, 같은 해 서북면도통사(西北面都統使)가 되어 원나라의 동녕부(東寧府)를 정벌하였으며 그 후 광평부원군(廣平府院君)에 책봉되었다. 1374년 공민왕이 살해되어 후사(後嗣) 문제가 일어나자 태후와 문하시중 경복흥(慶復興)의 주장을 꺾고 신돈의 아들이라는 의심을 받던 우왕을 추대했다. 정권을 잡은 그는 친원 정책(親元政策)을 취하여 친명파(親明派)를 추방, 지윤(池奫), 임견미(林堅味),

염흥방(廉興邦) 등 충복들을 요직에 앉히고 매관매직을 하며 경복흥을 무고하여 죽이는 등 전횡을 일삼았다. 하지만 그 횡포에 격노한 최영, 이성계 등에 의해 1388년 고향인 경산부(京山府-경상도 성주)에 유배되었다가 얼마 후 사망하였다.

친원파인 이인임이 공민왕 시해 후 실권을 장악했다는 것은 명나라 입장에서 보자면 다시 고려에 배신을 당한 셈이었다. 결국 우왕 4년과 11년 잠깐을 제외하고 고려와 명나라의 관계는 악화 일로를 치달았다. 1388년 우왕이 쫓겨나게 되는 결과를 가져온 이성계의 위화도 회군은 이런 맥락에서 일어난 것이다. 이성계의 위화도 회군이 요동 정벌론을 무력화시켰다는 점에서는 명나라에 유리한 것이었지만 그렇다고 명나라로서는 흔쾌할 수가 없었다. 이성계는 바로 공민왕 때 요동 정벌의 주장(主將)이었기 때문이다. 명나라는 고려 조정의 내부 상황을 예의주시하지 않을 수 없었다. 이색이 명나라의 힘을 빌려 위화도 회군 이후 실력자로 떠오른 이성계를 견제하려 한 것도 바로 그 때문이었다.

명나라와 고려의 애증 관계는 조선이 건국된 이후에도 계속 이어졌다. 태조 3년 4월에는 명나라에서 황영기 등이 사신으로 와 조선의 명산대천을 돌아다니며 제사를 올리는데, 그 축문(祝文) 중에 이런 내용이 포함돼 있었다.

옛날 고려 신하 이인임의 후사 이성계가 공공연하게 사람을 보내서 정탐하기도 하고 혹은 비밀리 사람을 보내서 우리들의 변방 장수들을 유인하고 바닷가의 백성을 죽이고 약탈하기도 한다.

그러면서 장차 조선과 명나라 사이에 전쟁이 일어나면 조선의 귀신들도 명나라 군대를 도와달라고 빌었다. 내용도 오싹하지만 '이인임의 후사 이성계'란 대목은 충격적이었다. 그래서 이성계는 6월경 명나라로 돌아가는 황영기편에 자신은 결코 이인임의 자식이 아니라 오히려 그의 정적이라고 해명했다.

'이인임이 누구인가? 고려 말 권신으로 자신과 피 말리는 권력 투쟁을 벌여야 했던 인물 아닌가? 그런데 내가 그의 자식이라니!'

이성계로서는 참을 수 없는 모욕이었다. 워낙 황당한 내용이었으니 이성계는 황영기가 돌아가 잘 해결했을 것으로 믿었다.

그러나 그게 아니었다. 두 차례 왕자의 난을 거친 태종의 집권 초기(태종 2년), 명나라에 사신으로 갔던 조온이 돌아와 명나라 공식 문서에는 여전히 이성계가 이인임의 후사로 기록돼 있다는 사실을 전한다. 이때부터 조선에서는 종계변무(宗系辨誣), 즉 집안의 뿌리에 대한 무고를 바로잡는 일이 대명 외교의 중대 사안으로 자리 잡았다. 이 문제는 결국 200여 년이 지난 선조 때에 가서야 깨끗이 정리된다. 이는 아마도 조선을 길들이기 위한 명나라의 의도적인 왜곡 사건으로 보인다.

태조 이성계와 명나라의 악연은 그만큼 깊었고 오래갔다.

:: 옛 관직명의 화석, 도지사

권지(權知)가 임시, 인턴 등의 뜻을 갖게 된 것은 '권(權)' 자의 뜻 중에 임기응변, 임시 등의 뜻이 포함돼 있기 때문이다. 임금들이 정도를 벗어나 상황에 따른 임시변통을 해야 할 때 '권도(權道)를 쓴다' 라고 했는데, 이 '권' 자도 같은 뜻이다. '지(知)'에는 '알다' 라는 뜻뿐만 아니라 '맡다', '주재하다', '주관하다' 등의 뜻이 있음으로 권지는 '임시로 맡아서 일을 주재한다' 는 뜻이 된다. 참고로 조선의 관직명에서 '지(知)'만 들어가는 경우는 상당한 고위직을 지칭했다.

조선시대 최고의 행정기관이자 의결기구였던 의정부에는 영의정과 좌우 정승(모두 정1품), 좌우 찬성(종1품), 좌우 참찬(정2품)이 있었다. 의정부에 있다가 물러나면 명예직으로 중추부의 같은 품계 자리로 옮기게 되는 게 당시의 관례였다. 영의정으로 있다가 관직에서 완전히 은퇴하지 않을 경우 중추부 영사(領事)로 옮겼다. 의정부 영사를 당시에는 영의정부사라고 부르거나 줄여서 영의정이라고 부른 것처럼 중추부 영사도 영중추부사, 영중추가 된다. 영사 다음이 종1품 판사(判事)다.

중추부 판사, 혹은 판중추부사(약칭 판중추 혹은 판부사)는 좌우 찬성(종1품)급이고 그 다음이 정2품 지사(知事)다. 따라서 중추부 지사 혹은 지중추부사(약칭 지중추)는 좌우 참찬(정2품)급이다. 이 자리는 6조의 판서를 끝내고 정승급으로 올라가기 전에 종합적인 정무 처리 능력을 검증해 보는 지위라고 할 수 있다. 지사 바로 아래는 동지사(同知事—종2품)다. 이때의 '동(同)' 자는 '무엇무엇에 준한다' 는 뜻으로, 부(副)에 해당한다고 볼 수 있다.

오늘날의 관제와 비교해 보면 국왕—대통령, 영의정—총리, 좌우 정승—부총리, 판서—장관, 참판—차관, 참의—차관보 등에 해당되겠지만 용어는 완전히 바뀌었다. 딱 하나, 지사(知事)만이 비록 지방관직으로 바뀌긴 했지만 '도지사(道知事)'에 그대로 화석처럼 남아 있다.

아버지와 형과 아들, 자신을 왕으로 만든 태종

세계 어느 역사에 아버지, 형, 자신, 아들을 자기가 원하는 대로 임금으로 만들고 또 그 임금 자리에서 내려오게 만든 인물이 있을까? 바로 우리 역사에 있다. 태종 이방원이 바로 그 장본인이다. 태종의 삶을 깊이 들여다볼수록 권력의 생래적 본질을 알게 되는 것도 그 때문이다.

첫 번째 장면

조선이 건국되기 1년 전인 1391년(고려 공양왕 3년), 이성계는 공양왕 세력과 숨 막히는 신경전을 벌인다. 공양왕을 왕위에 세운 것은 바로 이성계다. 이성계는 위화도 회군(1388년)을 통해 우왕과 그를 보호하던 최영 세력을 제거하고 창왕 또한 내친 다음, 자신과 인척 관계이기도 한 고려 20대왕 신종의 7대손인 정창군을 새 임금 공양왕으로 추대했다. 그러나 임금은 임금이었다. 왕위에 오른 공양왕은 이성계 세력을 멀리하고 전통적인 고려 중신들을 자기편으로 끌어들이며 독자 세력을 구축하려 애썼다. 3년쯤 지난 후 이성계파와 반(反) 이성계파 세력은 서로 한치 앞도 내다볼 수 없을 만큼 팽팽한 수준에 이르게 된다.

그 해(1391년) 6월, 이성계를 지지하는 대간들이 귀양 갔다 돌아온 반이성계파의 거두 우현보를 다시 유배지로 돌려보내야 한다는 상소를 올렸다. 우현보의 생애를 살펴보면 그 시대가 얼마나 난세였는지 한눈에 알 수 있다. 우현보(禹玄寶, 1333년~1400년)는 1355년(공민왕 4년) 문과에 급제, 우왕 때 정2품 정당문학 등을 지냈다. 최영, 정몽주, 이색 등과 가까웠던 그는 자연스럽게 이성계의 반대편에 섰다.

그래서 위화도 회군 직후 파직되었다가 1390년(공양왕 2년) 삼사판사(三司判事)로 관직에 복귀한 그는, 이번에는 우왕의 역모 사건에 연루돼 귀양을 간다. 그 후 다시 개경에 돌아오게 되지만 또 대간들의 탄핵을 받은 것이다. 훗날 우현보는 정몽주의 시체를 수습하여 장례를 치렀다 하여 경주에 유배되지만 1398년(태조 7년) 1차 왕자의 난 직후 복직되어 이듬해 단양백에 봉해진다. 그는 바로 이방원의 어릴 때 스승이었던 것이다.

그 후 1400년(정종 2년), 우현보는 이방원과 함께 자기 밑에서 공부했던 또 다른 제자인 이래(李來)로부터 2차 왕자의 난에 관한 정보를 듣고 이를 정안공 이방원에게 알린 공으로 좌명공신과는 별개로 추충보조공신(推忠輔祚功臣)에 책록된다. 이래는 거의 유일하게 공민왕 때 신돈을 정면으로 탄핵한 이존오의 아들이자 이방원과는 과거에도 함께 급제한 동기생이었다. 태종이 왕위에 오르자 훗날 세자 양녕대군의 스승이 된다.

그러나 이때만 해도 우현보는 이성계와 정면으로 대립하고 있었다. 손자 우승범이 공양왕의 사위였기 때문이다. 그래서 공양왕은 우현보의 재귀양을 청하는 세 차례의 상소를 모두 무시한 채 오히려 밀

직사(왕명 출납을 맡았던 조선의 승정원과 비슷) 판사로 있던 이성계의 셋째 아들 익안대군 이방의를 불러 이성계의 집에 보내 "대간들의 상소를 금하라"라고 통보했다. 이에 이성계는 "내가 대간들을 뒤에서 사주한다는 말이냐?"며 오늘날의 총리에 해당하는 문하시중 자리를 내던져버렸다. 이에 놀란 공양왕은 바로 우현보를 철원으로 유배시키고는 다시 시중을 맡아 달라고 매달렸다. 독자적 세력을 구축하려 했던 공양왕이지만 무신정권 때의 임금들처럼 무력을 장악하지 못했기 때문에 이성계의 눈치를 살피지 않을 수 없었던 것이다. 그러나 이성계는 병이 났다며 대신 다섯째 아들 이방원을 공양왕에게 보내 거칠게 항의하고 재차 사직서를 제출했다. 이처럼 이방원은 이 무렵 이성계의 복심(腹心)을 전달해야 할 일이 있을 때면 늘 밀사로 활약했다.

일은 뜻하지 않은 데서 터졌다. 다음해 3월, 이성계가 해주에서 사냥을 하다가 낙마하여 중상을 입은 것이다. 그때 문하시중을 맡고 있던 정몽주는 만면에 미소를 띠었다. 그는 이성계를 중심으로 한 신진세력의 발호를 부정적으로 바라보고 있었다. 특히 조준, 남은, 정도전 등 이성계의 무리가 언젠가는 이성계를 왕으로 추대하리라는 것을 알고서 대반전의 기회를 노리고 있을 때였다.

정몽주는 간관(諫官) 김진양 등을 불러 이성계 무리들을 탄핵할 것을 사주했다. 이들을 먼저 제거한 후에 이성계를 칠 계획이었다. 그래서 김진양 등은 글을 올려 조준, 정도전, 남은, 윤소종, 남재, 조박 등을 탄핵했고, 정몽주는 공양왕에게도 압력을 넣어 이들을 모두 잡아들여 국문한 다음 멀리 유배를 보냈다.

개경에서 일어나고 있던 일을 전혀 모르는 이성계는 병도 치료할 겸해서 바로 개경으로 돌아가지 않고 예성강변의 벽란도로 가서 장

기간 머물렀다. 그때 이방원이 급히 말을 타고 달려왔다. 그리고 그 날 밤 이성계는 이방원의 강권에 가까운 설득으로 개경으로 돌아왔다. 기본적으로 이성계는 서둘지 않았고 이방원은 서둘렀다. 백전노장 이성계는 상황을 장악할 자신감이 있었고 이방원은 젊은 혈기에 불안감이 컸다. 개경으로 돌아오면서도 이성계는 '죽고 사는 것은 다 천명에 달려 있으니 순리에 따를 뿐'이라며, 오히려 자중하라고 이방원을 타이른다.

이방원은 아버지의 구상과 관계없이 이성계의 배다른 동생인 이화와 함께 독자적으로 정몽주 제거 계획을 세웠다. 그런데 이성계의 이복형 이원계의 사위인 변중량이 이를 전해 듣고는 즉각 정몽주 쪽에 알렸다. 이성계와 이원계의 사이는 그리 원만하지 못했다. 어머니가 노비였던 이원계는 이성계에 대한 콤플렉스가 있었다.

그러나 변중량의 이야기를 전해 들은 정몽주 역시 진퇴양난이었다. 조선시대 때 집필되었다는 점에서 조선 왕실의 시각이 고스란히 담겨 있긴 하지만, 『고려사』는 이성계가 멀쩡하게 살아서 개경으로 돌아왔을 때 정몽주가 두려움과 걱정으로 3일 동안이나 아무 것도 먹지 못했다고 기록하고 있다.

1392년 4월 4일, 정몽주는 이성계의 동태를 살피기 위해 모른 척하고 이성계의 집을 찾았다. 이성계도 마치 아무 일도 없었다는 듯이 정몽주를 대했다. 이성계는 속으로 시간과 대세는 자기편임을 확신하고 있었다. 무력도 장악하고 있었다. 정몽주는 평소와 다름없이 자신을 대하는 이성계를 보고 일단 안심한 채 이성계의 집을 나섰다.

정몽주가 집에서 나가자 이방원은 바로 아버지에게 뛰어 들어가 다시 설득을 시도했다. 그러나 이성계는 단호했다. "절대 안 된다."

정몽주가 이방원에 의해 살해당한 선죽교

이방원은 곧바로 밖으로 나와 이두란을 설득했다. 여진족 출신으로 이성계 군에 투항하여 이성계와 의형제를 맺었던 이두란은 이성계 편이었다. 이방원의 제안을 받아들이지 않은 것이다. 결국 이방원은 자신의 심복인 조영규, 조영무, 고려, 이부 등 45명을 보내 선죽교를 건너던 정몽주를 철퇴로 쳐서 무참하게 살해했다. 이성계는 분노하여 이방원을 크게 질책했다. 사실 이성계는 정몽주 같은 인물을 잘 설득해 새로운 정권의 정신적 상징으로 삼고 싶은 생각이 있었을 것이다. 하지만 이런 계획이 한꺼번에 허물어져 버렸다. 이를 계기로 이성계는 그 후 줄곧 이방원을 경계하고 멀리하게 된다. 그리고 결국 이 일로 인해 공양왕은 자리를 내놓았다.

7월 17일, 마침내 고려는 34대 475년 만에 멸망하고 이성계가 왕위에 즉위하면서 향후 500년을 이어갈 새로운 왕조가 시작된다. 조선 건국의 결정적 계기는 이방원이 제공한 것이다.

두 번째 장면

태조 7년(1398년) 8월 26일, 밤 10시경.

경복궁 근처 송현에 위치한 의성군 남은의 첩이 사는 집에 남은과 봉화백 정도전, 그리고 세자 방석의 장인인 부성군 심효생이 모여 가벼운 술자리를 갖고 있었다. 세 사람은 태조의 막내아들인 방석을 세자로 추대한 후 7년 동안 막강한 권세를 누리고 있던 트리오이자 정안공 이방원의 최대 정적이었다. 경복궁에서 걸어 5분도 안 되는 거리에 있는 이 집은 그들이 늘 만나 회합을 갖던 캠프였다.

이들은 등불을 밝히고 집 밖까지 새어 나가는 웃음까지 섞인 담소를 나누며 술을 마시고 있었다. 그런데 그때, 갑자기 이웃집들이 불길에 휩싸였다. 놀라서 집 밖으로 뛰어 나오던 심효생은 측근인 이근, 장지화와 함께 그 자리에서 살해되었다. 남은은 하경, 최운 등을 거느리고 달아났고, 함께 자리했던 이직은 지붕으로 올라가 불 끄는 노비처럼 위장해 달아나는 데 성공했다. 정도전은 옆집으로 숨어들었다. 그러나 집주인 민부가 달려 나가 "배가 불룩한 사람이 내 집에 들어왔습니다"라고 신고했다. 이 말에 그가 정도전임을 곧바로 알아차린 정안공 이방원은 병사 넷을 들여보내 잡아 오게 하였다. 침실에 숨어 있던 정도전은 자그마한 칼을 손에 쥔 채 걷지도 못하고 엉금엉금 기어서 나왔다. 정도전은 말을 타고 있는 정안공을 올려다보며 살려 달라고 애원했다.

"공이 예전에 이미 나를 살렸으니 이번에도 한 번만 살려 주소서."

천하를 호령하던 정도전의 모습은 온데간데없었다. 정도전이 말한 '예전'이란 임신년의 일을 염두에 둔 것이다. 임신년의 일이란, 바로 1392년에 이방원이 정몽주를 죽임으로써 사형 집행을 기다리고 있던 정도전이 목숨을 구할 수 있었던 일을 말한다.

한때는 함께 학문을 이야기하던 동료이자 아버지 태조를 도와 같이 사선을 넘나들던 혁명 동지였다. 순간적이었겠지만 정안공 이방원의 머릿속으로 지난 날 정도전과 얽힌 기억의 파편들이 스쳐 지나갔을 것이다. 그러나 살려 주고 싶은 마음은 추호도 없었다. 특히 태조가 즉위하면서 서로 다른 길을 걸어온 지난 7년을 생각하면 더욱 그랬다. 끊임없이 자신을 죽이려 했던 인물 아닌가?

"네가 조선의 봉화백이 되었는데도 부족하더냐? 어떻게 악하기가 이 지경에까지 이를 수 있느냐?"

순간 정도전의 목이 날아갔다. 일단 정안공이 정도전을 제거함으로써 거사의 절반은 성공을 거둔 셈이었다.

어느새 시간은 새벽 두 시를 지나고 있었다. 광화문으로 달려온 정안공은 광화문에서 남산에 이르는 곳곳에 횃불을 피워 올리라고 명했다. 얼마 되지 않는 군사의 수를 대규모 병력인 것처럼 위장하기 위함이었다. 이날 군사 작전의 암호는 '산성(山城)'이었다. 경복궁에서의 일전에 대비해 정한 군호였다.

정안공은 이숙번과 박포, 민무질을 시켜 자기 집에 머물고 있던 좌정승 조준과 우정승 김사형을 밖으로 나오도록 했다. 쿠데타에 대한 명시적인 지지 요구인 동시에 조준에 대한 배려였다. 거사 성공 시 조준을 중용하려는 생각에서였다. 이때 조준은 그 긴박한 와중에도 집으로 점쟁이를 불러 어느 쪽을 선택하는 게 좋을지 점을 쳐 보았다고 한다.

이어 이방원의 병사들은 경복궁 경비를 서고 있던 나머지 병사들이 모두 집으로 돌아가도록 조치했다. 무력도 제거됐다. 군호 '산성'

은 사용해 보지도 못한 채 사실상 상황이 끝났다.

시계를 다시 대여섯 시간 앞으로 돌려 보자. 해가 질 무렵부터 경복궁 안은 숨 막히는 긴장감이 감돌고 있었다. 태조의 아들과 사위들은 내시로부터 태조의 병이 중하여 거처를 다른 곳으로 옮기려 하니 모두 입궐하라는 전갈을 받고 근정전으로 들어가는 근정문을 마주한 행랑방에 모여들었다. 광화문을 들어서면 왼쪽 편에 있던 행랑이었다. 소격전에서 아버지 태조의 쾌유를 빌고 있던 영안공 이방과(훗날의 정종), 내전에서 태조를 모시던 세자 이방석을 제외한 모든 아들들과 심종, 이제 등 사위들이 그 방에 모였고, 왕실의 최고 어른인 이화도 그 자리에 있었다. 이화는 태조 이성계의 이복동생이다. 이화는 늘 이방원 편이었다. 하륜과 함께 정안공에게 위기가 임박했음을 강조했던 또 하나의 인물이 바로 이화였다. 태조는 신의왕후 한씨 사이에서 6남 2녀, 신덕왕후 강씨 사이에서 2남 1녀를 두고 있었다. 심종은 신의왕후의 딸 경선공주의 남편이었고 이제는 신덕왕후의 딸 경순공주의 남편이다. 이날의 싸움은 이미 어머니를 기준으로 갈리어 있었다.

원래 행랑방에 모여 있던 왕자들 중 신의왕후의 자식과 사위들은 내전의 부름에도 불구하고 근정전으로 가지 않고 얼마 후 궐 밖으로 나왔다. 거사를 위함이었다. 그때 이미 정도전 세력이 세자 방석의 즉위에 걸림돌이 되는 신의왕후 쪽 왕자들이 근정문에 들어서려는 순간 이들을 제거하려 한다는 정보도 있었다. 이 당시 급박했던 상황을 전하는 실록에는 아주 흥미로운 에피소드가 담겨 있다.

저녁 8시 무렵, 내시가 와서 왕자들은 모두 들어오되 시종하는 무리들을 데리고 들어오지 말라고 전했다. 이화와 태조의 사위 심종, 이제 등은 안으로 들어갔다. 그런데 정안공이 생각해 보니 시종을 물리치라는 말도 이상한 데다가 밤에는 궁중의 문에 등불을 밝히게 되어 있는데 모두 꺼져 있는 것도 의심스러웠다. 정안공은 갑자기 배가 아프다며 뒷간으로 들어갔다.

'근정문을 들어서는 순간 우리를 죽이려는 음모가 있을까? 없다면 집에 준비해 놓은 병사들은 어떻게 하나? 오늘 거사를 하지 않게 되면 또 어떻게 될 것인가?'

생각이 복잡했다. 밖에서는 둘째와 셋째 형님인 익안공 이방의와 회안공 이방간이 자신을 애타게 찾고 있었다.

'이제 어쩔 수 없다.'

훗날 1차 왕자의 난으로 불리게 되는 역사적 결단이 마침내 화장실 안에서 이뤄지는 순간이었다. 영추문을 통해 밖으로 뛰쳐나온 정안공은 형님들과 함께 병사들이 기다리고 있던 집으로 말을 타고 내달렸다. 그리고 병사들을 이끌고 송현에 있는 남은의 첩 집을 친 것이었다.

그래서 송현에 불길이 올랐을 때 궐 내에는 태조, 이화, 방석 형제, 심종, 이제뿐이었다. 정안공은 광화문 앞으로 신하들을 최대한 모이도록 했다. 조준과 김사형이 불려 나온 것도 이 무렵이었다. 멀리서 새벽을 알리는 닭 울음소리가 들려왔다. 정안공은 좌부승지 노석주를 시켜 태조께 올리는 글을 쓰도록 했다. 이 글을 받아 보던 태조의 곁에 있던 사위 이제는 지금이라도 군사들을 거느리고 나가 공격하겠다고 했으나 태조와 이화가 말렸다. 상황 종결이었다. 이것이 1차 왕자의 난이다.

이제 남은 것은 뒤처리였다. 장남인 진안공 이방우는 이미 세상을 떠난 후였기 때문에 영안공 이방과가 집안의 장남이었다. 이방과는 전날 거사가 벌어지고 있을 때 소격전에서 제사를 올리다가 대궐에 난리가 났다는 말을 전해 듣고는 몰래 종 하나만 거느리고 걸어서 궁성 남문 밖에 있는 측근 김인귀의 집에 숨었다. 정안공이 영안공을 찾아낸 것은 다음날 저녁 무렵이었다. 정안공은 적장자(嫡長子)론을 내세워 영안공이 왕위에 올라 줄 것을 요청했다. 처음에는 사양하던 영안공도 동생의 강권에 마지못해 "그러면 내가 맡겠노라"고 수락했다. 우리 역사에 종종 나타나는 허수아비 정권의 등장이었다. 이로써 정안공은 두 번째 킹 메이커가 되었다. 물론 그날 조선 건국의 영웅이었던 아버지 이성계는 권좌에서 물러나야 했다.

세 번째 장면

1차 왕자의 난 때 죽은 사람은 정도전, 남은, 심효생 등이지만 권력 투쟁의 관점에서 보자면 그 난은 결국 아버지 이성계와 아들 이방원의 싸움이었다. 실제로 그 사건 직후 이성계는 이방원의 강권에 의해 이방과에게 왕위를 물려주어야 했다. 게다가 이방원이 세자로 책봉되면서 권력이 급속하게 이방원 쪽으로 쏠려 가는 것을 그는 잘 알고 있었다. 정종의 선위(禪位-왕위를 물려줌)는 임박해 있었다. 1년 이상 참았던 모멸감이 다시 몰려왔다. 역사에 아들에게 왕위를 빼앗긴 못난 임금으로 기록되리라는 것을 이성계가 몰랐을 리 없다.

1400년 7월 2일, 세자 이방원이 덕수궁으로 태상왕 이성계를 찾아뵙자 이성계는 이렇게 요구했다.

"조온과 조영무는 미천한 신분인데 내가 거두어 개국공신이 되었다. 그런데 두 사람은 경복궁 호위를 책임지고 있다가 무인년의 난(1차 왕자의 난) 때

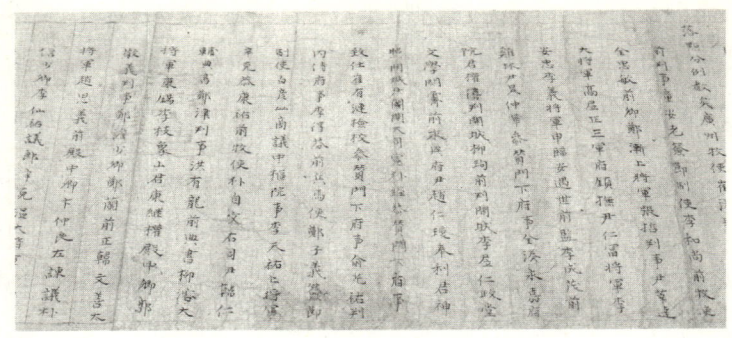

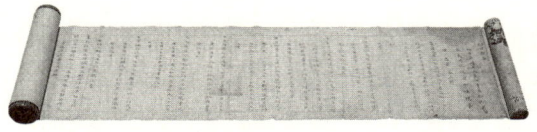

「조선 개국원종공신 녹권(錄券)」 공신으로 책봉된 경위 및 이에 따른 제반 특권들이 기록된 문서이다. (국립중앙박물관)

너에게 가서 붙었으니 배은망덕하기 이를 데 없다. 이무는 조온이나 조영무만큼 심하지는 않지만, 그래도 내 덕에 원종공신이 되었다. 원래 정도전, 남은 쪽과 좋아지냈는데 무인년 때 중립을 빙자하여 이기는 자를 따르려 했다. 그리고 마침내 네가 이기자 거기에 가서 붙은 것이다. 이들은 앞으로도 급하고 어려운 일이 있으면 또 힘 있는 쪽에 가서 붙지 않겠느냐! 네가 나를 아비라고 생각한다면 이들 세 사람을 벌주어 사직(社稷)의 장구한 계책을 도모하고, 후세의 불충한 무리를 경계하도록 하라.”

얼마 전에도 이 같은 요구가 있어 모른 척했는데 다시 한 번 아버지 이성계가 이렇게 간곡하게 말하자 이방원으로서도 더 이상 거부할 명분이 없었다. 그래서 결국 이무는 강릉부로, 사병 혁파에 맞서다가 귀양 가던 중 평양부윤으로 발령받은 조영무는 다시 곡산부로 유배를 보내야 했다. 조온도 지방으로 내쳤다. 그러나 이성계의 분노는 실은 이들을 향한 것이 아니었다. 다름 아닌 이방원을 향하고 있었다. 세 사람은 당시 이방원의 측근 인물들이었기 때문이다. 그래서 이방원도 자기 사람들을 내세워 세 사람에 대한 방어에 나선다.

바로 그 날이다. 좌정승 성석린과 우정승 민제 등이 문무백관을 거느리고 태상전에 나아갔다. 태상왕이 죄가 아닌 것으로 공신인 이무, 조영무, 조온 등을 견책하여 내쫓는 것은 부당하니 취소하라는 요청이었다. 화가 난 이성계는 "나라 사람들이 모두 과인(寡人)을 그르다고 하니, 내가 어떻게 여기에 있을 수 있겠는가? 나는 장차 가고 싶은 데로 가겠다"고 말했다. 당연히 이방원이 시켜서 그렇게 한 것임을 태상왕 이성계는 잘 알고 있었다. 한없는 무력감을 느낀 이성계는 성석린, 권근 등을 돌아보면서 자기 신세를 한탄하듯 이렇게 말한다.

"나라 사람들이 모두 나더러 '대위(大位)를 잃고, 사랑하는 자식이 죽은 것을 한스러워하기 때문에 정사공신(여기서는 조영무, 조온, 이무 세 사람)을 미워한다'고 하지마는, 지금 내가 적장자(정종)에게 전위하였고 또 막내아들(이방원)을 세워 세자를 삼았으니, 어찌 한이 있겠는가? 내가 전위하지 않았으면 장차 나를 죽이고 빼앗았을 것인가? 다만 사직의 만세 계책을 염려하는 것뿐이다. 이무 등을 죄 주거나 석방하는 일 같은 것은 너희 임금에게 달려 있다."

태상왕과 세자는 급격하게 멀어지고 있었다. 8월 21일에는 신암사라는 절에 몰래 숨어 지내던 태상왕을 세자가 직접 가서 덕수궁으로 모시고 왔다. 그리고 이날 두 사람 이외에 정종과 의안공 이화, 좌정

승 성석린, 청천백 이거인, 승녕부 판사 우인렬 등 원로대신들이 함께
한 가운데 잔치가 벌어졌다. 일종의 위로연이었다. 그런데 이날 술이
잔뜩 취한 태상왕은,

"밝은 달빛은 발 아래 가득한데 나 홀로 서 있네."

라며 연구(聯句)를 짓고 나서 세자에게 "네가 비록 과거에 급제는 하였지
만, 이런 글귀는 쉽게 짓지 못할 것이다"라고 비꼬았다. 그러면서 또

"산하(山河)는 의구한데 인걸은 어디 있느뇨?"

라고 일갈했다. 노대왕의 마지막 몸부림이었다. 태상왕은 그 자리에
있던 사람들을 빙 둘러보다가 "나의 이 글귀에는 깊은 뜻이 있다" 하
고 한마디 던졌다. 실록은 이날 임금과 세자도 일어나 춤을 추었고
"지극히 즐기다 파하였다"라고 기록하고 있다. 그러나 태상왕의 마
음은 무너져 내리고 있었다.

　10월 15일, 태상왕은 신암사에 가서 일찍 세상을 떠난 막내아들 이
방석과 사위 이제를 위한 불사를 크게 베풀었다. 무인년의 변을 잊지
않겠다는 다짐의 표현일 수도 있었다. 그리고 곧바로 한양으로 향했
다. 신덕왕후 강씨가 묻혀 있는 정릉을 참배하기 위해서였다. 10월
24일, 정릉에 이르러 정근법석(精勤法席-하루도 빠지지 않고 불사를 올리는 일)
이라는 불사를 베푼 태상왕은 자신이 입고 있던 옷을 벗어 부처님에
게 올렸다. 그리고 가마는 목적지를 아무에게도 알리지 않은 채 오대
산 방향을 향해 떠났다.

태상왕 이성계가 오대산에 머물고 있던 11월 11일, 문무백관이 세자전에 와서 하례를 청했으나 세자 이방원은 이를 받지 않았다. 왜냐하면 국왕의 자리에 올라 달라는 청이었기 때문이다. 물론 치밀하게 계산된 상투적 거부였다. 바로 다음 날에는 의정부에서 백관을 거느리고 세자가 청정(聽政)하기를 청하였다. 수락했다. 그리고 13일, 수창궁에서 즉위식을 가졌다. 서른네 살의 이방원이 마침내 임금의 자리에 오른 것이다. 속으로야 정종도 수긍하기 힘들었겠지만 현실적인 힘의 열세 때문에 아우의 즉위를 받아들이지 않을 수 없었다.

태종이 즉위하던 날, 그의 스승으로 2차 왕자의 난 때 이방원과 과거 동기생이자 제자인 이래가 입수한 이방간 쪽의 움직임을 정안공 이방원에게 전해 주었던 단양백 우현보가 68세를 일기로 세상을 떠났다. 정도전과 사이가 좋지 않아 태조 때에는 줄곧 숨어 지내거나 계림(경주)으로 귀양을 떠나 있었고 자신의 아들들도 정도전 일파에 의해 죽는 등 고초를 겪었던 인물이다. 1차 왕자의 난으로 이방원이 실권을 잡고 나서야 단양백을 하사 받았고, 이듬해 이방원이 바로 위의 친형 이방간과 왕권을 놓고 개경 한복판에서 벌인 2차 왕자의 난 때 큰 공을 세울 수 있었다. 마침 그날 의정부에서는 이래를 좌명공신으로 삼아야 한다는 청이 올라와 2등공신으로 책봉한다.

즉위식을 한 그날, 오대산으로 갔던 태상왕이 돌아온다는 소식이 들려왔다. 태종은 즉시 황해도 장단까지 나가 아버지 이성계를 맞이했다. 종친과 대신들도 뒤를 따랐다. 그곳에서 즉석 연회가 열렸고 태상왕은 다소 마음이 풀린 듯 새벽까지 즐겁게 놀았다고 한다. 그 자리에서 이성계는 자신의 마지막 자존심이라고 할 수 있는 한양천도 문제를 꺼낸다.

"네 형(정종)은 한양에 환도하여 내 마음을 위로하고자 하였는데, 그 뜻이 이미 확고했었다. 네가 능히 내 뜻을 몸으로 받들겠느냐?"

"제가 어찌 감히 명령을 따르지 않겠습니까?"

태상왕 이성계는 흡족해하며 그날 왕위에 오른 태종에게 술을 따라 주었다.

네 번째 장면

태종 18년 6월 3일, 마침내 양녕은 폐세자되어 경기도 광주로 쫓겨나고 셋째 아들 충녕이 세자에 올랐다. 바로 이날 태종은 세자 책봉식을 지휘할 봉숭도감을 설치하고 의정부 찬성 최이와 참판 이적을 제조로 삼았다. 그리고 예문관 직으로 있던 이수를 세자의 학문을 지도할 서연관으로 삼아 한양으로 불러들였다. 이수는 세자가 어릴 때 효령과 충녕 두 대군에게 글을 가르친 적이 있었다.

태종은 선위를 서둘렀다. 중요한 결단을 할 때 늘 그랬던 것처럼 이때 태종은 개경에 머물고 있었다. 6월 7일, 태종은 좌의정 박은을 세자의 교육을 전체적으로 책임지는 세자사로 임명했다. 그리고 7월 4일, 충녕대군을 세자로 책봉한 지 한 달이 지나서 태종은 육대언(육승지)을 불러 은밀하게 왕위를 물려줄 의사를 밝히니 육대언은 울면서 반대했다. 이틀 후인 6일에도 태종은 원래 병술년(1406년)에 전위하려 하였으나 이루지 못하였고 양녕이 법도에 맞지 않는 행동을 해 늘 염려를 하였다며, 이제 세자의 성품이 순수하고 바르기 때문에 나라를 맡길 수 있다고 말한다. 그러나 이때는 결단을 하지 못하고 27일 개경에서 한성으로 돌아온다.

이 무렵 신하들의 은밀한 정치는 활발하게 이뤄지고 있었다. 예를 들면 좌의정 박은은 태종이 선위하려는 뜻을 짐작하여 알고는 세자의 장인인 심온에게 넌지시 묻는다. 두 사람은 라이벌이었다.

박은은 심온에게 "요사이 임금의 의향을 그대가 아는가?"라고 물었다. 내선(內禪-선위)의 의사를 알고 있는지 물어본 것이다. 심온은 이 말을 즉각 사위 충녕대군에게 알렸다. 충녕은 이런 말을 들으면 바로 부왕 태종에게 고하는 조심스러운 성격의 소유자였다. 이때도 마찬가지였다. 충녕은 이 말을 특히 괘씸하게 여겨 태종에게 즉각 고했다. 그러나 의외로 태종의 반응은 별다른 게 없었다.

실록에 따르면 오히려 세종이 태종에게 "박은이 어느 날 심온에게 내선한다는 일을 말하였으니, 이것으로 보면 박은은 순결한 신하가 아닙니다"라고 말하자 태종은 "내가 내선하겠다는 말을 하였고, 박은이 직접 이것을 들은 까닭에 그런 말을 한 것이다"라며 박은을 변호했다. 박은에 대한 세종의 시각은 부정적일 수밖에 없었지만 부왕 태종은 대단히 긍정적이었던 것이다.

8월 6일, 새롭게 세자가 된 충녕대군의 명나라 황제 알현 문제로 조정이 한바탕 홍역을 치른다. 원래 12일 후인 8월 18일, 왕위 계승을 고하기 위해 새 세자가 명나라에 갈 예정이었다. 그런데 6일 태종은 신하들에게 장마가 끝나지 않아 길이 진흙탕이니 8월 28일이나 9월 1일에 출발하는 것이 어떻겠느냐고 물었다. 박은과 이원은 원래 예정 대로 18일에 출발해야 한다고 주장했고, 심온은 태종의 의견을 지지했다. 상당한 논란 끝에 결국 28일을 출발일로 정한다. 아마도 태종은 왕위에 오르게 될 세자를 명나라에 보내야 하는 것인지 고민이 깊었을 것이다. 명나라에 대한 사대를 큰 원칙으로 정립한 장본인이 그 자신이기는 하지만, 이번에 세자를 보내게 되면 이것은 앞으로도 하나의 관례로 자리 잡아 국가의 자존심을 크게 훼손시킬 것이 분명했기 때문이다. 게다가 내부적 요인도 만만치 않았다.

결국 불과 이틀 후인 8월 8일, 태종은 세자의 알현을 중단시키는 결단을 내린다. 여러 가지 이유를 제시했지만 결정적인 것은 여전히 안정되지 못한 권력 승계의 구도였다. 태종은 여전히 회안대군의 부자가 버젓이 살아 있고, 또한 양녕에 대해 걱정은 하지 않지만 그 주변에서 틈을 엿보며 판을 뒤집으려 하는 사람이 없을 수 없다고 밝힌다. 마침내 태종은 황제 알현을 중단하고 이날 옥새를 세자에게 전하며 사실상의 양위 의사를 공식화했다. 신하들은 양위의 불가를 간곡하게 역설했다. 그러나 태종의 결심은 이미 단호했다.

"18년 동안 호랑이를 탔으니 이미 족하다."

다음날부터 공신, 문무백관, 대간은 말할 것도 없고 성균관 유생들까지 양위 불가 상소를 눈물로써 지어 올렸다. 그럼에도 결국 이틀 후인 8월 10일, 왕위는 태종에서 세종으로 넘어간다. 단, 조건이 하나 있었다. "주상이 장년이 되기 전까지 군사는 내가 친히 청단하겠다"는 것이었다. 이 말을 듣고서야 신하들은 완전한 은퇴가 아닌 것을 확인하고서 더 이상 양위 번복 상소를 올리지 않는다. 마침내 세종대왕이 탄생할 수 있는 길이 열린 것이다.

이렇게 해서 태종은 자신의 결단으로 네 번째 임금을 탄생시켰다.

경복궁과 창덕궁에 얽힌 부자 간의 애증

조선을 대표하는 양대 궁궐, 경복궁과 창덕궁은 남성적인 궁궐과 여성적인 궁궐로 비유 · 비교된다. 무엇보다 두 궁에는 태조 이성계와 태종 이방원이라는 부자 간의 애증이 고스란히 녹아 있어 더 애틋함을 자아낸다. 이성계는 창업 군주로 자기 위엄을 과시하고 종묘사직의 번창을 기원하며 경복궁을 지었다. 그러나 바로 경복궁 앞에서 난을 일으켜 아버지의 측근 정도전과 남은을 제거하고 이복동생들까지 죽인 이방원에게는 경복궁이 결코 흔쾌한 공간일 수 없었다.

때문에 그는 집권한 이후 개경으로의 재천도를 추진했고, 아버지 태조의 청으로 다시 한양으로 재천도한 후 서둘러 창덕궁이라는 이궁(離宮)을 지은 것도(태종 4년) 풍수지리설 때문이라는 설명이 있지만 실은 '피의 장소' 경복궁을 피하고 싶었기 때문이었다. 사실 태종은 불교뿐만 아니라 풍수를 철저하게 배격했던 인물이다. 그래서일까? 태종 이후 정궁(正宮) 경복궁은 국왕들의 주된 활동 공간이 아니라 일종의 의례를 위한 공간으로 성격이 바뀌었다.

창덕궁의 인정전은 세종이 즉위하던 해에 준공됐다. 이후 세종은 상왕 태종이 생존해 있던 4년간 줄곧 창덕궁을 주궁으로 삼았다. 원래는 피병(避病) 목적으로 세운 것이 창덕궁인데, 세종은 궁인들 사이에 전염병이 돌 경우에만 경복궁으로 잠시 이어(移御)했을 뿐이다. 주객이 전도된 것이다.

세종이 창덕궁에 머문 것은 아버지에 대한 효의 실천으로 볼 수 있다. 그러나 세종 4년 5월, 부왕이 세상을 떠나자 세종은 10월 3일 경복궁으로 돌아간다. 이번에는 할아버지에 대한 배려였다. 사실 세종은 포용력이라는 면에서는 아버지보다는 할아버지를 무척 닮았다. 이 무렵 세종은 세자(훗날의 문종)에게 경복궁과 창덕궁을 다음과 같이 비교한 적이 있다.

"경복궁은 비록 장려(壯麗)하나 이 도성의 명당은 바로 창덕궁이다."

하지만 정작 세종 자신에게는 창덕궁이나 경복궁 모두 늘 몸에 맞지 않는 옷과 같았는지 모른다. 말년의 세종은 막내아들인 8남 영응대군의 사저 동별궁을 지을 때 한쪽에 자신이 머물 공간을 별도로 마련했다. 여기에 머물면서 꼭 처리해야 할 일이 있을 때만 경복궁이나 창덕궁을 찾았다. '아니 되옵니다'를 반복해 대는 신하들을 피하기 위해서였을까? 결국 세종은 자신의 최후도 경복궁이나 창덕궁 같은 궁궐이 아닌, 영응대군의 집에서 맞았다.

세조 1년(1455년) 윤6월 20일, 2년 전 계유정난을 일으킨 후 한동안 영의정에 머물러 있던 수양대군이 마침내 왕위에 올라 경복궁을 차지한다. 그는 조카인 단종을 노산군으로 낮춰 창덕궁으로 옮겼다. 세조 7년, 왕세자빈이 병이 들어 잠시 창덕궁으로 이어하기도 했지만 세조 때 정궁은 기본적으로 경복궁이었다. 그러나 얼마 후 노산군이 사약을 받아 세상을 떠나자 세조는 창덕궁을 본궁으로 사용하면서 경복궁에 세자가 머물도록 했다. 이후 세조는 특히 창덕궁의 후원이 좁다하여 인근 민가 73채를 헐고 확장 공사를 한 다음 유구국(오키나와)에서 선물로 보낸 물소 두 마리도 키우는 등 정원을 꾸몄으며, 그곳에서 신하들과 수시로 주연을 베풀었다. 늘 술자리에서 정사를 논했다 하여 학계에서는 세조의 정치를 '주석(酒席) 정치'라고 부른다. 심지어 세조 11년(1465년) 9월 14일에는 믿기 힘든 사실도 기록돼 있다.

창덕궁 후원에 범이 들어왔다는 말을 듣고 쫓아가서 드디어 북악에 가서 범을 잡고 돌아왔다.

이후 경복궁과 창덕궁의 관계는 세종이 말했던 바대로 창덕궁을 기본으로 하되, 경복궁은 행사와 의례의 공간으로 자리 잡았다.

경복궁의 첫 번째 큰 시련은 명종 8년(1553년) 9월 14일의 대화재였다. 이 화재로 태조 때 건축된 강녕전, 사정전, 흠경각 등 궁궐의 핵심 건물들이 불타 없어졌다. 실록은 '조종조로부터 전해 내려오던 진보(珍寶)와 서적 등이 모두 재가 되고 말았다'라고 적고 있다.

그에 비해 창덕궁은 세종이 지적한 대로 풍수 때문이었는지는 모르겠지만 큰 화재를 입은 적이 없다. 임진왜란 때도 경복궁은 전소(全燒)됐지만 창덕궁은 부분 파손에 그쳐 광해군 초에 곧바로 중수됐다. 이후 경복궁은 고종 초 흥선대원군이 중수할 때까지 힘없는 왕실을 상징하듯 폐허처럼 남아 있었다. 오랜 논란 끝에 대원군은 6년여 공사를 거쳐 고종 9년 경복궁을 중수했다. 전소된 지 270여 년 만이었다. 고종은 창덕궁에서 경복궁으로 이어했다. 경복궁 중수로 고종의 왕권(王權)은 강화됐지만, 결국 고종 때 국권(國權)을 잃고 말았다.

이성계의 한양 천도 결단과 경복궁 축조

태조 이성계는 1394년(태조 3년) 8월 13일, 마침내 오랜 논란에 종지부를 찍고 고려 때 남경(南京)으로 불렸던 한양으로의 천도를 결정한다. 크게 보면 한양과 무악, 계룡산 등이 후보지였지만 후보지들을 직접 돌아본 이성계는 한양으로 최종 결정을 내렸다. 많은 사람들이 한양 천도의 주도자로 알고 있는 정도전의 경우, 오히려 풍수지리 자체를 부정하며 만사는 사람이 하기에 달린 것이지 지기(地氣)라는 게 무어냐며 정통 유학자의 입장에서 천도를 반대했다. 하륜도 끝까지 무악 천도를 주장하며 한양은 풍수지리상으로 좋지 못하다는 주장을 굽히지 않았다.

보름여가 지난 9월 1일, 마침내 새로운 수도 건설을 추진하게 될 신도궁궐조성도감이 설치됐고, 실무 책임자로 청성백 심덕부, 좌복야 김주, 전 정당문학 이염, 중추원학사 이직 등 4인이 지명됐다. 심덕부는 세종의 장인이었던 심온의 아버지다. 그리고 9월 9일, 태조 이성계는 이들 4인(그 사이에 김주는 좌복야에서 문하부 참찬사로 이동) 외에 문하부 판사 권중화, 삼사 판사 정도전, 좌복야 남은 등을 함께 한양에 보내 종묘, 사직, 궁궐, 시장, 도로 등의 터를 정하도록 했다. 그리고 9월 23일, 심덕부와 김주만 남아서 궁궐 조성을 비롯한 도시 건설에 착수하고 나머지는 개경으로 돌아간다. 12월부터 궁궐 축조가 본격화됐고, 이듬해 9월 궁궐의 기본 골격이 완성됐다. 이 모든 과정이 1년도 걸리지 않았을 만큼 대규모 인원을 동원한 대역사(大役事)였다.

이어 한양으로 온 태조는 종묘에 궁궐 축조를 고한 후, 10월 7일 정도전에게 명하여 새 궁궐과 여러 전각들의 이름을 지어 올리도록 한다. 여기서 보듯 한양 천도나 경복궁 건설과 관련해 정도전의 역할은 미미하다. 처음부터 끝까지 태조가 주도했으며, 다만 정도전은 완공된 궁궐의 이름 짓기에만 참여했을 뿐이다. '한양 천도=정도전'의 도식은 이제 깨져야 한다.

이날 정도전이 지어 올린 궁궐 및 각 전각의 이름은 다음과 같다.

새 궁궐을 경복궁(景福宮)이라 하고, 연침(燕寢)을 강녕전(康寧殿)이라 하고, 동쪽에 있는 소침(小寢)을 연생전(延生殿)이라 하고, 서쪽에 있는 소침(小寢)을 경성전(慶成殿)이라 하고, 연침(燕寢)의 남쪽을 사정전(思政殿)이라 하고, 또 그 남쪽을 근정전(勤政殿)이라 하고, 동루(東樓)를 융문루(隆文樓)라 하고, 서루(西樓)를 융무루(隆武樓)라 하고, 전문(殿門)을 근정문(勤政門)이라 하며, 남쪽에 있는 문[午門]을 정문(正門)이라 하였다.

그에 앞서 남문은 광화문(光化門), 동문은 건춘문(建春門), 서문은 영추문(迎秋門)으로 이미 이름이 정해져 있었다.

왜 왕들의 불꽃놀이는 '놀이'가 아니었을까?

'화염이 하늘에 치솟고 폭음이 지축을 뒤흔들었다.'

정확히 590년 전인 태종 18년(1418년) 1월 1일, 조선의 한양 내 경복궁 근정전 뜰에서 실시된 불꽃놀이를 묘사한 조선왕조실록의 한 구절이다. 2008년 8월 중국 베이징의 밤하늘만큼은 아니었겠지만 그 엄청난 위용을 능히 짐작할 만하다. 조선 때 불꽃놀이는 화산붕(火山棚), 화붕(火棚), 화희(火戱), 방화(放火)라 불렀고, 불꽃놀이 구경을 관화(觀火)라 했다.

불꽃놀이는 조선 초부터 연말연초와 외국 사신이 방문했을 때 축하의 차원에서 하던 공식 행사였다. 불꽃놀이를 하려면 화포(火砲)의 첨단 기술이 필수적이었기 때문에 무기를 관장하던 군기감(軍器監)이 행사를 주관했고, 장소는 궁궐 안이었다. 왕실의 위엄을 백성들에게 과시하려던 목적이 있었음은 물론이다.

조선시대를 통틀어 불꽃놀이가 가장 성행했던 때는 태종과 세종 치세였다. 고려 말부터 왜구를 물리치기 위해 화포 개발에 적극적이었기 때문에, 이때가 되자 그 기술 수준이 명나라를 넘어서려 하고 있었다.

태종이 세종에게 왕위를 넘겨주고 상왕으로 물러앉은 직후인 세종 1년(1419년) 1월, 명나라 사신 황엄과 유천이 불꽃놀이를 보고자 했다. 그래서 왕실에서는 사신들의 숙소인 태평관 앞에 화산붕을 설치하고 불꽃놀이를 실시했다. 이를 본 사신들의 반응이다.

유천은 흥미 있게 보다가 놀라 들어갔다 다시 나오기를 두 번이나 했고, 황엄은 놀라지 않는 체하였으나 낯빛은 약간 흔들렸다.

이후에도 화약의 개량 작업이 계속되면서 조선의 화포가 명나라를 능가했음을 보여 주는 기록도 있다. 세종 13년(1431년) 10월 15일, 세종이 신하들에게 사신이 왔을 때 화포를 보여 주어야 할 것인지를 묻자 의정부 찬성으로 있던 허조는 단호하게 반대한다. "본국(조선) 화포의 맹렬함이 중국보다 나으니 사신들에게 이를 보여 주어서는 안 됩니다." 국가 기밀 사항이었던 것이다.

하지만 사신 방문 시의 화포 행사는 예전부터 해 오던 공식 행사라, 완전히 폐지할 수는 없었다. 두어 달 후인 12월 24일, 허조가 "앞으로는 사신이 화붕을 보려고 할 때에 한해 잠깐 설치하여 보여줌으로써 화약이 매우 귀하다는 것을 알려 줄 필요가 있다"라고 말하자 세종은 허조의 말을 옳게 여기면서 이렇게 답한다. "사신이 (제대로 된) 화붕을 보게 되면 만일 중국에 변고가 있어서 조선의 화약이 필요하다고 할 때 그것을 거부하기가 지극히 어려울 것이니 이것이 두려운 일이다. 경의 말이 매우 옳으니 기꺼이 받아들이겠노라."

이후 명나라 사신이 왔을 때는 화붕을 자제한 반면 일본이나 유구국에서 사신이 왔을 때는 맘껏 쏘았다. 명나라처럼 외교 문제가 생길

리 없었기 때문이다. 위력을 과시하려는 목적 또한 있었다.

호방한 성품의 세조는 특히 불꽃놀이를 좋아했다. 세조 8년 2월 28일, 유구국 사신이 궁궐 뒤뜰에서 관화(觀火)하던 중 이런 조언을 했다. "화포가 맹렬하여 천하에 비할 데가 없으나 다만 불꽃의 빛깔이 붉은색 일변도인 것이 아쉽습니다. 놋쇠 가루와 녹나무[樟木] 기름을 합하여 사용하면 불꽃의 빛깔이 흰색을 낼 것입니다." 유구국의 화포 실력도 만만치 않았다는 뜻이다.

세조의 불꽃놀이 사랑은 불꽃놀이 장비와 장소의 다양화로 나타났다. 세조 10년(1464년) 1월 4일, 새해를 맞아 경복궁 후원에서는 화산붕을 설치해 불꽃놀이를 실시하는 한편 북악산 정상에서도 직상화(直上火)라는 최신 소형 대포에 불화살[火箭]까지 함께 발사함으로써 일대 장관을 이뤘다. 거침없는 세조의 성품이 그대로 드러나는 행사였다.

국가 행사로써 불꽃놀이의 쇠퇴는 성리학의 확산과 궤를 같이한다. 성종 때에 이르면 신하들은 군사 훈련이라기보다는 놀이에 가까운 불꽃놀이를 자제해 줄 것을 거듭 청한다. 성종은 워낙 불꽃놀이를 좋아했기 때문에 처음에는 신하들의 청을 거부하다가 결국 규모를 대폭 축소하는 것으로 타협 보았다. 이때부터 불꽃놀이는 임금의 개인적 유희로 전락했다.

연산군을 지나 중종 32년(1537년), 다시 명나라 사신들에게 불꽃놀이를 공개하는 문제가 주요 현안으로 등장한다. 그러나 이때 신하들은 이미 "명나라 사신이 불꽃놀이를 관람하는 것은 전례가 없는 일"이라며 "굳이 보여 달라고 청하면 거부하기는 어려우니 소소하고 긴요하지 않은 화포만 쏘고 기밀에 속하는 화포는 쏘지 말게 하소서"라고 청하고 있다. 성종 이후로 명나라 사신 앞에서의 공식 행사였던 불꽃

놀이는 사라진 것이다. 이후 명종 때 한 번 불꽃놀이를 했다는 기록이
나오고, 더 이상 한양의 밤하늘에 성산화(星散火)는 빛나지 않았다. 불
꽃놀이의 쇠퇴에 성리학의 번성이 영향을 준 때문이다.

불꽃놀이에 대한 이런 성리학의 부정적 인식은 임금의 사냥에도
그대로 적용된다. 조선 초만 하더라도 임금의 사냥은 강무(講武)라고
불렀다. 일종의 군사 훈련으로 여겼던 것이다. 그러나 신하들은 사냥
을 유희로 보았고, 수시로 강무를 자제해야 한다는 상소를 올렸다. 실
제로 신하들의 등에 얹혀 왕위에 오른 중종 이후 왕권이 약화되면서
국왕의 사냥은 사실상 자취를 감추게 된다.

불꽃놀이의 쇠퇴도 같은 맥락이다. 문치 중심의 성리학자들은 군
사력 강화에 대해서는 아무래도 부정적이었다. 사냥이 가진 군사 훈
련적 측면이 무시되듯이 무기 개발로써의 불꽃놀이가 갖는 측면이
무시되었던 것이다.

태종, 세종의 주석 같은 신하 허조

허조(許稠, 1369년~1439년)는 고려 말 판도판서 허귀룡(許貴龍)의 아들이
다. 고려 말 문과에 급제했고, 예제(禮制)에 밝은 그를 눈여겨보았던 태
조 이성계가 발탁해 본격적인 관리의 길에 들어선다. 당시는 개국 초
라 모든 것이 혼란할 때였다. 그러나 허조는 옛 서적을 탐구해 고제(古
制)를 정비했다. 그는 잇달아 부모의 상을 당하자 그 당시 유행하던 불
교식의 부도법(浮屠法)을 쓰지 않고 오로지 주자가례(朱子家禮)에 입각하
여 상례를 치렀다. 한마디로 깐깐한 인물이었다.

그에 대해서는 태종도 어려워할 정도였다. 왕위에 오른 태종은 친
히 관안(官案-관리의 인사사항 보고서)을 살펴보고 나서야 "사람을 얻었다"

라고 좋아하며 핵심 요직인 이조정랑에 임명했고, 이후 줄곧 중용했다. 태종 7년(1407년) 세자 양녕대군이 명나라에 갈 때, 태종은 '특별히' 허조를 사헌부 집의로 임명하여 사신단의 서장검찰관을 맡도록 했다. 문서와 기강을 책임지는 자리였다. 예제에 밝았던 허조는 당시 중국에 갔다가 그곳 문묘에서 원나라 때의 대표적인 주자학자 허형(許衡, 1209년~1281년)을 다시 제사 지내고 맹자의 성선설과 순자의 성악설을 절충하여 성선악혼설(性善惡混說)을 주장해 이단이라고 여겨지던 중국 전한(前漢) 시대의 기철학자 양웅(楊雄)이 내쫓겨난 것을 보고는 우리나라에 돌아와 그대로 행하였다. 이와 같이 그는 주로 태종대에 당시 미처 갖춰지지 못했던 여러 가지 전례를 정비하는 데 노력을 기울였다.

세종이 즉위하면서 전문 분야인 예조판서(禮曹判書)를 거쳐 의정부 참찬(參贊)에 이르렀고, 세종 20년(1438년) 마침내 정승에 올랐다. 태종은 일찍이 세종에게 "이 사람이야말로 참 재상이며 나의 주석(柱石) 같은 신하이다"라고 극찬했다고 한다. 세종은 매번 관리들의 현부(賢否)와 등용 여부를 그에게 물어 결정하였고, 허조는 자신이 생각하여 괜찮은 인물이면 자신의 친인척이라도 추천을 서슴지 않았다. 그리고 당시 언관들이 세종에게 간하다가 견책을 당하는 일이 잦아지자 언관들을 극력 옹호하여 언로를 넓히려 노력하였다.

허조는 오랫동안 인사를 다루는 핵심 요직에 있었지만 그의 집을 찾는 이는 아무도 없었다.

세종 21년(1439년), 그가 세상을 떠났을 때 사관은 이렇게 평했다.

제사 받들기를 반드시 정성으로 하고, 형을 섬기기를 아버지 섬기듯이 하고, 집안 사람들에게 화목하고, 붕우(朋友)에게 신용이 있었으며, 반드시 경조(慶弔)와 문병(問病)을 친히 하였다. 항상 한 사람의 심부름꾼을 시켜서 명령을 전달하였고, 문 앞에는 정지해 서 있는 손님이 없었다. 그러나 사람을 대할 때에는 반드시 존비(尊卑)와 장유(長幼)의 분별을 엄히 하였다. 몸가짐을 검소하게 하며 옷은 몸 가리기만을 취하고, 먹는 것은 배를 채우는 것만을 취하여 싸서 가져오는 것을 받지 아니하였다. 산업(産業)을 경영하지 아니하고, 성색(聲色—음악이나 여색)을 가까이 하지 아니하며, 희롱하고 구경하기를 좋아하지 아니하였다. 관(官)에 있을 때는 상관을 섬기기를 매우 존경스럽게 하고, 아랫사람들을 대하는 데에는 엄격하게 하였다. 낮이나 밤이나 직무에 충실히 하고, 만일 말할 것이 있으면 자신의 지위를 넘어서는 개의하지 아니하고 다 진술하여 숨기는 바가 없었으니, 스스로 국가의 일을 자기의 임무로 여겼던 것이다.

정치력에서는 황희에게 밀렸을지 모르지만 일을 하는 능력 면에서는 황희를 능가했던 정승이었다.

세종의 두 얼굴,
지성사대와 군비 확충

　　조선은 태조 이성계의 신궁(神弓)이 있었기에 탄생할 수 있었다. 이성계는 일반 활보다 세 배 이상 강한 활에 무거운 쇠로 만든 화살촉을 사용하면서도 백발백중의 실력을 자랑했다. 적까지도 끌어안는 넓은 포용력과 함께 당시로서는 최첨단 무기였던 활을 자유자재로 다루었던 이성계의 강력한 카리스마는 고려 백성들 사이에서 큰 신망을 얻었고, 결국 이성계는 조선 건국이라는 위업을 달성할 수 있었다.

　　그러나 이미 활의 시대는 가고 총통(銃筒)의 시대가 다가오고 있었다. 태종은 즉위 첫 해, 고려 말에 화약을 발명했던 최무선의 아들 최해산(崔海山)을 군기감 주부(종6품)로 특채해 화약 개발에 박차를 가한다. 태종 7년에는 군기감 소속 화약장들이 만든 화약이 '맹렬했다'는 기록이 있다.

　　2년 후에는 보다 흥미로운 기록이 나온다.

　　임금이 해온정(解慍亭─창덕궁 동북쪽에 있던 정자)에 거둥하여 화차(火車) 쏘는 것을 구경하고 최해산에게 말 한 필을 하사했다. 또 포(布) 50필을 화통군(火

炳軍)에게 주었다. 화차의 제도는 철령전(鐵翎箭—쇠화살) 수십 개를 구리통[銅桶]에 넣어서 작은 수레[小車]에 싣고 화약으로 발사하면 맹렬하여 적을 제어할 수 있었다.

이 기록에는 중요한 정보가 참으로 많이 담겨 있다. 일단 최해산이 10년 가까이 전력을 쏟아 온 화약 개발이 본격적인 결실을 거두었다는 것을 알 수 있다. 또 하나, 화통군은 이방원이 1차 왕자의 난 때도 동원한 것으로 보아 고려 말, 조선 초부터 있던 군대 편제였지만, 화차가 화통군의 주력 무기로 채택된 것은 이때가 처음이다. 요즘 식으로 하자면 독자적인 미사일 개발에 성공한 것만큼이나 중대한 의미를 갖는 것이다. 당시 말 한 필은 오늘날로 치면 최고급 승용차만큼이나 귀한 선물이었다.

문제는 그 다음 문장이다. '화차의 제도는 철령전(鐵翎箭—쇠화살) 수십 개를 구리통[銅桶]에 넣어서 작은 수레[小車]에 싣고 화약으로 발사하면 맹렬하여 적(敵)을 제어할 수 있었다.' 이 말은 바로 세종 30년에 탄생했다는 신기전(神機箭)에 대한 설명과 그대로 일치한다. 따라서 세종의 신기전은 태종의 화차를 개량한 것으로 봐야 한다.

오히려 태종 시대를 거치며 최해산 등이 이룩한 화약 발전으로 인해 세종 때에는 휴대용 총통 시대가 열렸다는 데 주목해야 한다.

상왕 태종이 세상을 떠난 1422년(세종 4년) 12월, 북방 여진족 방어를 위해 떠나는 군사 중에서 강인한 자들을 선발해 총통으로 무장시켜야 한다는 언급이 처음으로 나온다.

그리고 15년이 지난 세종 19년(1437년), 군기감이 개발한 세총통(細銃筒) 150정을 실전에 배치한다. 세총통은 휴대와 사격에 용이해 '어린

복원된 신기전 고려 말엽 (1377~1390)에 최무선에 의하여 제조된 '달리는 불'이라는 뜻의 주화(走火)가 1448년(세종 30년) 개량되어 신기전으로 바뀌었다.

아이와 여자라도 쏠 수 있다'고 쓰여 있다. 아마도 오늘날의 소총보다 조금 짧은 총통이었던 것으로 보인다. 세종 27년에는 총통위(銃筒衛)를 신설해 일반 군인들보다 뛰어난 장정들을 투입했다. 위(衛)는 특수부대의 단위이다. 이 시기는 세자(훗날의 문종)가 대리청정을 할 때였기 때문에, 어쩌면 세종보다는 문종이 총통위 설치 등을 통한 정예군 육성에 더 적극적이었는지 모른다. 당시 '총통은 군국의 중대사'라는 언급이 자주 나오는 것으로 볼 때 조선군에서 총통위가 차지했던 비중은 쉽게 알 수 있다. 2년 후가 되면 총통위 병사의 수는 2400명으로 늘어난다.

격목(檄木-화약 다지는 일종의 나무 망치), 철퇴(鐵椎-쇠탄환), 철전(鐵箭-쇠화살), 화약(火藥), 화심(火心), 양약요자(量藥凹子), 장화기(藏火器).

총통위 군사 1인이 갖춰야 할 무장이다. 격목은 적과의 접근전에서 육박전이 벌어질 때도 사용하는 일종의 무기이고, 철퇴나 철전은 그때그때 필요에 따라 총통에 장착해 발사했다. 화약과 화심은 필수이

고, 양약요자란 말 그대로 일정한 양의 화약을 장착하기 위한 '요(凹)'
자 모양의 계량기였으며, 장화기는 화약을 장약할 때 쓰는 보조 기구
이다. 그러나 늘 총통 제작에 필요한 철과, 화약 제조에 필수적인 염
초의 부족이 세종을 괴롭혔다. 이런 가운데에도 총통 개량 작업을 지
속한 끝에 세종 30년(1448년), 200보에서 500보에 불과하던 사거리를
400보에서 1500보로 개량했고, 총통의 무게도 훨씬 가벼워졌다. 그
때 총통 매뉴얼로 만든 것이 『총통등록(銃筒謄錄)』이다. 사실 신기전은
팔전총통(八箭銃筒-8발의 쇠화살을 발사하는 총통), 사전총통(四箭銃筒-4발의 쇠화
살을 발사하는 총통), 장총통(長銃筒-긴 쇠화살을 발사하는 총통), 세총통(細銃筒-휴
대용 총통)에 이어 맨 마지막에 언급되는 것으로 보아 그리 비중이 큰
무기는 아니었다. 태종 때 만든 화차를 이때 신기전이라 하여 『총통
등록』에 추가한 정도가 아닐까? 세종 30년에 신기전에 관한 언급이
처음 나온다고 하여 이때 신기전을 발명한 게 아니란 이야기다.

사실(事實)과 사실(史實), 그리고 상상력 : 영화 『신기전』을 보다
2007년과 2008년, 정조를 다룬 드라마 『이산』을 비롯해 성종을 다
룬 『왕과 나』, 세종을 다룬 『대왕 세종』 등이 히트하면서 주변 사람들
로부터 참으로 많은 질문을 받아야 했다.
"드라마의 내용이 실제로는 어떠했는가? 과연 드라마와 역사는 같
은가?"
그동안 실록 공부를 통해 정조, 성종, 세종 등에 관한 책을 낸 때문
이었다. 그때마다 "실제 역사는 염두에 두지 말고 드라마의 재미만
즐기시라"는 뻔한 답을 할 수밖에 없었다.
돌이켜 보면 역사 드라마 중에서는 태종을 다룬 『용의 눈물』과 중

종 시대의 궁중 암투를 배경으로 한 『여인천하』가 최고였던 것 같다.

실록을 공부한다고 해서 반드시 드라마가 실록의 사건과 일치해야 한다는 주장을 하려는 것은 아니다. 설사 드라마와 역사적 사실이 틀리더라도 '그럴듯한 개연성'만 제대로 만들어 낸다면 드라마로써 크게 성공할 수 있는 것이다.

그러나 드라마 『이산』의 경우, 정조와 정순왕대비(영조비)를 선과 악으로 너무 극명하게 나누어 설정하는 바람에 극의 재미를 상실해 버렸다. 역사 속의 정조는 뛰어난 머리에도 불구하고 결정적인 순간에 늘 우유부단했다. 반면 정순왕대비는 뛰어난 정치 감각의 소유자로 탁월한 승부사였다. 선악의 구도가 아니라 장단점을 갖춘 인간 정조와 정순왕대비의 충돌에 초점을 맞췄다면 할 수 있는 이야기도 훨씬 많았을 테고 극의 리얼리티도 몇 배 상승되었으리라는 아쉬움을 금할 길이 없다.

성종과 폐비 윤씨, 얼우동(於乙宇同·乙은 받침)의 로맨스를 다룬 『왕과 나』는 지나친 픽션이 사극의 기본 골격마저 망쳐 버린 케이스라고 본다. 성종은 개인적으로는 방종하면서 타인들에게는 윤리강상을 강조했던 모순의 인간이었다. 윤씨는 그 직접적 희생물이었고, 윤씨의 폐비 논란이 한창이던 무렵에 터진 얼우동의 스캔들은 간접적 희생물들을 양산했다. 그런데 임금이 종친의 부인이었던 얼우동과 연분을 맺는다는 설정은 최소한의 개연성마저 파괴해 버렸다. 결국 역사적 사실을 정확히 모르는 일반 시청자들조차 '에이!' 하며 외면할 수밖에 없었다.

드라마 『대왕 세종』은 어쭙잖게 반명(反明) 노선을 설정함으로써 역사의 기본적인 사실들을 난도질하고 있다. 물론 『이산』이나 『왕과 나』에 비하면 사실과 맞아떨어지는 부분이 상당히 많지만 조말생이 노골적으로 세종에 맞서려 한다는 설정은 지나치게 비현실적이다. 조말생은 비록 다소 거칠고 자기 생각이 강한 자이지만, 세종은 그의 일거수일투족을 장악하고 있었다. 결국 대형 뇌물 사건에 연루됐던 조말생에게 가벼운 처벌을 가한 후 북진 개척에 큰 공을 세우게 만든 것도 다름 아닌 세종이었다. 조선시대에서 가장 왕권이 약했을 때도 하기 힘들었을 행동을 거침없이 해 대는 드라마 속의 조말생을 보다 보면 자연스럽게 채널을 다른 곳으로 돌리게 된다.

이런 불만 속에서 영화 『신기전』을 본 적이 있다. 여기서도 세종이 명나라와의 일전도 불사하는 군왕으로 그려지고 있었다. 세종의 대명노선이 단순한 사대도 아니고 '지성사대(至誠事大)'였음을 안다면 애당초 있을 수 없는 설정이다.

조선시대를 공부하고 있는 사람으로서, 그 시대를 배경으로 한 드라마나 영화가 많아지는 것은 참으로 반갑고 바람직한 일이다. 그러나 작품 하나하나가 나올 때마다 아쉬움이 드는 마음 또한 숨길 수 없다. 신기전만 하더라도 총통에 비한다면 훨씬 성능이 떨어지는 무기이다. 세종이 위대한 점은 그 총통을 대량 생산해서 총통 전문 부대를 창설하고 끊임없이 총통을 개량해 나간 데 있다. 게다가 총통 생산은 시기적으로 훈민정음을 만들던 때와 거의 일치한다.

왜 세종은 겉으로는 지성사대를 견지하면서 다른 쪽으로는 한글을 만들고, 또 명나라에 버금가는, 혹은 능가하는 총통을 만들어 낸 것일까? 세종은 그에 대한 즉답을 하지 않은 채 얼마 후 세상을 떠났다.

세종의 꿈은 무엇이었을까?

적어도 드라마라면 여기서부터 출발할 때 사실(史實)과 상상력이라는 두 마리 토끼를 다 잡을 수 있지 않을까?

한 잔 술의 정치,
애주가 세조의 주석 정치

세조는 쿠데타를 통해 즉위하지만 않았다면 역사적으로 높은 평가를 받을 수 있는 자질이 참으로 많은 임금이었다. 하지만 그는 친형제뿐 아니라 임금 자리에 있던 조카(단종)까지 죽였기 때문에 적어도 사필(史筆)로부터 호의적인 평가를 얻어 내기란 거의 불가능했다.

그런 역사적 평가는 일단 유보해 둔 채 인간 세조를 들여다보면 분명 매력적인 인물이다. 무엇보다 그는 스케일이 컸고 문무를 거의 완벽하게 겸비한 호걸의 전형이었다.

또한 아버지 세종처럼 은밀한 방식이 아니라 노골적으로 불교를 숭배했다. 아마 조선 국왕 중에서 이처럼 내놓고 불교를 신봉했던 인물은 태조와 세조 두 사람뿐일 것이다.

그리고 또 하나. '세조' 하면 반드시 떠올려야 하는 것이 한 가지 있다. 그는 대단한 애주가였다. 스스로도 호음지벽(好飮之癖)이 있다고 밝힐 정도였다. 그런데 문제는 애주나 호주(好酒)보다는 호주(豪酒)하는 데 있었다. 너무 많이 마셨다. 횟수도 너무 잦았고 한 번 마시는 양도 너무 많았다.

세조 8년(1462년) 3월 27일, 세조는 좌의정 신숙주(申叔舟)와 우찬성 구치관(具致寬)을 불러 작은 술자리를 베푼 다음 신숙주에게 걱정거리 하나를 털어놓는다.

"공신(功臣)들이 과음하여 죽은 자가 자못 많으니, 이계전(李季甸), 윤암(尹巖) 같은 이가 그러하였다. 또 화천군(花川君) 권공(權恭), 계양군(桂陽君) 이증(李璔), 중추원 영사 홍달손(洪達孫) 등은 비록 죽지는 않았더라도 또한 이미 병들어 파리해졌으니, 이것은 크게 옳지 못한 것이다. 내가 한결같이 금(禁)하여 술을 마시지 못하게 하고자 하는데 어떠한가?"

신숙주는 속으로 뜨악했을 것이다. '아니, 온 조정을 술판으로 만든 장본인이 누구인데 저런 말씀을 하시나?' 하고. 일단 신숙주는 금주는 현실적으로 어려우니 공신들의 경우 과음(過飮)은 금하게 해야 한다고 건의했고, 세조는 이를 받아들였다.

그러나 불과 2년 후, 신숙주가 영의정이 되고 구치관이 우의정에 올랐을 때의 일이다. 공신들 중에서도 세조가 특히 아꼈던 인물이 한명회, 신숙주, 구치관이었다. 세조는 늘 "한명회는 나의 장자방(張子房-중국 한나라의 책략가)이고 신숙주는 나의 위징(魏徵-당나라의 명신)"이라 평했고, 문신이면서도 군사에 밝아 여진 토벌에 공을 세운 구치관에 대해서는 "구치관은 나의 만리장성"이라고 극찬했다.

세조는 영의정 신숙주와 우의정 구치관 두 정승을 내전으로 불렀다. 특유의 장난기가 발동한 세조는 술자리를 베풀고서 "내가 물어볼 것이 있는데 경들이 제대로 대답하지 못하면 벌주를 피할 수 없으리라"하고 말한 다음 '신 정승' 하고 부른다. 이에 신숙주가 '예' 하고 대답하자 "나는 신(新) 정승을 불렀는데 그대가 잘못 대답했구려"하며 신숙주에게 큰 잔으로 벌주를 내렸다. 물론 '구 정승'을 불렀을 때도 구치관은 답하지 않을 수 없었고, 결국 큰 잔의 벌주를 마셔야 했다. 세조 자신은 얼마나 마셨는지 알 수 없지만 두 사람은 "종일 벌주를 마시다가 몹시 취해서 파했다"고 한다.

그나마 이런 경우는 유쾌한 자리였다. 술자리가 잦았기 때문에 사고도 많았다. 정인지는 여러 차례 만취하여 세조에게 '너(爾)'라고 불렀다가 파직당하는 등 곤욕을 치렀다. 세조 7년, 성균관 대사성 서강(徐岡)은 세조와 불교를 놓고 논쟁을 벌이면서 벌주를 연거푸 받아 마시고 만취해 불경스러운 말을 했다가 결국 사형을 당했다. 세조 12년에는 공신 양정이 퇴위를 건의했다가 참형을 당해야 했다.

사실 세조에게 술자리는 단순한 유흥이 아니라 통치 행위였다. 그는 밤낮을 가리지 않고 술자리를 열었다. 그러나 세조 8년 12월, 세조가 역시 술자리에서 세자에게 했던 말은 의미심장하다.

"내가 술을 마시고자 하면 너와 여러 장상(將相)들하고만 마셨다. 결코 궁첩(宮妾)들과 마시지 않은 것은 네가 본 바이다."

세조 시대를 '주석정치(酒席政治)의 시대'로 명명한 사람은 최승희 전 서울대 교수(국사학)이다. 최 교수는 세조가 이처럼 지나치게 자주 종친, 공신, 재상, 대신들에게 술자리를 베풀어야 했던 이유를 이렇게 설명한다.

세조로서는 왕위의 명분과 정통성에 흠이 있으므로 불안하였다. 따라서 종친, 공신, 재추(宰樞-의정부와 중추부의 고위 관리)들을 친왕 세력으로 확보할 필요가 있었으며, 그들에 대한 친화책의 일환으로 술자리를 자주 베풀고 함께 취하였다.

더불어 과음 상태에서 실수하는 신하들을 걸러 낼 수 있었기에 세조는 더욱 술자리를 중시하였다. 이에 대해 최 교수는 이렇게 풀이했다.

세조는 이처럼 종친, 재추, 승지 등을 불러 술자리를 베풀면서 그들과 친화하는 기회로 이용할 수 있었고, 그의 왕위와 왕권을 유지하고 강화하는 효과도 함께 얻을 수 있었던 것으로 보인다.

세조는 분명 한 시대의 영웅이었지만 호색(好色)은 아니었다. 실제로 세조는 정희왕후 윤씨 외에 근빈 박씨라는 딱 한 명의 후궁만 두었다. 호주(好酒)형 호걸이었던 셈이다. 『조선왕조실록』에서 '술자리'라는 단어를 검색해 보면 재위 기간이 세조보다 5년이나 더 많았던 태종 때가 '167건'인데 반해, 세조 때는 무려 '467건'이나 된다. 물론 '술자리'라는 단어만으로 단순 검색했기 때문에 그것이 반드시 태종이나 세조가 열었던 술자리라고 할 수는 없다. 그래도 너무 많다. 32년 동안 재위했던 세종 때도 91건밖에 되지 않는다.

신숙주의 목숨을 구한 한명회의 기지
조선 선조 때의 문인 허봉이 펴낸 야사집 『해동야언(海東野諺)』에는 신숙주의 목숨을 구한 한명회의 기지에 관한 일화가 실려 있다.
야사의 경우 대개는 믿거나 말거나지만 이 일화는 당시 정황으로 볼 때 상당히 개연성이 높다.

　세조 집권 후반기, 한명회와 신숙주가 세조와 함께 술을 마시다 모두 취했다. 특유의 장난기가 발동한 세조가 신숙주의 팔을 잡아 비틀면서 너도 내 팔을 잡고 비틀어 보라고 했다. 정인지에 비하면 훨씬 조심스러웠던 신숙주인데도 술에 취한 때문인지 세조의 팔을 세게 비트니 세조가 아프다고 소리쳤다. 그때 옆에 있던 세자(훗날의 예종)의 낯빛이 변했다. 예종은 공신들이 자기 아버지에게 함부로 한다고 생각해 불만이 컸다. 이를 눈치 챈 세조는 "나한테 이러는 건 괜찮지만 너에게는 안 되지!"라고 무마했다.

　술자리가 파하고 한명회와 신숙주는 집으로 돌아갔다. 누구보다 세조의 사람됨을 잘 알고 있었던 한명회는 집에 오는 즉시 신숙주에게 사람을 보내, 오늘밤만은 책을 보지 말고 술에 많이 취한 것처럼 불을 끄고 일찍 자라고 일러 주었다. 본래 신숙주는 술에 심하게 취하지 않으면 집에 가서 반드시 책을 보다 자는 습관이 있었기 때문이다.

　그런데 한명회는 특히 이날만큼은 많이 취하여 정신을 잃은 것처럼 하라고 신신당부했다.

　한편 자리에 누운 세조는 신숙주에 대해 은근히 괘씸하다는 생각이 들었다. '혹시 신숙주마저 나를 업신여기는 마음을 갖고 있는 것은 아닌가?' 그래서 세조는 밤중에 은밀히 사람을 보내어 신숙주가 책을 읽고 있는지 가서 보고 오라 했는데, 그 사람이 갔다 와서는 불을 끄고 자더라고 아뢰었다. 세조는 신숙주가 정말 술이 많이 취해 정신없이 자기 팔을 비튼 것으로 알고 아무 일 없이 넘어갔다. 만일 그날 한명회가 기지를 발휘하지 않고 신숙주가 평소처럼 책을 보았다면 신숙주는 정인지처럼 큰 봉변을 당했을 것이다.

너희가 선조를 아느냐!
선조에 대한 오해를 풀다

우리에게 선조는 무능하고 시기심 많은 임금으로만 남아 있다. 무엇보다 임진왜란을 당했기 때문이다. 어찌 보면 이괄의 난으로 한양 도성을 버리고 공주로 피난을 가야 했고 두 차례 호란을 거치면서 청나라에 직접 항복까지 한 인조보다도 더 부정적인 이미지가 선조에게 덧씌워져 있다. 그러나 사람들은 선조 시대에 인재가 가장 번성했다는 사실, 그리고 그것은 선조 특유의 위임 통치 때문에 가능했다고 하는 중요한 사실은 전혀 모른다. 아마도 일본으로부터 당한 치욕이 선조를 희생양으로 만든 것인지도 모른다. 사서삼경을 한글로 번역해 한글의 지위를 경전 번역어의 지위로 격상시킨 인물이 선조라는 사실과 그 의미를 아는 사람은 또 얼마나 될까?

10만 양병설에 대한 오해와 진실

교과서에서조차 추호의 의심도 없이 가르치는 율곡 이이의 '10만 양병설'을 실록으로 추적해 보았다.

율곡의 10만 양병설을 강조하는 사람들의 생각은 분명하고 간단하다. 선조가 율곡의 건의를 받아들여 10만 군사를 양병했다면 임진왜란 때 그처럼 무력하게 패하지는 않았을 것이라는 사실이다. 그리고 이를 근거로 선조는 앞도 내다보지 못하고 율곡의 건의를 제대로 수용도 못한 무능하고 우유부단한 임금이라는 부수적 결론도 도출된다.

과연 10만 양병설은 율곡이 제창했으며 선조는 무능하기만 했던 임금일까?

선조 15년(1582년)은 관리로서 율곡 이이의 전성기였다고 할 수 있다. 선조는 1월에 호조판서를 지낸 이이를 이조판서로 임명한데 이어 8월에는 형조판서, 12월에는 병조판서를 맡긴다. 당시 선조는 이이에게 병판을 맡기면서 이렇게 당부했다.

"지금 조선의 병력이 고려만도 못한데다가 100여 년 동안 태평을 누린 까닭으로 국방이 소홀해져서 남몰래 이러한 점을 몹시 걱정해 왔으나 적합한 인물을 얻지 못했는데, 경이 항상 개혁을 하여 기강을 세우고자 하였으니 국방의 일을 맡아 폐단을 없애고 양병(養兵)의 구상을 만들면 나라에 다행한 일이겠노라."

이 무렵 선조는 누구보다 이이를 총애하고 있었다. 그러나 이이는 자신은 병사(兵事)에 문외한이라며 극구 사양했다. 이에 선조는 "국방 강화의 핵심은 양민을 확대하고 국고를 튼튼히 하는 데서 출발하는 것이니 호조판서를 지낸 그대가 적격"이라며 이이의 병판 임명을 강행했다.

선조의 명을 받은 이이는 2개월여가 지난 선조 16년(1583년), 소위 '10만 양병설'이 포함된 6개조의 개혁안을 선조에게 올린다. 그의 양병론(養兵論)은 양민론(養民論)에 바탕을 둔 것이었다. 민력(民力)이 고갈되면 제갈량이 있다 해도 외적을 막아 낼 수 없다는 논리였다. 그래서 그는 서얼 허통과 양민 확충을 통해 민력을 키운 다음 그것을 기반으로 10만 정도의 병력을 양성하면 국방이 튼튼해질 것이라는 안을 제시했다.

이때 선조나 이이가 우려했던 외적의 침입은 일본이 아니라 북방 오랑캐였다. 그런데도 마치 이이가 임진왜란을 예견이나 한 듯이 10만 양병설을 주창했다는 식으로 이야기하는 것은 왜곡이다. 그리고 이이도 조심스럽게 밝혔듯이, 그의 양병설은 단순히 군대를 10만으로 늘리자는 것이 아니었다. 민력이 뒷받침되지 않는 양병, 강군은 사상누각이었다.

하지만 이이의 양병론은 홍문관에 의해 무력화되고 만다. 당시 홍문관에는 류성룡이 부제학으로 있었다. 홍문관은 사헌부와 사간원이 국헌(國憲)을 문란케 하는 병판 이이의 주장에 대해 침묵하고 있다고 비판함으로써 간접적으로 이이에게 압력을 가했다. 이이가 양민을 확충하는 방안으로 제시한, 노비들을 일정 기간 평안도와 함경도에 살게 한 다음 양민으로 승격시켜 주자는 제안은 조선의 국체인 신분제를 흔들 수 있다고 보았기 때문이다. 게다가 류성룡은 '평화로운 때에 군사를 양성하는 것은 화란(禍亂)의 단서를 여는 것'으로 보았다.

이는 자칫 단순논리로 치부될 수도 있다. 이이는 옳았고 류성룡은 틀렸다는 주장이 그것이다. 그것은 아니다. 실은 둘 다 옳을 수도 있고 둘 다 틀릴 수도 있다.

부국강병(富國强兵)이라는 국가의 목표를 놓고 볼 때 이이는 강병을 우선시하는 주장이고 류성룡은 부국을 우선시하는 주장이다. 만일 상황이 위급하다면 이이의 주장이, 그렇지 않을 경우는 류성룡의 주장이 설득력을 갖는다. 물론 일본이 침략함으로써 이이의 주장이 설득력을 갖게 되었지만, 실은 인간의 역사에서 전쟁보다는 평화의 시기가 훨씬 길기 때문에 류성룡의 주장 또한 나름의 설득력이 있다는 점을 부인할 필요는 없다.

선조 임금과 조총

6. 25 하면 인민군 탱크가 연상되듯이, 임진왜란 하면 일본군의 조총(鳥銃)을 떠올리지 않을 수 없다. 전쟁 초기, 조선 군인과 백성들뿐만 아니라 선조에게도 조총은 '공포의 신무기'였다. 올라오는 전황 보고서마다 '조총의 예봉을 꺾지 못해 우리 군대가 패했다'는 말이 꼭 들어 있었기 때문이다.

탐구심이 강했던 선조는 조총을 만들어야겠다고 생각하여, 직접 조총 만드는 일을 진두지휘했다. 물밀듯 밀려오는 왜군에 놀라 의주까지 파천(播遷)해야 했던 선조는 이후 한양으로 돌아와 전쟁을 진두지휘하면서 조총 만들기에 '올인'한다. 전쟁 발발 1년이 채 안 된 선조 26년(1593년) 2월 10일, 선조는 중국인 중 조총과 화약 제조에 능한 이가 있다는 정보를 입수하고 병조판서 이항복에게 전문가를 보내 제조법을 알아내라고 은밀하게 지시했다.

한 달 후인 3월 11일, 선조는 승정원(오늘날의 청와대 비서실)에 내린 분부를 통해 "조총 만드는 법은 이미 익혔으나 염초(焰硝-화약) 굽는 법은 익히지 못했는데, 마침 포로가 된 왜인 중에 염초 굽는 법을 아는 자가 있다고 하니 죽이지 말고 장인들을 데리고 가서 그것을 알아내도록 하라"고 명했다. 이후에도 일본인 포로 중에서 조총이나 염초 제조법을 아는 사람이 있을 경우 우리나라 장인들이 배워서 익히도록 조치를 내렸다. 이어 7월 14일에는 무과 시험을 볼 때 조총 사격을 포함시키라고 명한 것을 볼 때 어느 정도 조선판 조총이 제작되고 있었다는 것을 알 수 있다.

선조의 조총 탐구는 마침내 11월 12일, 자신이 직접 신형 조총을 만드는 단계까지 나아갔다. 이날 선조는 전쟁을 진두지휘하고 있던 영의정 류성룡을 불러 자신이 개발한 조총을 보여 준다. 기존의 조총은 화약을 넣는 시간이 길어 그 사이에 적의 화살을 맞을 수도 있기 때문에 두 사람이 교대로 사격과 화약 장진을 할 수 있도록 '이런 총'을 만들었다는 것이다. 유감스럽게도 실록에는 '이런 총'에 관한 자세한 설명이 없다. 다만 "이런 총으로 한 사람은 사격을 하고 또 한 사람은 화약 장진을 할 경우 연속해서 사격을 할 수 있을 것"이라고 서술한 내용만 있다. 흥미로운 것은 실록의 사관이 선조의 이 같은 무기 연구를 노골적으로 폄하하고 있다는 점이다.

'조총이 비록 적을 막는 데 관계가 있는 것이긴 하지만 임금 자신이 무기의 정교함을 논한다는 것은 도리의 본말에 어두운 것이 아니겠는가?'

사실 사관의 이 같은 관념주의에는 동의하기 힘들다. 오히려 선조는 적의 첨단 무기를 우리 것으로 만들어 적과 대항하겠다는 지극히 실리적인 입장에서 조총을 직접 만드는 단계까지 나아갔다고 보는게 맞을 것이다.

실제로 선조는 20일쯤 지난 윤11월 2일, 류성룡과 전황을 점검하던 중 이런 말을 한다. "우리나라 사람들은 대개 습속이 글을 읽는 것만을 알고 군사를 몰라서, 문자를 알면 귀한 사람으로 여기고 궁시(弓

矢-무기)를 지닌 자는 으레 천하게 여긴다. 그리고 적의 장기는 조총뿐인데, 이것을 막을 물건이 없는가?" 마치 훗날 자신의 조총 연구에 대해 사관들이 어떤 비판을 할지 알고 있었던 것처럼, 그들의 논리를 정면으로 비판하는 발언으로 읽힌다.

12월 2일, 선조는 보다 흥미로운 지적을 한다. "우리나라에서 만든 조총은 모두 거칠어서 쓸 수가 없다. 이제부터는 왜군의 정교한 조총을 준적(準的-모델)으로 삼아 철저하게 그것과 똑같이 만들어야 할 것이다."

선조가 조총 만들기에 얼마나 열의를 쏟았는지는 이듬해(선조 27년) 2월 11일, 병조판서 이덕형의 다음 같은 발언에서 생생하게 알 수 있다.

"지난해 처음으로 상께서 조총에 대해 가르치자 사람들은 모두 이루기 어려울 것이라고 비웃었고 또 그 일을 천하고 비루하게 여겨 군인들조차 서로 피하기를 도모하였습니다. 상께서 특별히 권장하고 또 과거를 마련한 다음에야 양반들도 와서 배우는 자가 자못 많았습니다."

실록에서 이런 장면들을 볼 때마다 '지금 우리는 선조를 너무 일방적으로 매도하는 것은 아닌가?' 하는 자문을 하게 된다. 아마도 그것은 다른 나라가 아닌 일본의 침략을 미리 막지 못하고 의주까지 몽진한 것 때문일 수도 있고, 이순신 장군에 대한 지나친 존경심이 선조에 대한 부정적 인식으로 연결되었기 때문일 수도 있다.

그러나 선조 때 큰 인물들이 많이 배출되었고, '후궁의 손자'라는 콤플렉스에도 불구하고 사림의 세상을 열려고 했던 그의 노력 등은 제대로 평가되어야 한다.

정조는 정말 성군이었을까?
세종과 정조의 리더십 비교

세종과 정조는 모두 뛰어난 국왕이었다는 평가를 받지만 꼼꼼히 들여다보면 참으로 대조적인 면모들을 보여 준다. 물론 두 사람은 공통점도 많다. 무엇보다 국가 운영의 목표를 '문치(文治)'에 두었다는 점에서 같은 비전을 갖고 있었다. 즉위했을 때의 나이도 비슷했다. 세종이 22살, 정조가 24살이었다. 또 세종의 경우 즉위한 후에 상왕인 태종이 외삼촌 네 명을 모두 제거하는 데 그치지 않고 장인 심온마저 죽여 버린 일이 있었고, 정조의 경우에는 열한 살 때 아버지 사도세자가 할아버지 영조에 의해 죽었다. 개인적인 비극 속에서 왕위에 오른 것이다.

하지만 결론부터 이야기하면 세종과 정조는 비교 대상이 아니다. 세종은 정조와는 비교가 안 될 만큼 뛰어난 군주의 면모를 보여 주었다. 정조를 조선 후기의 대표적인 성군이라고 배워 온 사람들에게는 다소 충격적인 이야기인지 모르지만 필자는 정조에 대해 그리 긍정적인 편은 아니다.

정조는 즉위하는 첫날 "나는 사도세자의 아들이다"라고 선언한다. 그리고 곧바로 사도세자의 죽음에 관련이 있다고 생각했던 조정 신

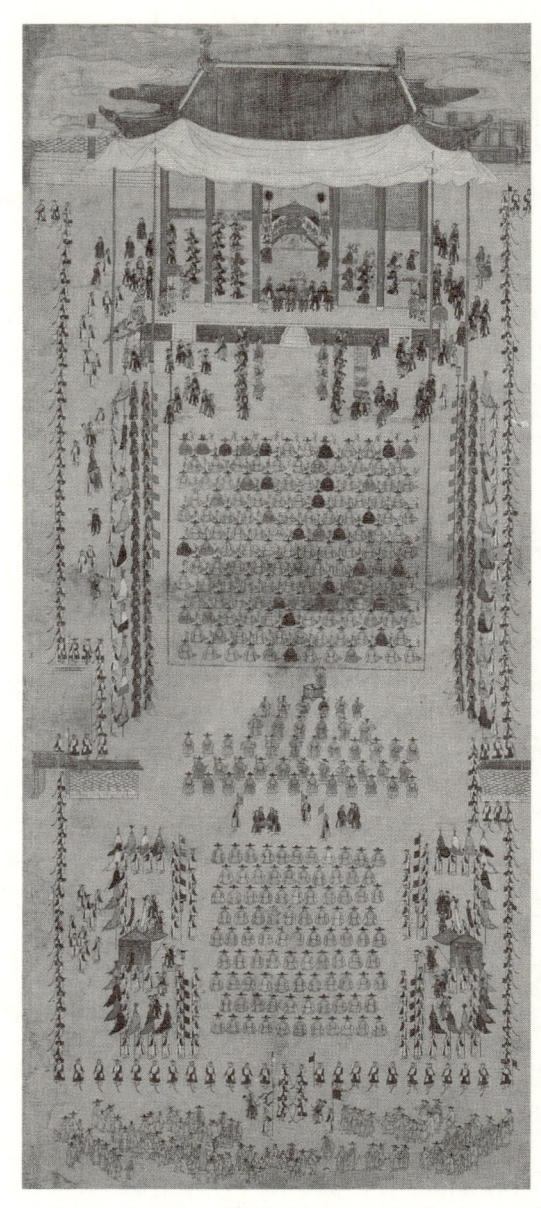

「**정조의 현릉원 행차**」 김득신 외, 조선 18세기. 현릉원은 정조의 아버지 사도세자의 무덤이다. (국립중앙박물관)

하들을 대거 숙청했다. 그 방식도 무자비했다. 그 바람에 정조는 재위 10년이 넘어설 때까지 해마다 대규모 역모나 반란 기도에 시달려야 했다. 그것은 국왕으로서는 치명적인 약점이 아닐 수 없다. 물론 이를 기득권층의 집요한 반발로 평가절하할 수도 있지만, 아버지 문제에 지나치게 매달리는 바람에 미래형 리더십을 펼치지 못했다는 비판을 면하기 어렵다.

바로 그 점에서 세종은 전혀 달랐다. 자신의 장인을 죽이는 데 앞장 섰던 유정현을 상왕 태종이 죽은 후에도 그대로 영의정에 두었고, 유정현은 천수를 누렸다. 세종은 장인의 죽음보다 아버지 태종의 뜻을 헤아렸다. 사정(私情)보다 공의(公義)를 위한 결정이었음을 세종 자신이 잘 알고 있었기 때문에 고통 속에서도 현실을 받아들인 것이다.

세종의 위대함은 상대방의 상처를 따뜻하게 끌어안는 데 있다. 세종은 통치 기간 내내 문제 해결 능력에서 신하들을 능가함으로써 은 연중에 신하들의 설복을 이끌어 냈다. 전형적인 솔선수범의 리더십을 선보인 것이다. 반면 정조는 군사(君師)를 자처했다. 물론 정조의 학식이 이황이나 이이를 능가할 만큼 뛰어났던 것은 사실이지만, 학문이 뛰어나다고 해서 뛰어난 군주가 되는 것은 아니다.

정조는 오늘날 단행본 열두 권 분량에 해당하는 개인문집 『홍재전서』를 남겼다. 그의 집권 기간이 24년임을 감안할 때 2년에 한 권씩 책을 썼다는 말이다. 이는 학자 군주의 면모를 보여 줌과 동시에 국왕 본연의 직무인 정사(政事)에 그만큼 정력을 덜 쏟았다는 의미로도 읽힌다.

물론 이렇게 이야기한다고 해서 정조가 무능했던 임금이라는 뜻은 아니다. 그 당시는 조정 신하들의 당파 싸움이 극에 달했던 때다. 숙종과 영조를 거치면서 왕권이 비교적 강화되었음에도 불구하고 여전히 국정은 노론이니 소론이니 남인이니 하는 당파에 소속된 신하들이 좌우하고 있었다. 정조는 기존의 당파에 얽매이지 않고 자신의 뜻을 따르는 파와 끝까지 저항하는 파로 나눠서 정국을 운영했다. 전자가 시파(時派)였고 후자가 벽파(僻派)였다.

정조는 본인의 탁월한 능력에 의지해 시파를 확대하고 벽파를 압박했다. 그 결과 재위 13년을 넘기면서부터는 정국이 조금씩 안정되는 기미를 보였다. 그런데 정조는 이때부터 다시 아버지 문제를 재해석하는 데 온 힘을 쏟으면서 조정 전반의 통합을 이끌어 내는 데 실패했다. 화성에 새로운 궁궐을 세운 것은 국가의 비전이나 민생과는 상관없는, 아버지 사도세자의 명예 회복을 위한 것이었다. 백성의 고단한 삶을 생각하는 신하라면 정조의 프로젝트에 동의하기 힘들다.

이런 주장은 어쩌면 논쟁적일 수도 있다. 그러나 정말로 정조가 '위대하다'는 평을 받으려면 그 후대에 국가의 발전이 이뤄져야 한다. 하지만 실상은 어떠했는가? 정조가 죽자 조선은 세도 정치가 본격화되면서 쇠퇴의 길을 걷다가 결국 국망에 이르게 된다. 그것은 시스템 구축보다는 인치(人治)에 의존한 결과였다. 인치는 리더가 뛰어날 경우 장점이 될 수도 있지만 혼군(昏君)이 나올 경우 치명적인 위험을 맞을 수 있다. 정조 사후 100년 조선 역사가 바로 그러했다.

반면 세종은 화해와 용서를 통해 자칫 파국을 맞을 수도 있었던 조선 건국의 정당성을 반석 위에 올렸고 생산력을 확대해 백성의 삶을 개선했으며 법률, 농업, 의약 등 거의 모든 분야에 걸쳐 미래를 준비하는 데 한치의 소홀함도 없었다. 아쉽다면 후계 구도를 제대로 정리하지 못한 것뿐이다.

제2장

칼날 위 군주의 길을 가다

벨 것인가, 베일 것인가? 왕들의 정치 생존법을 밝히다

조선의 정치사는 왕과 신하 사이의 파워 게임의 역사였다. 조선은 절대군주제였음에도 왕들은 왕의 자리에 오르기 전부터, 그리고 왕의 자리에 오른 후에도 수많은 도전에 직면해 맞서 싸울 수밖에 없었다. 때문에 조선 왕들이 자신의 권력을 유지하고 주도권을 잡기 위해, 혹은 정치적인 위기를 타개하기 위해 어떤 방법을 사용했는지 아는 것은 조선의 정치사를 이해하는 데 큰 도움을 줄 것이다.

'얼굴'의 정치학,
어진에 감춰진 정치 논리

"이 화상(畫像)이 아니면 후손들이 무엇에 의거하여 선왕의 얼굴을 뵙겠는
가. 또 역대 제왕이 그림[像]을 그려서 자손에게 남겨 준 이가 있으니, 나도
또한 진용(眞容)을 그리고자 하는데 어떠한가. 화상은 모름지기 나이 젊어
서 그려야 하노라."

세종 16년(1434년) 4월 15일, 세종은 비서실장격인 도승지 안숭선을
불러 영의정 황희를 비롯한 정승들로 하여금 자신의 초상화를 그리
는 문제를 논의하여 결정토록 명한다. 이때 세종은 38세였다. 조선
때 임금의 초상화를 부르는 명칭은 어진(御眞)으로, 그 외에도 쉬용(晬
容), 어용(御容), 진영(眞影), 영자(影子), 진용(眞容), 성진(聖眞), 영정(影幀), 정
자(幀子) 등 10여 가지에 이른다. 세종의 경우 '진용'이라는 표현을 사
용하고 있었다. 물론 이때 그려진 어진과 지금의 1만원 권 지폐에 있
는 세종상(像)은 아무런 관련이 없다. 그때의 어진은 전하지 않고 1만
원 권 세종상은 상상화일 뿐이기 때문이다.
　너무나 유감스럽게도 현재 어진이 전하는 임금은 27명의 역대 국

복원된 「철종대왕 어진」 본래는 왼쪽 3분의 1이 불타 버린 채 남아 있다. 일반적으로 곤룡포를 입고 있는 다른 어진들과는 달리 구군복(具軍服)을 입고 있다.

왕 중에서 태조, 영조, 철종, 고종, 순종의 어진뿐이다. 고종이나 순종은 사진도 많으니 실제 전해지는 것은 25명 중 3명뿐이라고 봐야 한다. 6·25가 끝난 직후 어진을 비롯한 왕실 유물을 모셨던 부산의 창고에서 대화재가 난 때문이다. 그래서 철종의 어진은 절반쯤 불에 탄 상태로 남아 있기도 하다.

기록상으로 보면 태조 이성계의 어진이 종류도 다양했고 가장 많이 모사(模寫)되었다. 조선의 창건자이니 당연한 결과라고 할 수 있다. 사실 태조의 어진은 그 자체로 곧 조선의 종묘사직(宗廟社稷)을 상징했다고 해도 과언이 아니다. 어쩌면 그랬기 때문에 이후 수백 년 동안 후대 임금들의 어진이 소실되었음에도 불구하고 가장 오래된 태조의 어진은 지금까지 전해질 수 있었는지 모른다.

어진은 그리는 방식만 놓고 보면 크게 세 종류로 나눌 수 있다. 직접 생존한 국왕을 보고 그리는 도사(圖寫)가 있고, 이미 있던 것을 그대로 옮기는 모사, 혹은 이모(移模)가 있으며 사후에 원로대신들의 기억을 더듬어 그리는 추사(追寫)가 있다. 당연히 난해한 순서로 보자면 추사, 도사, 모사의 순이다. 여기서 모사는 어차피 옮겨 그리는 것이니까 제외하고, 도사냐 추사냐의 문제는 왕권 강화 여부와 직결돼 있어 눈길을 끈다.

태조를 비롯해 태종, 세종, 세조의 경우 살아 있을 때 어진을 그렸다. 누가 봐도 강한 왕권을 누렸던 국왕들이다. 반면에 신권이 막강했던 시절의 유약한 임금들인 성종, 중종, 인종은 생전에 그리지 못하고 사후에 추사를 했다. 그나마 이들은 좀 나은 편이었고 선조, 광해군, 인조, 효종, 현종 등은 추사조차 이뤄지지 않았다.

선조의 경우는 특히 전란을 겪으면서 어진에 대해 극도의 거부감을 갖고 있었다. 자신의 용안이 어진을 통해 알려질 경우 신변의 위험이 커질 수 있었기 때문이다. 그래서 전란의 와중에 중국에서 온 사신들이 '특수 목적상' 선조의 초상화를 그리게 해 달라고 요청했을 때에도 단호하게 거부했다. 특수 목적이란 파병을 결행한 명나라의 입장에서 선조의 얼굴을 정확하게 파악하고 싶어 했기 때문이다.

도사를 통한 어진이 되살아난 것은 왕권 강화를 이룬 숙종에 의해서였다. 왕권 강화가 극에 달했던 숙종 39년(1713년) 4월 11일, 숙종은 이이명의 건의를 받아들여 숙종 21년(1695년) 조세걸(1621년~?)이 그린 어진을 "미진하다"하여 새로운 화원들을 동원해 보완토록 한 후에 조세걸의 구본(舊本)은 세초(洗草)해 버렸다. 세초란 종이를 물에 빨아 먹물을 빼 버렸다는 말이다.

'무수리의 자식'이라는 콤플렉스에도 불구하고 탁월한 학식과 냉혹한 정치력으로 50년 이상 철권 통치를 했던 영조는 10년에 한 번씩 어진을 도사했다. 그랬기 때문인지 영조는 특이하게도 임금 때 그린 어진뿐만 아니라 연잉군 시절에 그린 초상화까지도 전해진다. 정조도 할아버지 영조의 예에 따라 10년에 한 번씩 도사를 했다. 그러나 유감스럽게도 정조나 순조의 어진은 전하지 않는다. 순조의 아들로 훗날 익종(翼宗)으로 추존된 효명세자의 초상화가 전해지기는 하는데, 왼쪽 뺨과 이마를 제외하고는 모두 불에 탄 모습이다. 철종의 불탄 어진은 그나마 절반의 얼굴 모습이라도 알 수 있는데 효명세자의 그것은 아예 얼굴이 없다고 보면 된다. 철종의 경우는 예외적이다. 강한 왕권과는 거리가 멀어도 한참 멀었던 그가 도사를 한 것도 그렇고, 더욱이 군복을 입은 복장이어서 역설적이기까지 하다. 고종은 어진과 왕권 강화의 관계를 정확히 파악하고서 도사에 적극적이었다는 사실만 적어 둔다.

세조의 어진을 구한 이이첨의 인생 역정

1593년(선조 26년), 의주 일대에서 피난 생활을 하고 있던 선조에게 3월 16일은 그나마 여러 가지로 큰 위안이 되는 날이었다. 강화도에 있던 세종대왕의 어진을 무사히 가져다가 임시 종묘라고 할 수 있는 묘사(廟社)에 모셨을 뿐만 아니라, 광릉참봉(光陵參奉) 이이첨(李爾瞻)이 광묘(光廟-세조)의 영정을 악전고투 끝에 선조가 있는 곳으로 갖고 온 것이다. 오죽했으면 이이첨이 광묘의 영정을 모시고 온다는 소식을 들은 선조는 백관을 거느리고 5리쯤 나아가서 환영할 정도였다.

처음 임진왜란이 터졌을 때 영정은 봉선사(奉先寺)의 중 삼행(三行)이

봉선전(奉先殿)에 묻어 두었다. 봉선사는 세조가 죽고 광릉에 묻히자 정희왕후가 명을 내려 세운 세조를 위한 절이었다. 따라서 여기에 있던 영정은 사실상 대표 영정이나 다름없었다. 그런데 이 영정이 발각되어 일본군이 찢어 버리려고 하는 것을 삼행이 애걸하여 겨우 보전할 수 있었던 것이다. 그러나 서울에 있던 왜군들이 다시 광릉에 들이닥쳐 불을 질러 대자 개경으로 피신을 가 있던 광릉참봉 이이첨은 적진을 거스르며 낮에는 숨고 밤에는 걸어서 광릉에 이르렀다. 다행히 피난을 가지 않고 남아 있던 삼행을 만나 영정을 넘겨받은 이이첨은 하룻밤에 90여리씩 걸어서 선조가 머물고 있던 행재소까지 찾아온 것이다. 이로 인해 이이첨은 한때 당대의 '의인(義人)'으로 극찬의 대상이 되기도 했다.

이이첨(1560년~1623년)은 세조와 성종 때 당대 최고의 가문으로 꼽혔던 광주 이씨 출신으로, 이극돈의 후손이다. 세조와는 이 같은 연고가 있었던 셈이다. 선조 15년(1582년) 사마시(司馬試)에 합격하고, 1593년 광릉참봉으로 있을 때 광묘의 영정을 구해 내 영웅이 됐다. 그리고 이듬해 문과에 급제해 관리의 길에 들어섰으며 선조 32년(1599년) 핵심 요직인 이조정랑(吏曹正郞)에 제수되고, 선조 41년(1608)에 고위 관리들을 대상으로 하는 중시(重試)에서 장원급제하였다. 당시는 선조의 후사 문제로 대북파와 소북파가 대립할 때였다. 이이첨은 정인홍과 함께 대북파를 이끄는 영수의 위치에 올라 광해군의 옹립을 주장하면서 선조의 뜻을 받들어 영창대군(永昌大君)을 옹립하려는 유영경(柳永慶) 등 소북파를 압박하다가 선조의 노여움을 사서 갑산에 유배되었다.

그런데 같은 해(1608년) 2월, 선조가 갑자기 세상을 떠나고 광해군이 즉위하자 이이첨은 예조판서에 오르고 광창부원군에 봉해져 최고의 실권을 장악한다. 이후 소북파를 철저하게 숙청하였으며 각종 무고를 통해 영창대군을 죽음에 이르게 하였고, 인목대비마저 서궁에 유폐하는 등 극단적인 노선을 견지했다.

그러나 1623년 인조반정(仁祖反正)으로 광해군이 폐위되자 가족과 함께 영남 지방으로 도망가던 중 경기도 광주에서 관군에게 붙잡혀 참형당했으며, 그의 세 아들 이원엽(李元燁), 이홍엽(李弘燁), 이대엽(李大燁)도 처형되었다.

한때의 의인 이이첨은 이후 간신의 전형으로 두고두고 역사적 지탄의 대상이 됐다.

왕의 온천행이
민감한 정치 사안이었다?

조선 임금 27명 중에서 유난히 온천욕을 좋아했던 인물은 태조, 세종, 세조, 현종 4인이다. 그중에서도 병 치료 목적보다 온천욕 자체를 즐겼던 임금은 태조 이성계다. 그는 거의 해마다 온천을 찾아 휴양을 즐긴 유일한 임금이라 할 수 있다. 다른 임금들은 대부분 휴양보다는 병 치료가 목적이었다.

태조는 개성 동북쪽 평주(지금의 황해북도 평산군)에 있는 온천을 즐겨 찾았다. 한 번 행차하면 통상 보름에서 20일 정도 머물렀다. 아들 이방원이 왕자의 난을 일으켜 왕위를 빼앗기는 굴욕을 당한 후에도 평주 온천행은 계속됐다. 그는 주로 고향인 함흥에 머물며 '몽니(심술)'를 부렸지만 때로는 평주 온천에 머무르기도 했다. 이때는 태종이 직접 자신에 대한 아버지의 노여움을 가라앉히기 위해 평주로 거둥하기도 했다.

태종도 간혹 온천에 가긴 했지만 그리 즐기진 않았고, 간혹 온천행에 나설 때도 주된 목적은 사냥이었다. 하지만 태종도 왕위를 세종에게 물려준 후에는 건강을 이유로 온천을 즐겼다. 태종은 평주 온천과 함께 강원도 이천(伊川) 온천을 종종 찾았다. 경기도 이천과는 다른 곳이다. 이천은 태종에게는 각별한 인연이 있는 곳이기도 했다. 아버지 이성계가 위화도 회군을 단행했을 당시 이방원은 고려의 초급 관리로 개경에서 근무하고 있었다. 퇴근길에 아버지의 회군 소식을 전해 들은 이방원은 곧바로 신변에 위협이 닥칠 것을 예감하고 한씨와 강씨 두 어머니를 모시고서 집안의 근거지인 함흥으로 가던 중 이천을 경유하게 된다. 그런데 이방원은 더 이상 이동하지 않고 이곳에 머무른다. 그때 누군가가 그에게 왜 함흥으로 가지 않고 여기에 머무르느냐고 묻자 이방원은 "최영은 일을 모르는 사람이다. 더 이상 추격하지 않을 것이다"라고 단언했다. 실제로 최영은 더 이상 추격하지 않았고, 얼마 후 이성계가 사태를 진압하자 이방원 일행은 개경으로 돌아갔다.

온천욕에 관한 한 세종이 으뜸이다. 세종은 온양 온천을 가장 좋아했다. 먼 훗날 현종실록에 나오는 이야기대로 '평주 온천은 너무 뜨겁고 이천 온천은 길이 너무 험했기 때문'이었다. 세종은 1433년(세종 15년) 처음으로 온양 온천을 찾았다. 소갈증(당뇨)을 비롯해 각종 질병에 시달리던 '걸어 다니는 종합병원' 세종이었기 때문에 아마도 이때 온천욕을 통해 큰 효험을 보았을 것이다. 이듬해부터 세종은 신하들에게 서울 인근에서도 좋은 온천을 찾아볼 것을 권했다. 거의 '닦달' 수준이었다. 주로 인천이나 부평 근처에서 많이 시도했지만 제대로 된 온천을 찾아내지는 못했다.

세종이 서울 인근에서 온천을 찾아보라고 한 데는 나름의 이유가 있었다. 조선 초 예조판서와 대제학 등을 지낸 문신 성현(成俔, 1439년~1504년)이 쓴 『용재총화』에 따르면 조선 초만 해도 조선 6도에 모두 온

정(溫井)이 있었고 경기도, 전라도에만 없었다. 단, 고서에 전하기를 '수주(樹州)에 온천이 있다'고 돼 있었는데, 수주가 바로 경기도 부평부였다. 세종 때 부평부 인근에서 온천 찾기가 집중적으로 이뤄진 것도 바로 이 고서에 근거한 것이었다. 그러나 결국 찾아내지 못했는데, 그 이유에 대한 성현의 언급이 의미심장하다. "고서에 잘못 기재된 것인지, 그렇지 않으면 사람들이 (온천을 찾을 경우 번거롭게 되는 것을) 싫어하여 그 줄기를 막아 버린 것인지 모르겠다."

그러나 세종에게 온천행은 치료 목적만 있었던 것이 아니다. 세종 15년 3월 25일, 세종은 측근 인사들을 거느리고 온양 온천으로 행차한다. 사실 이날은 세종이 오랜 고민 끝에 평안도 절제사 최윤덕으로 하여금 1만 명의 병사를 거느리고 지금의 압록강 중류인 중강진 일대 파저강에서 조선을 괴롭히던 파저강 여진족 토벌 명령을 내린 날이기도 했다. 무려 한 달 이상의 논란 끝에 최종적으로 결단 내린 것이다. 군사 정벌이나 파병 문제가 제기될 때는 늘 그렇듯이 조정 내에 양론이 대립했다. 한 쪽에서는 이번 기회에 본때를 보여 줘야 한다는 주장이 제기됐고, 반대쪽에서는 임금의 위신 과시용으로 섣부르게 군사를 움직여서는 안 된다는 주장이 맞섰다. 그런데 세종이 이 중대한 결정을 내린 바로 그날 남쪽에 있는 온천으로 가겠다고 하니, 신하들로서는 도저히 납득되지 않을 수밖에 없었다. 변경에서 군사들이 토벌에 나섰는데 국왕이 도읍을 비우는 것은 적당치 못한 행동이라며 온천행을 늦춰 달라는 요청이 이어졌으나 세종은 받아들이지 않았다.

과연 세종이 온천광이라서 이런 날 온천행을 강행했을까? 결코 그렇지 않다. 병사 1만 명이 동원된 토벌 계획이니 이미 백성들 사이에 소문이 파다하지 않을 리 없었다. 세종의 의도는 바로 백성들을 안심

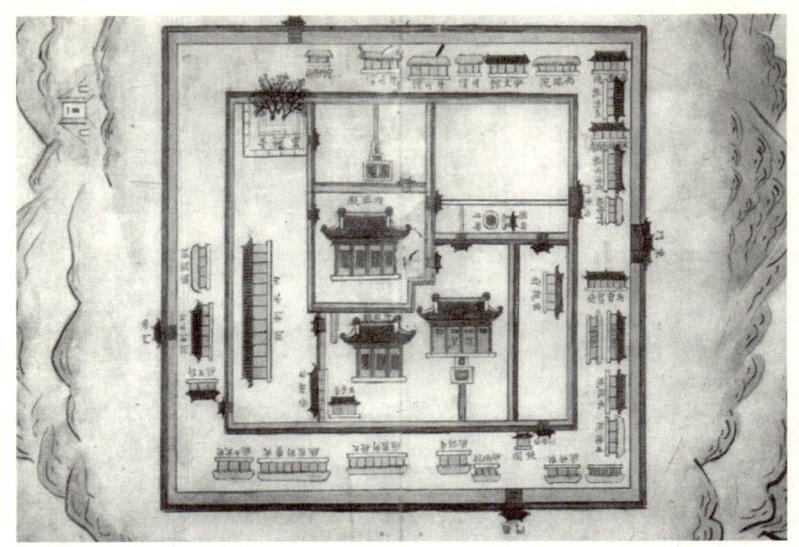

「**온양별궁전도**」 조선시대 왕들이 병을 치료하기 위해 자주 행차했던 온양별궁의 모습. 중앙에 행궁의 정전과 온천이 있다.

시키기 위한 것이었다. 임금이 편안하게 휴양을 취하는 모습을 보여 줌으로써 백성들을 안심시키고 자신감을 불어넣으려 했던 것이다. 당시 한 달여간의 온천행 동안 병 치료보다는 백성들과 활발하게 접촉하는 세종의 모습을 보면 그의 깊은 뜻을 쉽게 알 수 있다. 실제로 세종이 한양으로 돌아온 지 이틀이 지난 4월 25일, 평안감사 이숙치가 첫 번째 승전보를 알려 왔고 최윤덕은 대승을 거두게 된다.

　세조의 경우 태조 못지않게 온천을 좋아했던 임금이다. 황해도 배천 온천과 충청도 온양 온천이 그가 즐겨 찾던 온정이었다. 그도 아버지 세종처럼 온천 탐사에 열정적이었으나 별다른 성과를 올리지는 못했다. 세조의 경우가 의미를 갖는 것은 온양 온천을 왕실 외의 고관 대작과 그 부인들에게도 개방했다는 사실이다. 세조 11년(1465년), 세조는 충청도 관찰사에게 어지(御旨)를 내려 임금이 사용하는 어실(御室)

외에는 어디든지 다른 사람들도 사용토록 하라고 명했다. 그러나 고관 대작과 부인들이 '감히' 온양 온천을 사용했는지는 알 길이 없다.

조선 국왕 중에 온천에 가장 집착했던 임금은 누가 뭐래도 숙종의 아버지 현종이다. 현종은 집권 초기인 현종 2년(1661년), 21세 때부터 눈병에 시달렸다. 간단한 안약 하나 없던 시절이라 임금의 눈병은 곧 중병(重病)이었다. 게다가 부스럼까지 있었다.

신하들이 줄곧 온천행을 건의했지만, 그것을 부정적으로 보는 사림의 여론이 만만치 않았다. 조심스러운 성격의 현종은 결단을 내리지 못하다가 현종 6년(1665년)에야 온양 온천으로 향한다. 조선 초에는 임금이 사냥하는 것을 비판하는 것으로 신하들이 임금을 견제했다. 그런데 신권이 강해진 조선 중기 이후로는 이처럼 건강을 위한 온천행조차 백성들에게 피해가 된다는 이유로 반대하는 사람들의 눈치를 보지 않을 수 없었다.

4월 17일 온양에 간 현종은 한 달 후인 5월 14일 한양으로 돌아온다. 온천행은 큰 효험을 보았다.

주상이 눈병이 난 이후로 서책의 글자 획을 거의 구분하지 못하였는데, 온천에서 목욕을 하고 나더니 크게 효험을 보아 문서의 작은 글자를 보았다.

이후 현종은 거의 해마다 온양 온천을 찾았다. 게다가 현종은 한 번 온천에 거둥하면 한 달 가까이 머물렀다.

그러나 임금의 온천행은 생각만큼 쉽지는 않았다. 자칫 임금의 거둥으로 인해 본의 아니게 피해를 봐야 하는 백성들이 적지 않았기 때문이다. '절대 왕권'을 휘두른 숙종의 경우가 그렇다. 수없이 온천행을 시도했지만 민폐를 우려한 대간들의 비판이 이어지자 숙종은 집권기 내내 머뭇거리다가 숙종 43년(1717년) 3월에야 비로소 온천 거둥에 나선다. 그만큼 조선 임금의 온천 거둥은 정치적으로 민감한 행위였다고 할 수 있다. 왕권보다 신권을 중시하는 신하들에게는 임금을 비판할 수 있는 빌미가 되기에 충분했기 때문이다.

영조 36년(1760년 경진년), 사도세자가 다리의 종기를 치유하기 위해 온양에 갔던 행위는 그 자체로 정치 행위였다. 아버지 영조의 입장에서는 아들을 검증하려는 의도가 분명했고 사도세자로서는 국본(國本-세자)으로서 자신의 능력을 확인시켜 줄 수 있는 기회였기 때문이다. 일단 온천행에 나서게 되면 잠시나마 독자적으로 수행하는 신하들을 거느리게 되며, 궁궐 밖에서의 일거수일투족은 신하들의 면밀한 관찰 대상이 된다. 또한 행차 도중에 돌발적인 사건이 생기면 그것을 처리하는 세자의 일처리 능력을 검증할 수 있는 기회이기도 하므로 사도세자에게 이번 기회는 무척이나 중요했다.

7월 18일 한양을 떠난 사도세자는 8월 4일 귀경했다. 그러나 온양에서 돌아온 직후부터 사도세자는 자질 논란에 휩싸였고, 결국 2년 후 28세를 일기로 아버지 영조가 내린 뒤주에서 비극적인 삶을 마감하게 된다.

사도세자의 아들 정조는 아버지의 흔적이라면 무엇이든 회복하려 했다. 특히 정조 20년, 왕권이 어느 정도 안정됐을 때 정조는 자신의 아버지 사도세자가 온양에 갈 때 함께 따라갔던 배종관(陪從官)들에게 특진을 하사했다. 이는 마치 국왕의 피난길을 수종했을 때 공신으로 책봉되는 것과 같은 의미라고 할 수 있다.

그만큼 온천행 자체가 의미 있는 정치 행위였다는 뜻일 것이다.

:: 온양행궁에서 숨을 거둔 세조비 정희왕후 윤씨

조선 초의 대표적인 여걸 정희왕후(貞熹王后, 1418년~1483년)는 윤번의 딸로 세종 10년(1428년) 진평대군(晉平大君, 후에 수양대군(首陽大君)으로 개봉)과 혼인하여 낙랑부대부인(樂浪府大夫人)에 봉작되었다. 정희왕후는 단종 즉위년(1452) 수양대군이 김종서 등을 제거할 때 결정적인 내조를 하였다. 마지막 순간에 수양대군이 결행을 망설이자 갑옷을 입혀 주며 결행을 촉구했던 것이다. 1455년 수양대군이 왕으로 즉위하자 왕비에 책봉되었고, 1457년 자성(慈聖)이란 존호를 받았다. 첫째 아들(덕종)이 세자로 있다가 세상을 떠나고 1468년 둘째 아들 예종이 19세로 즉위하자 수렴청정으로 주요 정무를 처결하였고, 이듬해 성종이 13세로 즉위하자 또 7년간 수렴청정하여 왕대비 섭정의 전통을 만들었다. 그는 공신들의 파워를 인정하면서 점진적으로 성종의 정치력을 키워 내는 지혜를 보인 인물이었다. 성종에게 권력을 넘기면서 수렴청정을 거둔 이후 왕실의 최고 어른으로서 대왕대비의 지위에 오른 그는 남편과 마찬가지로 온양 온천을 좋아했다. 1483년(성종 14년) 1월 초, 대왕대비는 '뱃속의 병'을 치유하기 위해 온양에 가겠다고 천명했다. 일부 신하들의 반대가 있었지만 성종은 "대왕대비께서 하시고자 하니 나도 말릴 수가 없다"고 답한다. 이때 대왕대비의 나이 66세였다. 이렇게 대왕대비가 한양을 떠나 온양으로 간 지 4개월 후인 4월 1일, 온양을 방문하고 온 좌승지 김세적이 대왕대비가 위독하다는 소식을 성종에게 급히 전했다. 그러나 대왕대비는 이미 3월 30일 세상을 떠난 후였다.

압록강을 넘으며 익힌
왕들의 국제 감각

　　태조 3년(1394년) 11월, 태조의 다섯째 아들 이방원은 조선에서 올린
외교문서에 불경스러운 표현이 들어 있다는 명 태조 주원장의 트집
을 무마하기 위해 명나라 금릉(지금의 남경)에 가야 했다. 이방원으로서
는 1388년(고려 창왕 즉위년), 아버지 이성계와 치열한 신경전을 벌이던
이색의 '인질'이 되어 서장관으로 다녀온 후로 6년 만의 두 번째 중
국행이었다. 이방원은 금릉으로 가는 도중 북경에서 얼마 후 명나라
제3대 황제가 될 연나라 왕을 만났다. 그가 바로 4년 후인 1392년, 조
카를 내몰고 황위를 차지하게 되는 영락제. 조선 초 문신 서거정(徐
居正, 1420년 세종 2년~1488년 성종 19년)이 쓴 『필원잡기(筆苑雜記)』에 두 잠룡
(潛龍-아직 왕위에 오르지 못한 인물)의 만남이 상세하게 묘사돼 있다.

　　우리 태종이 경사(京師-명나라 수도 금릉으로, 지금의 남경)에 갔을 적에 문황제
　　(文皇帝-영락제)가 연왕(燕王)으로 있었는데, 태종이 찾아가 방문하자 문황제
　　가 말을 해 보고 크게 기뻐하여 총애와 대우가 지극하였다. 태종이 귀국하
　　자 조정 사대부들이 태종께 묻기를, "천하가 크게 평정되겠습니까?" 하

였는데, 그때는 고황제(高皇帝-태조·주원장)가 정무를 사퇴하고 건문제(建文帝-혜제)가 태자로 있을 때이다. 태종이 대답하기를, "내가 연왕을 보니 하늘의 태양 같은 의표와 용봉(龍鳳)의 자품이며 넓고 큰 도량이니, 번왕(藩王)으로 오래 있을 사람이 아니더라. 천하가 안정될지는 알 수 없다"고 하였다. 얼마 안 되어 문황제가 천자가 되니, 사람들이 모두 태종의 선견지명에 탄복하였다. 문황이 천자의 위에 오른 뒤에 우리 태종을 특별히 생각하고 매양 우리나라 사람을 보고 말하기를, "내가 일찍이 너희 나라 임금을 보니 참으로 하늘이 낸 인물이더라"라고 하였다.

평소 '사람과 말을 고르는 눈은 고금의 누구에게도 양보하지 않는다' 고 자부했던 이방원이었다. 서로가 서로를 알아보았던 것이다.

이런 식으로라도 조선 500년 동안 명이나 청의 황제를 대면했던 임금은 딱 두 명뿐이다. 태종과 인조다. 인조는 1637년(인조 15년) 1월 30일, 삼전도에서 청 태종과 굴욕적 대면을 했다. 바로 병자호란이었다. 물론 훗날 왕위에 오르게 되는 봉림대군(효종)도 이때 청 태종을 멀리서나마 지켜봤다고 할 수 있다.

지금은 말할 것도 없고, 옛날 역시 국가 최고 지도자의 국제 감각은 필수적이었다. 국제 감각과 관련해 눈길이 가는 대목은 월경(越境) 체험, 즉 국경을 넘어 본 경험이다. 여기서 자신이 통치하는 나라에 대한 정확한 영토 감각이 생겨날 수 있기 때문이다. 조선 왕 27명 중 조선 반도 밖으로 한 번이라도 나가 본 임금은 태조, 태종, 세조, 효종, 현종이다. 물론 이들의 월경은 모두 임금에 오르기 전의 일이다. 조선의 임금은 원칙적으로 국내에서조차 먼 거리 여행이 금지돼 있었다.

태조는 이미 고려 때 장수로 명성을 날리며 여러 차례 압록강을 건너 요동 정벌에 나선 바 있고, 태종이나 세조는 왕위에 오르기 전 사신의 자격으로 명나라를 다녀왔다. 묘하게도 조선 전기에 월경 체험이 있었던 이들 3인 모두 무력으로 권력을 찬탈하는 공통점을 보였다.

병자호란 때 인질로 갔던 소현세자가 귀국해 정상적으로 왕위에 올랐더라면 조선은 크게 바뀌지 않았을까 하는 가정이 부질없지만은 않다. 당시 소현세자는 심양과 북경을 오가며 청나라로 급격하게 밀려들던 서구 문물의 실상을 상세하게 체득했기 때문이다. 그러나 국제 감각을 가진 세자와 청나라와의 은밀한 결탁 가능성에 대한 인조와 조정 중신들의 의구심 때문이었는지, 소현세자는 불행하게도 의문사했다. 혹시 그들은 태종이나 세조의 사례를 떠올렸던 것은 아닐까?

죽은 소현세자 뒤를 이은 것은 아우인 봉림대군이었다. 그도 청나라에서 8년간의 인질 생활을 한 바 있었기 때문에 청에 대한 복수심에 불타 북벌을 꾀하고자 하였다. 하지만 북벌의 결실은 전혀 얻어 내지 못했다. 효종을 이은 현종은 조선 국왕 중에서 유일하게 외국(심양)에서 출생해서 어린 시절을 보낸 임금으로 기록된다. 현종은 인조 19년(1641년), 심양에 인질로 가 있던 봉림대군의 아들로 태어나 3년 후인 1644년 네 살 때 아버지 봉림대군을 따라 귀국했다. 소현세자가 죽고 봉림대군이 왕세자로 책봉되자 원손(元孫)이 되었다가 1649년 왕세손으로 책봉된다. 그리고 같은 해 인조가 죽고 봉림대군이 왕위를 이어받자 세자로 책봉되었고, 인조 사후에 왕위에 오르게 되는 것이다.

여기서 우리는 이런 가설이라도 만들 수 있지 않을까? 능동적 월경(越境)은 강력한 권력 의지와 연결되어 왕권 장악을 불러올 수 있지만, 인질과 같은 수동적 월경은 복수심만을 불태우는 극단의 명분론으로 치닫게 될 수 있다고.

명분과 실리의 충돌, 해외 파병

성종 10년(1479년) 윤10월, 조선 조정은 명나라의 청병(請兵)을 놓고 격론을 벌이고 있었다. 자신들의 국경을 자주 침범하는 여진족을 정벌할 계획이니 조선도 병사를 보내 후방에서 지원하라는 '사실상의 명령'이었다. 정창손, 한명회, 김국광, 윤필상, 홍응 등은 사대하는 입장에서 파병을 지지했고, 윤사흔, 이극배, 한계희, 어세공, 어유소 등은 실익이 없다며 반대했다. 결국 성종은 파병 결단을 내려 1만 명으로 구성된 원정대를 파병했다. 그러나 이 원정대는 10여 일간 압록강변에 머물다가 한 달도 안 돼 파진(罷陣─병사들을 귀가시키고 원정대를 해체함)돼 버렸다. 총지휘관 어유소가 겉으로 밝힌 이유는 '압록강이 얼지 않아서'였다. 그러나 명나라와의 외교 문제를 우려한 성종은 한명회의 제안을 받아들여 서둘러 제2차 원정대 4000명을 보냈다. 이번에는 파병 지지자였던 좌의정 윤필상이 총지휘관인 도원수를 맡았다. 제2차 원정대는 12월 9일 강을 건너 16명의 목을 베고 포로 7명을 구출하는 미미한 전과를 거둔 채 한 달 만에 돌아왔다. 다행히 명나라에 대한 성의 표시로 받아들여져 더 이상의 청병은 없었다. 이것이 '상국(上國)'

명나라의 청병에 따른 조선 최초의 해외 파병이었다.

실은 그보다 정확히 50년 전인 세종 11년(1429년), 명나라 측에서 여진족 정벌을 위해 조선에 청병하려는 움직임이 있었다. '첩보전의 달인'이기도 했던 세종은 그 해 1월 16일, 명나라에 천추사(千秋使)로 다녀온 이각의 보고를 바탕으로 "명나라에서 달단(韃靼-여진족)을 정복하기 위해 병사를 청하려 한다"며 대신들에게 대책을 논의할 것을 명했다. 그리고 다음과 같은 지침을 내린다.

"부득이 명나라의 청병에 응하게 된다면 쓸 만한 병사들을 뽑아서 보내는 것이 옳다. 그러나 우리는 병사가 부족하니 일단은 우리의 사정을 명나라에 잘 알려서 청병의 어려움을 전하고, 그래도 안 될 경우에 병사를 보내야 할 것이다."

명분과 실리의 조화를 이룬 지침이었다. 이후 연산군 10년(1504년)과 중종 11년(1516년), 중종 38년(1543년)에도 명나라에서 청병할 가능성이 있다 하여 조정에서 사전에 대비를 갖추기도 했다. 특히 중종 38년에는 산동 지방을 돌아본 중국 관리 호여보(胡汝輔)가 명나라 중앙 조정에 '조선에 청병해야 한다'는 보고를 올렸다는 첩보를 입수해 파병을 위한 만반의 준비를 갖췄으나 명나라 군사만으로 정벌에 성공하면서 청병 요청은 오지 않았다.

이런 시대의 노력이 있었기에 임진왜란을 당하여 명나라가 대군을 파병해 준 것이다. 명나라의 파병 후 나라가 다시 있게 되었다는 '재조지은(再造之恩)'이란 말도 생겨났다. 그러나 누르하치의 후금이 일어나면서 명나라와 대립하게 되자 조선은 중간에 끼이는 형국이 됐다. 오히려 '재조지은'이 족쇄가 된 것이다.

1618년(광해군 10년) 누르하치가 명나라를 공격하자 명은 '재조지은'

을 명분으로 조선에 청병했다. 청병이라기보다는 '징병(徵兵)'이었다. 논란 끝에 이듬해 2월 강홍립이 도원수를 맡아 정예 조총수 5000명이 포함된 1만 병의 원정군을 편성하여 압록강을 건넜다. 그러나 3월 심하에서 후금군과 조우한 명·조 연합군은 참패했다. 그 와중에 강홍립은 포로로 잡혔고, 훗날 정묘호란 때 향도(嚮導)가 되어 조선을 다시 찾게 된다. 이후 명나라는 망했고, 병자호란을 거치며 조선은 청나라의 '속국'이 됐다.

즉위 초부터 청나라 연호를 쓰지 못하게 할 만큼 반청 의식이 강했던 '북벌 군주' 효종도 결국은 청나라의 청병 요청에 굴복하여 청나라가 러시아와 벌이던 전쟁에 두 차례나 조총수를 중심으로 한 기백 명의 병사를 파견해야 했다. 숙종 때는 상황이 좀 더 복잡했다. 오삼계가 명나라 계승을 명분으로 반란을 일으키자 청나라에서 청병을 요청해 온 것이다. 조선에서는 병자호란 이후로 무장(武裝)을 갖추지 못하도록 한 '청나라와의 약속'을 근거로 병력이 미약해 청병에 응할 수 없다고 버텼다. 겉으로는 청나라와 '사대'를 유지했지만 정신적으로는 명나라에 대한 사대를 버릴 수 없었기 때문이다.

실록이 전하는 강대국의 청병에 대한 최선책은 결국 세종이 말했던 그대로다.

'최대한 버티되, 불가피하면 성심껏 임하라!'

주역으로
조선의 미래를 꿈꾸다

　우리나라 사람들에게 『주역(周易)』에 대해 물어보면 점술서 정도로 인식하는 이들이 대부분일 것이다. 하지만 주역은 단순한 점술서가 아니다. 유학의 텍스트인 『사서삼경』 중 으뜸이 되는 책이 바로 주역인 것이다. 그런데 조선의 주요 국왕들이 바로 이 『주역』에 나름대로 일가견이 있었다는 사실은 그다지 알려져 있지 않은 듯하다. 『주역』이 어떤 책이기에 조선의 국왕들은 『주역』 읽기에 몰두했던 것일까?

　간단히 말하면 『주역』은 『사서삼경』의 근본 원리를 모두 포괄하고 있는 경전 중의 경전이다. 『주역』은 일반적으로 중국 고대의 복희씨가 처음 8괘와 64괘를, 그리고 주나라 문왕이 각각의 괘에 대한 설명을 붙인 괘사(卦辭)를 짓고, 다시 공자가 그것을 해석하는 십익(十翼)을 만들어 완성했다고 전해진다. 간단히 말하면 천지우주와 인간 세상의 운행(運行) 원리를 음양(陰陽)에 바탕을 둔 64개의 원리로 설명하는 철학 체계라고 할 수 있다. 그래서 유학자라면 최종적으로 『주역』에까지 이르러야 학문이 최고의 경지에 도달했다는 평을 들을 수 있었다.

　이 점은 유학 교양을 필수적으로 여겼던 조선의 국왕들에게도 마찬가지로 적용될 수 있다. 국왕들이 학문적인 면에서 신하들을 제압하려면 『주역』에 대한 통달은 필수적이었던 것이다. 게다가 국왕은 당대 최고의 『주역』 전문가들로부터 그 핵심을 전수받을 수 있는 위치에 있었기 때문에 조선 국왕의 『주역』 이해 수준은 어지간한 학자들보다 뛰어난 편이었다.

이성계의 경우 유술(儒術-유학)을 좋아했다는 기록이 있기는 하지만 학문 운운할 수준은 아니었다. 반면 태종 이방원은 고려 때 문과에 급제할 만큼 학식이 출중했던 인물이므로 자연스럽게 『주역』을 접하게 됐을 것이다. 태종의 『주역』 읽기는 이미 왕위에 오르기 전부터 시작됐다. 정종 2년(1400년) 5월 17일, 이서(李舒)라는 신하가 당시 세자이던 이방원과 함께 『주역』을 읽던 중 이서는 어느 대목인지는 모르겠지만 이렇게 풀이한다.

"남의 윗사람이 된 자가 법을 세우고 제도를 정하였으니, 법을 범하면 비록 종친이라도 용서하지 말아야 합니다."

태종은 왕위에 오른 이후에도 『주역』에 정통한 성균사성 장덕량(張德良), 대사성 유백순(柳伯淳) 등을 따로 불러 『주역』을 파고들었다. 태종이 유난히 좋아했던 『주역』의 구절은 '履霜堅氷至(이상견빙지)' 였다. '서리를 밟으면 굳은 얼음에 이른다' 는 뜻으로, 세상 흐름의 기미(機微)나 징후를 먼저 알아서 대처해야 한다는 가르침을 담고 있다. 그래서일까? 태종은 늘 어떤 일이 일어나기 전에 선제 조치를 취하는 것으로 유명했다. 하지만 그 바람에 억울한 희생자들도 많이 생겨났다. 그의 처남 민씨 4형제는 '외척 발호의 조짐이 있다' 는 이유만으로 저

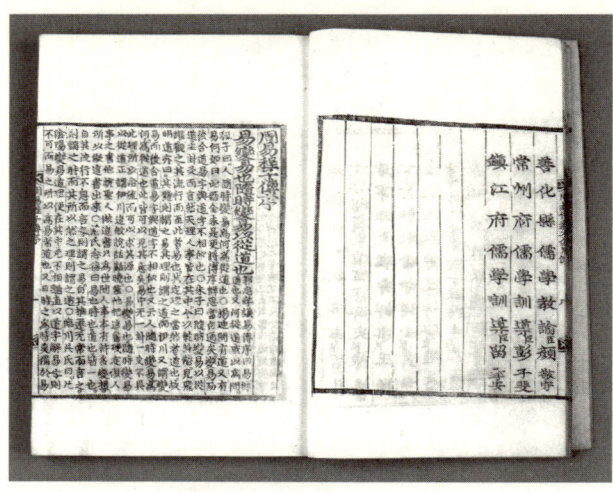

『**주역**』 동양에서 가장 난해하고 오래된 유교 경전. 공자가 진중하게 여겨 받들고 주희가 『역경』이라 이름하여 숭상한 이래로 오경의 으뜸으로 손꼽히게 되었다.

지른 죄도 없이 세상을 떠나야 했다.

세종이 『주역』을 파고들기 시작한 것은 왕권이 어느 정도 안정돼 가던 세종 7년(1425년)부터였다. 세종은 그 스스로 "강용(强勇)한 기질이 없어 바탕이 부인과 같다"고 걱정했던 세자(훗날의 문종)에게 『주역』을 직접 가르쳤다. 그만큼 세종의 『주역』이해 수준이 깊었다는 뜻이다. 세종은 주역을 통해 한글 창제의 철학적 원리를 확립한 것으로 알려져 있기도 하다.

세조 또한 아버지 세종 못지않게 『주역』에 관한 한 통달의 경지에 올랐다. 신하들에게 『주역』을 가르치는 데 그치지 않고 당대를 대표하는 학신(學臣)들과 함께 『주역』에 우리말 토를 달아 『주역구결(周易口訣)』을 간행했다. 당시 신하들 중에서 세조가 공식적으로 인정했던 『주역』의 대가는 정자영(鄭自英)이었다. 관리로서의 이재(吏才)는 약했지만 학재(學才)가 출중했던 정자영은 주로 성균관에서 제자 양성에 힘을 쏟았고, 성종 초 예조판서에 오른다.

성종도 스무 살을 막 넘긴 성종 8년(1477년) 2월부터 경연에서 『주역』을 공부한다. 강의는 훗날 정승에 오르게 되는 김응기가 맡았다. 1년 넘게 공부했지만 아쉽게도 성종은 『주역』 공부가 한창이던 때에 왕비 윤씨와 갈등을 빚고 있었다. 『주역』의 근본정신 중 하나가 '자연 질서에의 순응(順應)'임을 고려할 때 윤씨 폐비 사건은 아무래도 반(反) 주역적 처사라는 비판을 면하기 어렵다. 아들 연산의 폭정과 비극적 종말은 그래서 성종의 자업자득으로 볼 수 있는 여지가 많다.

중종도 20대 중반이던 중종 6년(1511년), 경연에서 『주역』을 공부했다. 그러나 중종 때 조광조가 사사되는 기묘사화(己卯士禍)가 일어나고 왕통을 둘러싼 혼란이 시작됐다는 점에서 그의 『주역』 공부 또한 성종과 마찬가지로 높은 점수를 받기는 어려울 듯하다. 공부는 공부, 정치는 정치였던 것일까?

선조의 『주역』 읽기도 특기할 만하다. 선조는 두 차례에 걸쳐 『주역』을 강독했다. 한 번은 임진왜란의 와중에서 『주역』에 몰두하며 나라의 흥망성쇠를 고뇌했고, 또 한 번은 전란이 끝난 후 후계에 대한 고민이 깊어지면서 다시 『주역』에 빠져든다.

임진왜란이 한창이던 선조 27년 10월 10일, 선조는 전란으로 중단됐던 경연을 다시 재개하면서 영의정 류성룡에게 어떤 책을 읽으면 좋을지 검토해서 아뢰라고 명했다. 이에 류성룡은 아직은 부담스럽다며 가볍게 시집을 권했다. 이에 선조는 단호하게 답한다.

"지금 시를 읊는 것은 불가하다. 조강에는 『주역』을 배우고 싶고, 석강에는 『동국통감』이나 『고려사절요』 중 하나를 읽고 싶다."

문제는 궐내에도 『주역』 완질본이 하나도 없었다는 것이었다. 수소문 끝에 겨우 책을 구하고 진강(進講)을 할 만한 사람도 찾아 내 20여 일이 지난 11월 12일, 마침내 『주역』에 관한 첫 진강이 이뤄진다. 진강자는 홍문관 부제학 김륵이었다. 김륵(金玏, 1540년~1616년)은 처음에는 박승임(朴承任), 황준량(黃俊亮) 밑에서, 뒤에는 이황의 문하에서 학문을 닦았다. 선조 9년(1576) 문과에 급제해 홍문관과 사간원에서 관리 생활을 했고, 임진왜란 때는 경상도 안집사와 경상우도 관찰사로서 흩어진 민심을 수습하였다. 이어 한양이 수복되자 도승지, 대사간 등을 거쳐 이때는 홍문관 부제학으로 근무하고 있었다.

　　첫날의 『주역』 강의는 40대 중반을 바라보던 '학자형 군주' 선조에게도 상당히 부담스러웠던 것 같다.

　　"무릇 글이란 익히 강독한 연후에야 그 이치를 알 수 있는 것이다. 내 잠깐 이 글을 보았으나 문자도 오히려 제대로 이해하지 못하겠는데 하물며 그 이치를 체득하기를 바랄 수 있겠는가. 반드시 깊이 들어앉아 마음을 가라앉히고 완미한 연후에야 배울 수 있는 것이지, 서무를 처리해야 하는 사람의 배울 바가 아니다."

　　그러면서도 대단한 흥미를 보였다. "길흉화복의 이치가 모두 『주역』에서 나온다고 하니 그 이치의 신묘함을 이루 다 말할 수 없다", "1획을 그어서 3획에 이르고 3획을 그어서 6획에 이르니, 그 방법이 매우 미묘하다."

　　그런데 이날 경연에서 처음 시작한 『주역』 진강에 대한 사관의 평이 예리하다.

이처럼 전쟁으로 혼란한 시기를 당하여 당시 경연을 열어 역리를 강론하니, 이는 말[馬]을 멈추고 도를 논하며 배 안에서 학문을 강론하던 송나라 말기 한광무의 고사와 같은 아름다운 뜻이어서 족히 난을 평정하여 쇠세(衰世)를 일으킬 수 있겠다. 더구나 『주역』은 바로 성인이 진퇴존망의 이치를 밝혀서 사람으로 하여금 삼가고 조심하여 어려운 일을 해결하고 어지러운 시기를 구제할 수 있는 방법을 알게 한 것이다. 진실로 국가를 다스리는 자로 하여금 이 역리를 강구하여 조심하고 꾸준히 힘써서 자신으로부터 도덕을 오게 하는 뜻을 알아서 군사를 쓰는데 이용하고 음양의 기미를 살펴서 화란의 조짐을 경계하게 한다면 왕업이 튼튼하게 될 것이니 어찌 무너질 것을 염려하겠는가? 적을 쳐 복수하는 것은 다만 조치 중의 한 가지 일일 따름이다. 애석하다. 당시 신하들이 어리석어 능히 성인이 밝힌 진퇴존망의 이치로 임금을 계발하고 보도(輔導)하지 못하고 더러는 기수(氣數)의 설로써 한갓 임금의 귀를 어지럽히기만 하였으니 아, 이것이 어찌 『주역』을 강론하는 본의이겠는가?

이후 선조의 주역 공부는 해를 넘겨 선조 28년에도 계속된다. 이때 곁에서 선조의 주역 공부를 가장 크게 도와 준 인물은 홍문관 교리 정경세와 전한 김시헌이었다. 그래서 9월 20일, 선조는 당시로써는 큰 선물인 말 한 필과 마장(馬粧) 한 부씩을 상으로 내렸다.

선조의 『주역』 공부가 경연에서 공식적으로 끝나게 되는 것은 선조 30년 6월 8일이다. 장장 3년 동안 『주역』에 몰두했던 것이다.

3년간의 진강을 마친 선조는 『주역』에 매료되었던 것 같다. 이후 그는 주역과 관련된 책들을 폭넓게 구해 올 것을 지시했다. 그 무렵 적어도 조정 내에서는 선조만큼 『주역』을 통달한 이가 없었다. 선조

34년 3월 17일, 선조는 조정 대신들과 국정을 이야기하다가 평소 습관처럼 또 『주역』을 끌어들인다. 실록에는 당시 선조가 어느 정도의 경지에 올랐는지를 보여주는 대목이 있다. 선조는 영의정 이항복에게 묻는다.

"음양(陰陽) 두 자는, 천만 가지 변화와 길흉소장(吉凶消長)이 모두 이 두 자에서 벗어나지 않기 때문에 『주역』에서 음양을 말하였다. 음양은 사시(四時)의 운행뿐만이 아니니, 이 책으로 말하자면 덮는 것은 음이요 펴는 것은 양이며, 사람으로 말하자면 가만히 있는 것은 음이고 말을 하는 것은 양이다. 음양의 이치는 없는 곳이 없어 천지간에 이 이외에는 다른 것이 없다. 영상의 의견은 어떠한가?"

이에 이항복은 "신은 주역을 잘 모르지만 주상의 하교가 지당하십니다"라고 답한다. 실은 이 무렵부터 선조는 『주역』을 경연에서 재차 다루기 시작했다. 1차 경연 때와는 전혀 다른 모습으로, 이제는 신하들의 잘못을 바로잡아 줄 정도의 수준에까지 이르렀다. 선조 34년 8월 18일, 선조는 3정승까지 있는 자리에서 『주역』을 논하다가 좌의정 김명원을 가르키며 "좌상은 일찍이 이황에게 『주역』을 배웠으니 필시 독특한 묘리(妙理)를 얻었을 것 아닌가?"라고 기대에 차서 물었다. 이에 김명원은 소싯적에 배우기는 했지만 과거 공부를 시작한 이후 주역을 본 적이 없다고 답한다. 다시 선조는 "이황은 수학(數學)에도 역시 능했는가?"라고 묻는다. 주역을 명리학의 관점에서 보지는 않았는지를 묻는 것이다. 전통적으로 『주역』의 해석은 크게 두 가지 흐름으로 나뉜다. 하나는 명리학(命理學)적 관점에서 일종의 점(占)으로 접근하는 것이고, 또 하나는 성리학의 의리관(義理觀)을 담은 책으로 접근하는 것이다. 왕필이 의리역학을 대변한다면 주희는 상수역학에 가까웠다. 김명원은 "대략적으로는 알고 있었습니다"하고 얼버무렸다. 이후 서경덕이 수학으로서의 주역에 능했다고 하는데 사실인지를 묻자 동지사 성영은 그렇다고 답한다.

이를 통해 볼 때 제1차 『주역』 독서는 국난 극복을 위한 지혜를 얻으려 함이었다고 볼 수 있고, 전쟁이 끝나고 어느 정도 안정된 이후에 이뤄진 제2차 『주역』 독서는 오히려 자신의 운명을 읽어 보려는 관심과 더 깊이 연결된 것이 아닌가 생각된다.

선조 35년 4월 25일, 『주역』의 「이괘(離卦)」를 강한 뒤 선조는 이렇게 말한다.

"죽음과 삶이 갈릴 때가 어려운 것이다. 내가 일찍이 고서(古書)를 보니 소강절(邵康節)은 죽을 때 언어가 착란된 듯하였고, 왕수인(王守仁)은 앉아서 죽었고, 육구연(陸九淵)은 자기의 죽을 날을 알고는 목욕하고서 기다렸고, 유자후(柳子厚)는 별로 도를 아는 사람이 아닌데도 죽을 연도를 미리 알고는 '다음 해에 내가 죽게 될 것이다' 하였다 한다."

선조의 주역 공부는 그가 세상을 떠나기 직전까지 계속되었다. 선조 40년 2월 19일자가 『주역』 공부와 관련해 맨 마지막으로 나오는 기사다. 이때 선조는 「해괘(解卦)」를 강한 다음 이렇게 말한다.

"지금 남쪽과 북쪽에 대적(大敵)을 맞고 있는데 나라에서는 역사를 크게 일으키고 있으니, 가련한 것은 백성이 아니겠는가. 노을가적(老乙可赤-오랑캐

족장)이 스스로 왕의 칭호를 사용하고 있으니 그 조짐이 자못 흉악하다. 평
안도는 내가 일찍이 보건대 탄탄대로인 데다 천연의 요새가 전연 없었다.
그리고 인삼의 공납 때문에 주민들이 떠나 텅 비었으니, 급한 변이 있게
될 경우 누구와 함께 지키겠는가. 노을가적이 강변에서 멀지 않은 곳에 있
으니 필시 우리의 강약(强弱)과 허실(虛實)을 엿보고 있을 것이다. 만일 만여
명의 병력으로 경내에 밀어닥친다면 그 기세를 감당하지 못할 것이니, 이
것이야말로 너무도 우려스러운 일이 아니겠는가.”

이에 대해 사관은 이렇게 평하고 있다.

임금이 이처럼 좋은 말을 하는데도 밑에서 깨우쳐 이끌어 줄 신하가 없으
니 애석하다.

사관의 평은 비단 선조의 이 말에만 해당된다기보다는 그의 학문
연마 전체, 즉 지도자로서 선조의 재위 기간 전체에 대해 따져 묻는
것이라고 볼 수 있다. 하지만 그 책임은 실은 신하보다는 선조 자신에
게 물어야 할 것이다.

무엇보다 선조의 두 번째 『주역』 읽기는 결과만 놓고 본다면 실패
였다. 억지로라도 어린 영창대군을 왕위에 올리려 하다가 결국 광해
군이 영창대군을 죽였고, 다시 광해군은 신하들에 의해 내몰렸다.
『주역』은 읽기도 어렵지만 가르침을 따르기는 훨씬 더 어려운 책인지
모른다.

한편 선조 때부터 사림의 세상이 열렸다. 사림들은 가장 어려운
『주역』보다는 가장 쉬운 『소학(小學)』을 가장 중요한 텍스트로 삼았다.

경륜가들이 많았던 조선 초기에는 『대학』을 중시했고 『주역』도 핵심 텍스트 중 하나였다. 그러나 세상의 경륜보다는 마음의 수련을 강조하던 사림은 작은 일에서부터 마음을 닦는 것의 소중함을 가르치는 『소학』 하나만 제대로 체득한다면 다른 경서들을 안 봐도 된다고 할 정도로 『소학』을 중시했다. 때문에 '소학동자'라는 말이 생길 정도였다. '소학동자'들은 세상의 이치를 탐구하기보다는 마음가짐을 중시했다. 그러다 보니 숙종 때에는 『주역』을 강하는데, 특진관 권열(權說)이라는 인물은 "승지가 만류하는데도 이것저것 늘어놓고, 그나마 말소리만 크고 갈팡질팡 허둥대어 임금이 괴이하게 여기는 표정을 지었다"(숙종 12년 1686년 4월 16일)라고 했다. 임금 앞에 불려온 특진관이 이 정도였으니 제대로 『주역』을 강의할 만한 인물이 없었던 것이다.

영조 12년(1736년) 6월 3일에도 『주역』 강의와 관련해 영조가 이런저런 질문을 던지자 홍문관 관리들 중에 제대로 답변하는 인물이 하나도 없었다고 한다. 임금을 가르쳐야 하는 '스승'이란 인물들이 갈수록 태산이었던 것이다. 『주역』을 이해하는 수준만 놓고 봐도 조선 전기가 조선 후기보다 훨씬 앞선 시대였음을 알 수 있다.

왕위계승의 덫,
선위 파동과 대리청정

　　조선은 군주제의 나라였음에도 불구하고 여러 가지 이유로 군주가
권력을 행사할 수 없는 경우들이 있었다. 군주의 나이가 어릴 경우에
는 대비들이 '수렴청정(垂簾聽政)'을 했고, 수양대군처럼 영의정이 되어
어린 조카 단종 대신 사실상 통치한 것은 '섭정승(攝政丞)'이다. 반면
대리청정(代理聽政)은 말 그대로 임금의 재가를 받아 임금의 일을 대신
하는 것이다. 수렴청정은 유군(幼君-어린 임금)이 성인이 되면 자연스럽
게 친정(親政)으로 바뀌었기 때문에 그다지 파란이 일지 않았지만 대리
청정의 경우는 달랐다. 권력은 부자지간에도 나눠 가질 수 없다. 그나
마 임금이 연로하거나 중병이 생겨 대리청정을 할 경우에는 큰 문제
가 되지 않았지만, 전쟁과 같은 중대한 정치적 위기를 맞아 임금이 국
면 전환의 한 방법으로 대리청정을 실시할 경우 세자는 살얼음판을
걷듯 조심에 조심을 거듭하지 않으면 안 되었다.

　　태종이 상왕으로 물러앉았지만, 세종의 초창기 4년은 견습왕에 불
과했다. 군국기무(軍國機務)는 상왕이 도맡아서 했기 때문이다. 태종은
세자로서 국왕 훈련을 하는 것보다는 왕위에 있으면서 직접 국왕 훈

련을 하는 것이 훨씬 효과적이라고 판단했다. 특히 상왕으로서 대마도 정벌을 주도하면서 그 과정을 세종에게 낱낱이 보여 준 것은 국가 안보의 문제를 어떻게 다뤄야 하는지에 대한 산교육이었다. 아버지의 뜻이 무엇인지를 누구보다 잘 알았던 세종은 몸을 낮췄다. 심지어 자신의 장인 심온이 죽고 처가가 멸문지화를 당할 때도 상왕에게 어필 한 번 하지 않았다.

반면에 세종은 세종 27년(1445년), 세자(훗날의 문종)에게 대리청정을 하도록 함으로써 제왕 수업을 시켰다. 이때는 세종 자신이 격무로 인해 각종 병환을 앓고 있었다. 세종을 모든 면에서 쏙 빼닮았던 문종은 대리청정을 성공적으로 통과했기에 마침내 세종의 뒤를 잇는 왕위에 오를 수 있었다. 그러나 문종은 아쉽게도 재위 2년 만에 세상을 떠나고 만다. '검증된 세자'의 즉위였기에 아쉬움이 클 수밖에 없다.

문종과 비슷한 길을 걸었던 인물이 숙종과 장희빈 사이에서 태어난 경종이다. 그도 위태위태하긴 했지만 숙종 43년(1717년)부터 3년간 어렵사리 대리청정의 터널을 통과해 왕위에 올랐다. 그러나 재위 4년 만에 의문의 죽음을 당하였다.

한편 임진왜란의 와중에 세자도 아니면서 대리청정을 해야 했던 광해군에게는 어쩌면 이미 비극이 예고되어 있었는지 모른다. 선조는 정치적 위기에 몰릴 때마다 선위(禪位) 파동을 통해 난국을 돌파해야 했다. 선조 자신이 조선 건국 이래 처음으로 '후궁의 손자'라는 열악한 지위에서 왕위에 올랐기 때문에 정통성 내지 정당성 콤플렉스에 시달린 데다 전란의 책임까지 떠안아야 했기 때문이다.

사실 선위 파동은 태종 때부터 시작해 세종, 세조 때도 있었다. 그러나 태종과 세조 때는 철저하게 자신의 불리한 정치 구도를 타파하고 친위 세력을 다지기 위한 정략 차원에서 이뤄진 것이었고, 세종의 경우는 실제 건강이 나빴기 때문에 세자에게 대리청정을 시키기도 했다. 전후 맥락을 보면 선조의 선위 파동은 태종, 세조보다는 세종 쪽에 가까웠다. 심신이 피폐해질 대로 피폐해진 때문이었다.

선조가 처음으로 선위 의사를 밝힌 것은 임진왜란이 일어난 1592년 10월 19일이었다. 의주에 피난 중이던 선조는 자괴감을 이기지 못하고 좌의정 윤두수에게 "동궁에게 선위하겠다"는 의사를 밝혔다. 물론 신하들은 일제히 반대 의사를 올렸고, 이 문제는 일단 잠잠해졌다. 그런데 그해 11월 7일, 성균관 유생 남이순과 송희록이 '백성들의 뜻'이라며 동궁에게 전위할 것을 주청했다. 이에 선조는 "이미 주요 국사는 세자에게 일임하였고 나는 사대와 청병의 일만 하고 있다"며 "적을 섬멸하는 대로 물려줄 것이니 그리 알라"고 답한다. 만일 선조가 태종이나 세조와 같은 의도를 갖고 선위 의사를 밝힌 것이라면 이두 사람은 살아남지 못했을 것이다. 그러나 선조는 유생의 상소에 대해서까지 진지한 답변을 내려 자신의 본심을 밝히고 있다. 실제로 제1차 선위 파동은 해를 넘겨 1월 19일 영의정 최흥원에게 "왜적이 물려가면"이라는 조건을 달며 일단 마무리됐다.

실제로 국토를 거의 회복한 1593년 8월 30일, 선조는 제2차 선위 파동을 일으킨다. 왜적이 거의 물러갔으니 자신의 약속을 지키겠다는 것이었다. 그가 조정에 내린 비망기다.

강서(江西-의주)에 머물면서부터는 몇 달을 먹지 못하였고, 지금은 오직 죽만을 마실 뿐이다. 밤이면 병풍에 기대어 밤을 새우고 낮이면 정신이 혼란(昏亂)하여 멍청이가 되는데, 그런 와중에 광병(狂病), 목병(目病), 비병(痺病),

112

습병(濕病), 풍병(風病), 한병(寒病) 등 온갖 병이 함께 일어나서 이 한 몸을 공격하니, 한줌의 원기로써 어찌 그 병들을 감당할 수 있겠는가? 광병으로 말하면 때때로 노래를 부르기도 하고 곡(哭)을 하기도 하며, 물불을 가리지 않고 고함을 치며 달려가기도 하며, 무언가를 보고서 눈물을 흘리기도 하고 놀라 머리털을 곤두세우기도 하니, 예로부터 어디에 광병을 앓은 임금이 있었던가. 목병으로 말하면 두 눈이 어두워 사물을 분별할 수 없어 모든 계사(啓辭)의 글씨도 알아보지 못하는 경우가 많으니 머지않아 소경이 될 것인데, 예로부터 어디에 소경의 임금이 있었던가. 비병으로 말하면 몸의 반쪽이 허약한 데다가 안개와 이슬을 맞은 뒤로는 그 증세가 점점 심해져서 오른쪽 수족을 전혀 움직일 수 없고 밤이면 쑤시고 아픈데 손으로 만져도 감각이 없어 마치 마른 나무 토막 같으니, 예로부터 어디에 한쪽 수족만 가진 임금이 있었던가. 이 밖에 고질이 된 더러운 병들은 일일이 들어 말할 수도 없다. 가을이 아직 깊지 않았는데도 갖옷을 껴입고 있으니 쇠약하여 숨이 거의 끊어지려는 형세가 하루도 넘기지 못할 것 같다. 이러한데도 체면을 무릅쓰고 그대로 임금 노릇을 한 사람은 일찍이 전고에 없었던 바이니, 절대로 그렇게 할 수 없다. 지금은 흉적이 이미 물러갔고 옛 강토도 수복되었으므로 나의 뜻이 이미 결정되어 다시 돌이킬 수 없다. 세자가 장성하여 난리를 평정하고 치적을 이룩할 임금이 되기에 충분하니 선위에 관한 여러 일들을 속히 거행하도록 하라.

이때는 조정 신하들이 수복된 한양으로의 복귀를 촉구하던 때였다. 선위 파동은 20여 일을 끈 뒤 9월 20일에야 일단 유보키로 정리됐다.

따라서 이후 심수경과 류성룡을 불러 선위 의사를 밝힌 것은 선조가 임금에 오른 이래 네 번째 선위 파동인 셈이다. 네 번째 선위 파동은 무려 한 달 반 동안 조정의 거의 모든 신하들이 불가함을 청하는 상소를 올린 뒤에야 겨우 수습되었다.

이후에도 선조에게 '선위'는 습관성처럼 되어 버렸다. 그것은 국왕의 권위를 극도로 실추시켰다. 1년도 안 된 선조 27년 4월 4일, 선조는 영의정 류성룡 등 빈청의 대신들에게 선위 의사를 밝힌다. 다섯 번째 선위 파동이었다. 신하들의 반대가 이어지자 선조는 방법을 바꿔 9월 19일 세자에게 섭정시키겠다고 말한다. 사실상의 여섯 번째 선위 파동인 셈이었다. 선조 28년 1월 18일 일곱 번째, 선조 29년 8월 27일 여덟 번째, 선조 31년 2월 25일 아홉 번째 선위 의사를 밝혀 조정 대신들은 그것을 만류하느라 곤욕을 치러야 했다. 흥미로운 것은 임진왜란과 정유재란이 모두 끝난 선조 31년 중반 이후부터는 더 이상 선위 파동이 없었다는 점이다. 정략적 차원의 선위 파동은 아니지만 전쟁을 수행하는 과정에서 겪어야 하는 리더십의 약화를 선위 파동을 통해 정면 돌파하려는 계산이 없었던 것은 아닌 것으로 볼 수 있는 대목이다.

이런 선위 파동 속에서도 광해군은 분명 정치, 외교적 능력 면에서 '검증'을 통과했다. 그럼에도 불구하고 훗날 선조와 인목왕후 사이에서 영창대군이라는 '적통(嫡統)'이 탄생하는 바람에 광해군은 정통성에서 밀릴 수밖에 없었다. 결국 정통성에서 밀린 현실의 군주 광해군은 영창대군을 제거하는 무리수를 두지 않을 수 없었고, 그 바람에 반정의 빌미를 제공해 권좌에서 내쫓기고 말았다.

가장 논란이 되는 대리청정은 영조 25년(1749년), 15살의 어린 나이에 중책을 맡아야 했던 비운의 주인공 사도세자의 경우다. 15살의 어린 세자에게 대리청정을 강행한 것부터가 의문이다. 참고로 문종이 대리청정을 했을 때 나이가 32세, 경종은 24세, 광해군은 19세였다.

선조보다 정통성이 더 취약할 수밖에 없었던 '무수리의 아들' 영조가 자신의 권력 유지를 위해 어린 아들마저 이용했을지도 모른다는 혐의를 지울 수 없다. 높은 기대치로 아들을 몰아세운 영조와, 도저히 이해할 수 없는 행동을 일삼으며 아버지에 대한 반발심으로 똘똘 뭉친 사도세자는 수많은 갈등과 충돌을 빚어 냈다. 결국 사도세자는 1762년, 28살의 젊은 나이에 뒤주에서 갇혀 죽었다. 결과적으로는 그가 대리청정의 검증을 견뎌 내지 못했기 때문이라고 볼 수도 있다.

훗날 익종(翼宗)으로 추존되는 순조의 아들 효명세자의 대리청정은 아주 특이한 경우다. 순조 27년(1827년) 2월, 순조는 자신이 병이 깊어 격무를 감당할 수 없다며 18세의 효명세자에게 대리청정을 명한다. 세자는 대리청정 초기부터 아버지 순조를 포위하고 있던 안동 김씨 세도가들을 차례로 제거하는 정치 투쟁을 전개했고, 순조도 이를 방관했다. 순조는 아들이 자신을 대신해 외척 세도가들을 제거해 주기를 바랐는지 모른다. 조정에도 무언가 새로운 기운이 도는 듯했다. 그러나 대리청정을 시작한 지 불과 3년 만에 효명세자는 22살의 젊은 나이로 의문사하고 말았다.

정통성과 능력이 뒷받침되는 권력 교체는 그만큼 어려웠다. 운도 물론 따라야 했다.

문정왕후와 창빈 안씨

예전에 큰 인기를 끌었던 『여인천하』라는 드라마가 있었다. 당시 주인공은 단연 문정왕후의 남동생인 윤원형의 첩 정난정이었다. 필자는 개인적으로 이 드라마는 『용의 눈물』과 함께 최근 우리 방송 사극의 양대 걸작이었다고 생각한다.

당시 갈등의 구조는 문정왕후—윤원형—정난정으로 이어지는 한 축과 경빈 박씨—조정 권신들로 이어지는 또 한 축이 대립을 형성하고 있었다. 간단히 말하면 중종의 후계를 둘러싼 문정왕후와 경빈 박씨의 대립이 핵심이었다. 훗날 인종이 되는 세자가 병약했기 때문에 문정왕후는 한사코 임신을 하려 애썼고, 이미 복성군이라는 아들을 갖고 있던 경빈은 장래를 도모하며 권신들과 결탁해 문정왕후의 권력에 맞섰다.

실록을 통해 본 당시의 역사도 드라마와 크게 다르지 않다. 다만 드라마와 달리 현실 역사에서 우리가 새롭게 재조명해 봐야 할 인물은 정난정이라기보다는 중종의 후궁이었던 '창빈 안씨'이다. 사실 드라마에는 '창빈 안씨'라는 인물이 등장하지만 실제 안씨는 빈의 지위에 오른 적이 없었다.

조선시대 후궁의 서열은 정1품 빈(嬪), 종1품 귀인(貴人), 정2품 소의(昭儀), 종2품 숙의(淑儀), 정3품 소용(昭容), 종3품 숙용(淑容), 정4품 소원(昭媛), 종4품 숙원(淑媛), 정5품 상궁(尙宮) 등이었다. 경빈이니 창빈이니 하려면 정1품 빈이 되어야 가능한 일이다.

연산군 5년(1499년)에 태어난 '창빈 안씨'는 경기도 시흥에서 한미한 집안의 딸로 태어났다. 미모가 뛰어나다기보다는 품행이 단정하고 정숙했던 그는 아홉 살 때인 중종 2년(1507년) 궁녀로 뽑혀 궁궐 생활을 시작했다. 그러다 중종의 어머니 정현대비의 눈에 들어 스무 살 때 중종의 총애를 입을 수 있었다. 그 후 스물두 살 때 겨우 정5품 상궁이 되었고, 서른한 살 때 종4품 숙원을 거쳐 종3품 숙용에 올랐다.

이 과정에서 안씨는 중종과의 사이에 2남 1녀를 낳았다. 영양군 이거, 덕흥군(훗날 덕흥대원군) 이초, 정신옹주가 그들이다. 워낙 정숙했던

창빈 안씨 신도비부묘소

품성을 갖고 있었기 때문에 문정왕후도 그녀를 각별히 생각했다. 그런데 그 같은 두 여인의 가까운 관계가 훗날 조선의 역사를 완전히 바꿔 놓게 되리라고는 누구도 생각하지 못했다.

1545년 중종이 세상을 떠나자 관례에 따라 안씨도 중이 되어 인수궁에 물러나 있으려 했다. 그러나 문정왕후의 강력한 만류가 있었다. 이미 세상은 문정왕후의 것이었다.

4년 후 친정집을 방문했던 안씨는 특별한 병도 없이 50세를 일기로 세상을 떠났다. 어찌 보면 이렇다 할 것도 없이 평범하기 그지없는 삶을 살다 간 여인네일 뿐이다. 그저 행실과 품행이 뛰어나 주변 사람들로부터 칭찬을 받았다는 사실 정도가 특기할 만하다.

그러나 단아한 성품과 문정왕후의 총애, 안씨가 가졌던 이 두 가지 장점은 결국 그의 손자를 조선의 임금의 자리에 올려놓는 결정적인 무기가 된다. 그것도 안씨가 세상을 떠나고 20여 년이 지나서.

중종 이후 즉위한 인종은 단명했고, 곧바로 명종이 즉위했다. 문정왕후의 아들이다. 말 그대로 명종 22년 집권 기간 중 20년 동안, 문정왕후는 무소불위의 권력을 휘둘렀다. 안씨는 세상을 떠났지만 문정왕후는 그의 자식들을 가깝게 돌보아 주었다. 그런데 명종의 세자마저 일찍 세상을 떠나고 후사가 끊어진다.

명종이 세상을 떠났을 때 조선 왕실의 적통은 끊어진 것이나 마찬가지였다. 결국 명종비와 대신들이 의논을 거쳐 하성군 이균이 종친 중에서 왕위를 이을 만한 자질을 가졌으니 왕통을 잇도록 합의해서 추대했다. 하성군 이균은 안씨의 둘째 아들인 덕흥군의 셋째 아들이었다. 그가 바로 임진왜란을 당하는 등 역사의 비운을 온몸으로 겪어내야 했던 선조다.

다시 말하면 선조는 조선 건국 이래 처음으로 후궁의 몸에서 난, 그것도 아들이 아니라 손자로 태어나서 임금에 오른 조선 국왕이다. 남성의 입장에서 보자면 모두 중종의 후손이지만 여성의 입장에서 보자면 선조 이후의 조선 왕실은 고스란히 안씨의 후손이다. '창빈'으로 추존된 것도 선조가 임금이 되고 나서 이뤄진 조치였다. 뒤늦은 지적이지만 그는 한미한 집안의 궁녀 출신으로, 드라마 『여인천하』에서 '창빈 안씨'로 나올 수 있을 만한 신분은 아니었다. 하지만 누가 뭐라고 해도 역사의 승리자는 문정왕후도, 경빈 박씨도, 정난정도 아니다. 창빈 안씨다.

여러 가지 이유로 해서 우리는 그의 이름조차 듣기 쉽지 않지만, 조금만 관심을 두면 그 흔적을 찾기란 그리 어렵지도 않다. 혹시 동작동 국립묘지에 갈 기회가 있거든 이승만 대통령 묘지 쪽에 있는 '동작릉'이란 곳을 반드시 찾아가 보길 권한다. 그곳이 바로 천하명당이라는 동작동에 450년 전부터 창빈 안씨가 누워 있는 묘소다.

원래 1549년 10월 어머니 안씨가 세상을 떠나자, 덕흥군은 경기도 장흥에 시신을 모셨다. 그러다가 풍수가들의 말에 따라 1년 만에 이곳 동작릉으로 이장했다. 그리고 1552년 선조가 태어났다. 훗날 선조가 왕위에 올랐을 때 세상 사람들이 '할머니 묘를 명당으로 옮긴 덕에 임금이 나왔다'고 부러워했을 것임은 두말할 필요도 없다.

필자는 개인적으로 풍수를 신뢰하지 않는 편이다. 불신한다는 뜻이 아니라 그 효험에 대해 가타부타 말할 능력이 없다는 뜻이다. 그러나 품행에 관한 한 의심할 여지없이 뛰어났던 안씨, 이장을 해서라도 어머니를 극진히 모시려 했던 덕흥군의 지극한 효심 등을 보면서 의외로 역사 세계에서 살아남는 저력은 간단할 수도 있다는 생각이 든다. 초인적인 것에 기댈 것이 아니라 하루하루의 일상생활에서 평범하면서도 정도를 걷는 태도야말로 어쩌면 가장 쉬우면서도 가장 어려운 일일 것이다.

500년이 다 돼 가는 옛일이지만 '창빈 안씨'를 생각하면 할수록 평범 속에 길이 있다는 격언이 왜 그토록 오랫동안 우리들의 사랑을 받을 수 있는지 절실하게 느끼게 된다. 조금이라도 튀지 않으면 한순간이라도 살 수 없을 것처럼 몰상식한 처신을 보여 주는 지도층이 너무 많은 게 아닌가 하는 생각이 들 때, '창빈 안씨의 일'을 떠올리는 것만으로 조금은 위안이 된다.

왕권과 신권, 실록에서 격돌하다!

『태조실록』 편찬 방법을 둘러싼 격론

1408년(태종 8년) 5월 24일, 조선 개국의 영웅이자 아들에게 왕위를 빼앗긴 비운의 국왕 이성계가 74세를 일기로 파란만장했던 삶을 마감했다. 그리고 8월 7일, 태조(太祖)라는 묘호(廟號)를 올렸다. 국왕이 죽고 나면 그의 생애와 업적을 고려하여 올리는 존칭인 묘호는 공이 있을 때는 조(祖), 덕이 있을 때는 종(宗)이라고 했다. 아무래도 조가 종보다는 더 중대한 의미를 갖는다. 개국 영웅은 고려 때 왕건이 그러했듯이 당연히 태조였으므로 이성계의 묘호에 대해선 아무 논란도 없었다.

논쟁은 그로부터 1년여가 지난 1409년 8월 28일, 태종이 춘추관 영사(領事) 하륜을 불러 『태조실록』 편찬을 명하면서 시작된다. 역사 편찬을 담당하는 예조 산하의 관청인 춘추관(春秋館)에는 영사(정1품), 지사(정2품), 동지사(종2품)의 고위직 외에 수찬관(修撰官), 편수관(編修官), 기주관(記注官), 기사관(記事官) 등의 실무직이 있었다. 태종이 명을 내릴 당시 영사는 하륜, 지사는 유관, 동지사는 정이오, 변계량으로 당대의 쟁쟁한 정치가이자 최고의 학자들이었다.

명을 받은 하륜은 즉시 실무 사관들에게 "임신년부터 경진년까지의 사초(史草-사관이 기록하여 둔 역사 기록의 초고)를 모두 거두어들이라"고 지시했다. 그런데 뜻밖에도 말단 실무직인 기사관들이 유관과 변계량을 찾아와 따지듯이 물었다.

"예전 역사서를 보건대 모두 3대 후에 이루어졌습니다. 전조(前朝-고려) 때도 역시 그러하였습니다. 그런데 『태조실록』을 어찌 오늘날에 편수할 수 있습니까? 본관(本館-춘추관)에서 왜 상소를 올려 정지하기를 청하지 않습니까?"

이유 있는 항의였다. 그런데 유관과 변계량은 옆으로 비켜서며 직접 영사 하륜에게 따지라고 말한다. 기사관들이 하륜을 찾아가 같은 내용을 말하자 하륜은 정반대로 "옛날 역사서는 바로 다음 임금 때 이뤄졌소"라며 묵살했다. 이에 기사관들도 물러서지 않고 이렇게 반박한다.

"태조의 구신(舊臣)이 태조의 실록을 찬수(撰修)하면 후세의 의논이 어떻게 여기겠습니까?"

역사 서술의 객관성 내지 공정성과 관련하여 정곡을 찌르는 주장이었다. 실제로 지금도 우리는 한 인물을 어느 정도 객관적으로 평가하려면 적어도 한 세대, 30년은 흘러야 한다고 말한다. 기사관들은 같은 맥락에서 반박했던 것이다.

태종을 제외한다면 최고의 실권자였던 하륜은 당대 최고의 경세가

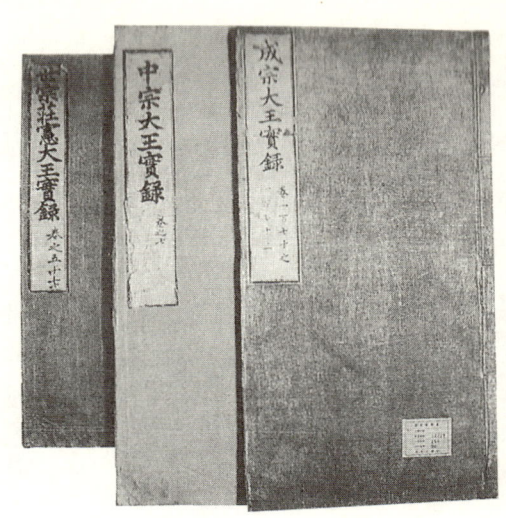

「조선왕조실록」 표지 왼쪽부터 세종 · 문종 · 성종 실록의 표지

요, 노련한 정객이었다. 그는 신진 사관들의 주장을 일거에 묵살하며 이렇게 말한다.

"태조의 일을 한때의 일만을 기록하는 젊은 사관이 어떻게 다 빠짐없이 기록하였겠소? 족히 사실로 삼을 수 없소! 마땅히 노성(老成)한 신하가 죽지 않았을 때에 본말(本末)을 빠짐없이 기록하여 실록을 만들어야 하오. 이것이 마땅히 할 일이오. 지금 대간(臺諫—사헌부와 사간원)의 신하들이 사람의 과실을 말하는 것도 꺼리지 아니하는데, 하물며 서법(書法)으로 사람을 포폄(褒貶)하는 것이겠는가? 예전 사람이 문헌(文獻)이라고 말하는데 문(文)은 사기(史記)이고, 헌(獻)은 노성한 사람을 말함이오. 나는 그대들이 말하는 불가하다는 주장을 이해하지 못하겠소."

두 측의 주장은 마치 지금도 이어지고 있는 신진과 노장의 역사관 충돌을 보는 듯하다.

논쟁은 격화됐다. 9월 8일에는 예조판서 이응이 젊은 사관들을 거들며 3대 후에 편찬하는 것이 옳다고 주장했고, 태종도 일단 한걸음 물러서서 좀 더 논의를 해 볼 것을 명한다. 아마도 태종은 심복 하륜과 이 문제를 깊이 있게 의논했을 것이고, 하륜은 실록 편찬 강행을 주문했을 것이다. 결국 이듬해(1410년) 1월 10일, 『태조실록』 편찬 작업은 착수에 들어간다. 여기에는 기주관으로 조말생, 권훈, 윤회, 기사관으로 신장이 참여했다. 이들은 모두 세종 때 명신으로 이름을 날리게 된다. 이때부터 시작된 『태조실록』 편찬 작업은 2년 2개월여가 지난 1413년 3월 22일, 마침내 15권 분량으로 완성된다.

원로 하륜의 주장과 신진 사관들의 주장은 각기 일장일단(一長一短)을 갖고 있는데, 결국 하륜의 주장이 관철되어 이후 조선에서는 선왕이 죽으면 바로 다음 대에서 실록을 편찬하는 것이 전통으로 자리 잡게 된다.

실록을 '보려는' 국왕들 대 실록을 '다시 쓰는' 신하들

태종 13년 『태조실록』이 완성되자, 태종은 자신이 가장 신뢰하던 하륜이 주도했으니 역사관이나 서술 방향에 대해서 신뢰감을 가졌을 것임에도 불구하고 그 내용이 궁금했다.

태종이 실록의 내용을 보고 싶다고 하자 다시 하륜과 변계량 사이에 의견이 갈렸다. 하륜은 보는 것이 옳다는 입장이었고 변계량은 보지 않는 것이 옳다는 입장이었다.

고민 끝에 태종은 변계량의 손을 들어 주었다. 실록을 보면 당장은 속이 시원하겠지만 그것이 하나의 전례가 될 경우 후대에 실록에 대한 자의적인 개정이나 개악의 길을 열어 놓을 수 있기 때문이었다.

1431년(세종 13년) 3월 20일, 춘추관에서 『태종실록』 편찬을 끝내자 세종도 하륜과 변계량의 논쟁을 언급하면서 자신이 『태종실록』을 열람하는 것은 어떤지 신하들에게 묻는다. 이에 우의정 맹사성, 제학 윤회, 동지총제 신장 등이 나서서 간곡하게 반대 의견을 올렸다.

"전하께서 만일 이를 보신다면 후세의 임금이 반드시 이를 본받아서 고칠 것이며, 사관 또한 군왕이 볼 것을 의심하여 그 사실을 반드시 다 기록하지 않을 것이니 어찌 후세에 그 진실함을 전하겠습니까."

신하들은 태종이 우려했던 바로 그 점을 지적한 것이다. 윤회나 신장은 앞서 본대로 『태조실록』 편찬에 참여하며 역사를 대하는 태종의 태도를 직접 보았기 때문에 더더욱 이런 주장을 당당하게 펼칠 수 있었다.

세종 역시 전대 왕에 대한 실록을 궁금해 한 것은 마찬가지다. 1438년(세종 20년) 3월 2일, 세종은 선왕들의 행적을 제대로 알아야 올바른 정치를 할 수 있지 않겠느냐는 논리를 내세워 『태조실록』을 열람했다면서, 같은 이유로 『태종실록』을 열람하겠다는 의사를 밝힌다. 이에 영의정 황희가 "태종실록을 편찬한 자들이 지금 다 전하의 신하들인데 만일 전하께서 실록을 열람하신다면 그것만으로도 많은 이들이 불편할 것"이라며 반대하자 마침내 세종은 『태종실록』 열람을 포기했다.

성격상으로 본다면 학식이 출중하고 호방한 품성의 세조가 실록을 보고 싶어 했을 가능성이 높다. 그러나 이미 『세종실록』은 편찬돼 있었고 자신이 쿠데타로 집권한 후에는 형인 문종의 실록을 편찬해야 했기 때문에 그다지 보고 싶어 하는 모습은 보이지 않았다. 다만 한

가지, 1455년(세조 1년) 윤6월 12일 춘추관에서 문종실록 편찬 작업에 착수한다는 보고를 올렸을 때 이런 지침을 내린다.

"예로부터 사관은 과거에 있었던 사실을 그대로 쓰는 것이니 문종대왕실록 속에 혹시 그 과실(過失)을 말한 곳이 있더라도 삭제하지 말라고 하라."

보기에 따라서는 자신의 친형인 문종의 실록에 가능하면 부정적인 내용을 많이 적어 넣으라는 은근한 압력처럼 느껴진다. 대신 같은 해 11월 10일, 『문종실록』이 13권으로 편찬 작업을 마쳤을 때 그것을 보겠다는 요구는 한 번도 없었다. 같은 정난공신(靖難功臣)들이 편찬했으니 굳이 볼 필요가 없다고 생각했을 수도 있다.

하지만 후대 왕들은 달랐다. 특히 실록 열람과 관련해서는 연산군을 빼놓을 수 없다.

1498년(연산군 4년)에 터진 무오사화(戊午士禍)는 바로 실록 편찬을 둘러싼 훈구 세력과 신진 사림의 충돌이었다. 사사건건 아버지 성종을 내세워 자신을 압박해 오던 신진 사림에게 연산군이 결정적으로 반격을 가할 수 있는 빌미를 제공한 것이 바로 무오사화였다. 7월 13일, 연산군은 다음과 같은 전교를 내린다.

"홍문관(弘文館), 예문관(藝文館)에서 실록을 보는 것은 부당하다고 하였는데, 평시라면 이 말이 가하다. 그러나 지금 큰일을 상고하려고 하는데 완강히 불가하다고 하니, 이는 반드시 꺼리는 내용이 있어서다. 의금부에 내리어 국문하도록 하라."

연산군이 실록을 열람했음은 물론이다. 그로 인해 실록 편찬자들은 두고두고 '이제 실록은 폭군을 만나면 언제든지 공개될 수 있다'는 불안감 속에 편찬에 임해야 했는지 모른다.

하지만 이렇게 실록을 보고자 왕권과 신권이 부딪친 것은 조선 왕조 초기의 이야기였다.

조선을 전반기와 후반기로 나눌 경우 대체적으로 전반기에는 왕권이 강했고 후반기에는 신권이 강했다. 왕권 대 신권의 강약은 역사 서술에서도 나타난다. 전반기에는 태종이나 세종처럼 선대의 기록을 보고 싶어 하는 것이 문제였지만 후반기로 가면 아예 신하들이 이미 완성된 실록을 다시 써야 한다고 노골적으로 주장하는 상황이 벌어진다. 신권 강화로 인한 당쟁의 여파였다. 이제 역사 서술을 둘러싼 싸움은 임금과 신하가 아니라 신하와 신하 사이에서 일어난다.

명종 때까지만 해도 조선 왕실은 우여곡절이 있긴 했어도 정비(正妃) 소생인 적자(嫡子)들이 왕통을 이어왔다. 그러나 명종 때 적통이 끊기면서 처음으로 중종 후궁의 손자인 선조가 추대 형식으로 왕위에 오른다. 그 때문인지 이때부터 신권이 강해져 당쟁이 시작됐다. 이런 싸움은 고스란히 실록 편찬 과정에도 반영된다.

선조 시대에 대해서는 『선조실록』과 『선조수정실록』이 있다. 『선조실록』은 그것이 편찬되던 광해군 때 집권 세력이었던 북인(北人)의 시각을 반영할 수밖에 없었다. 그러나 서인(西人)이 주도한 인조반정으로 북인들이 내몰리면서 『선조실록』의 전면적인 수정 작업이 시작되었고, 효종 8년 서인의 시각이 반영된 『선조수정실록』이 편찬되었다. 다행스럽게도 『선조실록』을 파기하지 않았기 때문에 '두 개의 실록'은 오히려 후대의 입장에서는 사건이나 인물의 양면성을 살필 수 있

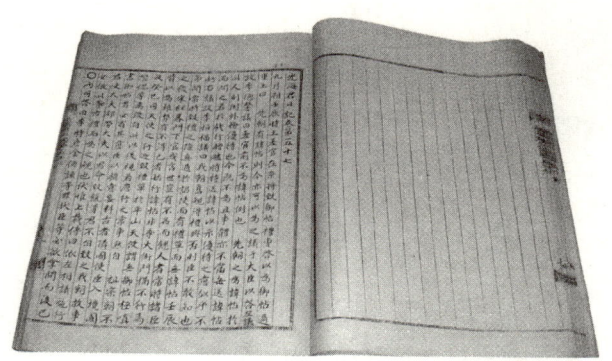

『광해군일기』 조선 1624년(인조 2년). 실록과 같은 체제로 기록되고 편찬되었지만 쫓겨난 왕은 실록 대신 일기라는 다른 명칭을 사용하였다.

는 소중한 기회를 제공하기도 한다.

『현종실록』도 훗날 개수 작업을 거쳐 『현종개수실록』이 나오게 된다. 『현종실록』은 숙종 초 권력을 잡았던 남인(南人)의 시각이 담겨 있었기 때문에, 숙종이 일거에 남인 세력을 제거하고 서인 세력을 불러들인 경신환국(庚申換局)으로 권력을 다시 잡은 서인 세력에 의해 대대적인 수정, 증보 작업이 이뤄졌다. 과연 서인들이 역사를 왜곡한 것인지, 아니면 재평가를 통해 사실(史實)을 바로잡은 것인지는 지금도 학계의 논쟁거리다.

『숙종실록』은 영조 초 노론(老論)의 주도로 편찬됐다. 그러나 얼마 후 소론(少論)이 득세하면서 수정 내지 개수를 시도하려 했지만 노론의 힘이 여전히 막강했기 때문에 극히 일부를 손대는 선에서 그쳤다. 그래서 이름도 『숙종보궐정오』다. 약간 보충하고 미미한 오류를 바로잡았다는 뜻이다. 아마 소론이 막강했다면 『숙종개수실록』이나 적어도 『숙종수정실록』이 나왔을지도 모른다.

『경종실록』이 바로 그런 경우다. 영조 초 권력을 장악한 소론의 이

집, 조문명 등이 주도해 편찬을 완성한 것이 『경종실록』이다. 그러나 영조 중반 권력을 다시 쥔 노론은 오랜 준비를 거쳐 마침내 정조 5년, 『경종수정실록』을 내게 된다. 특이하게도 수정의 범위가 가장 미미했던 『숙종보궐정오』를 제외한다면 역대로 수정, 개수, 수정 등의 작업을 추진한 세력은 다름 아닌 서인과 노론이었다. 어쩌면 그들이야말로 역사를 장악해야 당대뿐만 아니라 미래에도 권력을 쥘 수 있다고 생각했기 때문인지 모른다. 실제 조선 후기는 서인, 노론의 시대였다.

역사는 당대 세력들의 투쟁 기록이면서 동시에 과거에 대한 현재 세력들의 기록 투쟁이기도 하다. 그러나 권력 투쟁이나 역사 투쟁 모두 승리 못지않게 정당성(혹은 정통성) 확보가 필수적임을 망각해서는 안 된다. 정당성이 뒷받침되지 않는 승리는 무상(無常)하기 때문이다. 역사 왜곡과 재평가를 구별하는 척도는 결국은 정당성이다.

'어디까지 기록할 것인가'를 둘러싼 왕권과 신권의 대립

조선 건국 초인 1392년(태조 1년) 9월 14일, 예문춘추관에서는 앞으로 역사 편찬을 위해 다음과 같은 건의를 올렸다.

첫째, 정전(正殿)에서 만기(萬機)를 재결(裁決)하고 신료들을 접견할 때에는 항상, 원컨대 사신(史臣-사관)으로 하여금 좌우에 입시(入侍)하게 하여 일이 크고 작은 것을 논할 것 없이 모두 참예해서 듣도록 하소서.

둘째, 겸관(兼官)으로서 수찬(修撰) 이하의 관직에 충당된 사람은, 원컨대 각기 보고 들은 바를 기록하여 사초로 만들어서 모두 본관(춘추관)으로 보내게 하소서.

셋째, 본관으로 하여금 서울과 지방의 크고 작은 아문(衙門)에 직접 공첩(公

牒)을 보내어, 무릇 시행한 것이 정령(政令)에 관계되고 권계(勸戒)에 전할 만한 것은 명백히 공문서로 보내게 할 것이며, 또 도평의사사(都評議使司-훗날 의정부로 개편)와 검상조례사(檢詳條例司-법률제정기관)로 하여금 항상 그 달의 마지막 날에 조례(條例)를 모두 써서 본관으로 보내어 기록에 빙고(憑考-참고)하게 하고, 이것을 일정한 법식으로 삼게 하소서.

그러나 태조 7년(1398년) 12월 9일, 신하들의 요청에 따라 첫 번째 경연이 열려 『논어』를 읽게 되는데, 이 자리에도 사관이 입시할 것을 요청하자 태조는 윤허하지 않는다. 즉 이때만 해도 사관은 정전에서 이뤄지는 공식적인 행사에만 입시할 수 있었던 것이다. 그러나 경연에서는 임금과 신하들이 학문을 논하면서 동시에 정치 문제도 자연스럽게 토론했기 때문에 사관들은 한사코 경연에 입시하려고 노력했다.

경연에 사관이 공식적으로 입시하게 되는 것은 정종 1년(1399년) 1월 7일에 이르러서이다. 정종도 사관이 경연에 입시하는 것을 꺼렸으나 문하부(훗날의 의정부)에서 두 차례에 걸쳐 강력한 상소를 올리자 마지못해 받아들였다. 특히 고려 말에 사관이 입시하지 못했던 맥락을 들먹이자 정종으로서도 받아들이지 않을 수 없었을 것이다.

고려 말년에 임금들이 황음무도(荒淫無度)하여 부녀자와 내시를 가까이 하고 충성스럽고 어진 신하를 멀리 하였으며 사관이 직서(直書)하는 것을 꺼리어 근시(近侍)하지 못하게 하였으니 너무나 무도한 일이었습니다. 마땅히 고려의 실정을 거울삼고 관직을 설치한 의의를 생각하여, 특히 사관으로 하여금 날마다 좌우에 입시하여 언어 동작을 기록하고 그때그때의 정사를 적게 하여 만세의 큰 규범을 삼도록 하소서.

실제로 당시만 해도 임금들은 고려 말의 영향 때문인지 사관들이 가까이에서 자신들을 지켜본다는 사실을 내켜하지 않았다. 태종 1년(1401년) 3월 23일, 태종은 다섯 승지 및 자신의 경연을 돕는 시독관 김과 등과 이런 저런 이야기를 하다가 문득 생각났다는 듯 이렇게 묻는다. "지난번 사냥할 때 사관이 그곳까지 따라온 이유가 무엇인가?" 이에 김과와 승지들은 입을 맞춘 듯이 "사관의 직책은 시사(時事)를 기록하는 것인데, 하물며 인군(人君-임금)의 거둥이겠습니까?" 라고 답했다.

그러나 강력한 왕권주의자였던 태종은 사관들이 자신의 일동일정(一動一靜)을 살핀다는 사실 자체를 달가워하지 않았다. 결국 태종과 사관은 정전이 아닌 편전의 출입 여부를 둘러싸고 충돌을 빚게 된다.

태종 1년 4월 25일, 편전인 보평전에서 정사를 보고 있는데 사관 홍여강이 뜰 아래에 모습을 드러내자 태종은 환관들을 시켜 강제로 끌어내 버렸다. 그리고 도승지 박석명을 불러 엄명을 내린다.

"무일전(無逸殿-정전) 같은 곳에서는 사관이 마땅히 좌우에 들어와야 하지마는, 이곳은 내가 편안히 쉬는 곳이고 승지들이 모두 사관의 직책을 겸하였으니 사관이 반드시 들어올 것이 없다."

태종의 이 말은 태조 초 예문춘추관에서 올린 지침에 입각해 있었다. 정전에만 전임 사관이 입시하고 편전의 경우에는 승지들이 겸관(兼官)으로 사관을 겸하고 있으니 굳이 중복해서 들어올 필요가 없다는 논리였다. 하지만 사관의 입장에서 보자면 편전은 휴식 공간임과 동시에 인사 문제와 같은 은밀한 정사가 논의되는 곳이기 때문에 경우에 따라서는 정전이나 경연보다 훨씬 중요한 공간이었다. 권력의 심

장부라고도 할 수 있었다. 그러니 사관으로서는 편전에 접근하려고
노력하는 것이 어찌 보면 당연한 처사였다.

홍여강이 편전에 들어오려다가 쫓겨난 나흘 후, 이번에는 사관 민
인생이 또 편전에 접근하려다가 도승지 박석명의 제지를 당했다. 이
모습을 태종이 목격하고서 민인생에게 호통을 치자 민인생도 물러서
지 않고 정종 때 문하부의 상소를 근거로 제시했다. 이에 태종은 귀찮
다는 듯이 "편전에는 들어오지 말라"며 민인생을 물리쳤다.

그것은 새로운 논쟁의 시작이었다. 5월 8일 경연이 끝나고 태종은
경연에 참여했던 신하들에게 술자리를 베풀었다. 이때 말석에 있던
사관 민인생이 다시 나섰다. "지금 여러 신하들과 더불어 강론(講論)하
심이 매우 정밀하고 온화한 말씀이 친밀하시니, 원컨대 전하께서 비
록 편전에 앉아 정사를 들으실 때라도 사관으로 하여금 입시하여 아
름다운 말[嘉言]을 기록하게 하소서." 그러나 경연을 책임지던 동지사
이첨, 참찬관 승지 박신, 시강관 조용, 시독관 김겸, 김과 등은 펄쩍
뛰었다. 그들은 한결같이 이렇게 말했다.

"경연에 입시하는 것은 가하지마는, 어찌하여 정사를 듣는 때에 들어오려
고 합니까? 신 등도 역시 전조(前朝-고려) 신씨(辛氏-우왕과 창왕)의 사관이었
는데, 두렵고 위축되어 감히 뵙지 못하였습니다."

고려조를 들먹인 것은 실수였다. 민인생은 즉각 이들을 반박했다.
"임금이 밝으면 신하가 곧은 것입니다. 어찌 감히 전조(前朝)로써 오늘
에 비교할 수 있습니까?" 결국 편전 입시 문제는 이 자리에서 해결을
보지 못하고 달을 넘겨 6월 22일 신하들 간의 논쟁으로 확대된다.

이날 태종은 청화정에 나아가 대명 외교 문제를 잘 처리하고 돌아온 사신단과 통사들을 불러 술자리를 베풀고 상을 내렸는데, 이 자리에 사관이 들어오려 하다가 문지기의 제지를 받고 뜻을 이루지 못했다. 이를 지켜보던 시독관 김과가 "이미 다섯 승지가 겸관으로 임금의 언동을 기록하고 있는데 굳이 사관이 들어오려 하는가?"라며 춘추관 수찬 노이에게 말하자 노이는 "그럴 바에는 차라리 사관이라는 자리를 없애 버리는 게 좋겠다"고 반박했다. 실록은 "이에 대해 김과가 화를 내자 두 사람 사이에 틈이 생겼다"고 적고 있다. 왕당파와 신권파의 대립이라고나 할까?

그러나 태종은 단계적으로 사관의 입시 범위를 넓혀 태종 13년 무렵이 되면 사관은 편전에서의 정사에도 매일 입시하게 된다. 그렇게 된 데는 역사를 두려워했던 태종의 생각도 중요했지만, 민인생처럼 처벌을 각오하고 권력의 중핵을 기록하려 했던 사관의 기백도 큰 역할을 했다.

이후 사관의 입시 영역은 단계적으로 확대되었다. 세종 때는 거의 모든 조정 회의에 사관 두 명이 공식적으로 입시하게 되었고, 세조 때에는 사관이 편전 안까지 들어가 국왕의 일거수일투족을 기록하게 된다. 게다가 연산군을 몰아낸 중종반정이 성공한 것은 사관의 활동 영역을 크게 넓혔다. 반정의 성공에 따라 신권이 왕권을 압도하게 되었고, 이제 사관들은 국왕이 역모 혐의자를 국문하는 친국(親鞫) 현장에도 입시할 수 있었다. 거의 모든 역사적 현장에 사관이 참석할 수 있게 된 것이다.

중종 14년(1519년) 4월 22일에는 아침 경연인 조강(朝講)에서 사림들의 신망을 크게 받고 있던 김안국이 중국의 사례를 거론하며 "대궐

안 은밀한 곳에서 임금의 일거수일투족을 기록하기 위해 여사(女史-여성 사관)를 두어야 한다"고 건의했다. 그 자리에 있던 사헌부 장령 기준도 김안국의 주장에 동의했다. "옛 임금은 깊은 궁궐에 거처하므로 그 하는 일을 바깥사람들이 알 수 없습니다. 그러므로 반드시 여사를 두어 그 선악을 기록하게 하였으므로 비록 깊숙한 궁궐 속에 있더라도 혼자서 마음대로 할 수 없었으니 옛 제도를 따라 여사를 두는 것이 좋을 듯합니다."

아무리 신하들 등에 얹혀서 임금 자리에 오른 중종이지만 이때는 이미 재위 14년을 맞고 있을 때라 국왕으로서의 자존심이 한껏 자라 있었다. 우유부단한 듯하면서도 명민한 성품이었던 중종은 일단 우회적으로 거부 의사를 밝힌다.

"옛날에는 여자들이 모두 글을 지을 줄 알았으므로 올바른 여사를 얻어서 궁궐 내부의 일을 빠짐없이 상세하게 기록하도록 할 수 있었으나 지금은 글에 능한 여자가 적을 테니 기록할 수 있는 사람을 얻기가 어려울 것 같다."

궁궐에 여사를 두는 것 자체를 반대하지는 못하고 적임자 부재론을 통해 신하들의 압박을 피한다. 다시 김안국이 나섰다. 여사는 문자를 다 알 필요는 없고 조금만 해득해도 궁궐 안의 일을 관찰하고 기록하는데 문제가 없을 것이라고 은근히 중종의 주장을 반박한 것이다. 심지어 이청이라는 신하는 굳이 한문으로 기록할 필요는 없고 언문(諺文-한글)으로 기록해도 무방할 것이라고 중종을 재차 압박하며 김안국을 거들었다. 이에 중종은 다시 한 번 우회적으로 반박한다.

"여사의 직무는 선한 일과 악한 일을 기록하는 것이니 반드시 마음이 올바른 여자를 얻은 뒤에라야 가능할 것이다. 여사도 사관인데 사필을 잡는 것은 아무나 할 수 있는 일이 아니다."

사관으로서의 자질 부재론을 통해 궁궐 깊은 곳까지 관찰하려는 신하들의 주장에 반박을 가했다. 이에 이청은 조금도 물러서지 않고 이렇게 말한다. "사관과 여사는 다릅니다. 사관은 공의(公議)를 바탕으로 포폄(襃貶)을 명백하게 하여 후세에 보이는 것이 직무이고, 여사는 규중(閨中) 안에서의 임금의 일상 생활을 기록할 뿐입니다." 중종으로서는 신하들이 해도 너무한다는 생각을 하지 않을 수 없었다.

얼마 후 기묘사화가 일어나 조광조뿐만 아니라 김안국과 그 문인들이 큰 화를 입게 되는 것도 임금에 대한 이 같은 지나친 간섭론과 무관치 않았으리라는 생각이 든다. 여사 문제는 결국 중종이 받아들이지 않음으로써 해프닝으로 끝났다.

제3장

왜 그들은
권력과 멀어져야 했는가?

권력을 지양하지만 또 지향했던 왕실 종친의 삶을 들여다보다

정사(政事) 관여가 엄격하게 금지되어 있었던 조선의 왕실 종친들. 그들은 권력의 가장 가까이에 있으면서도 권력에 다가가서는 안 되는, 그저 지켜봐야만 하는 가혹한 운명을 받아들여야만 했다. 권력을 제외한 모든 것을 가졌음에도 결정적인 욕망은 충족할 수 없었던 종친들. 때문에 이들을 들여다보는 것은, 실은 권력의 이면을 들여다보는 작업이기도 하다.

섹스 스캔들의 최대 피해자, 효령대군

세종 9년(1427년) 2월 19일, 의금부에서 보고를 올렸다. 그런데 그 보고 내용이 자못 충격적이다.

돈녕부(敦寧府) 지사(정2품) 이담(李湛)이 몰래 효령대군의 첩 기생 계궁선(桂宮仙)과 간통했으니 법률에 의거하면 곤장 60대에 도형(徒刑-오늘날의 징역형) 2년 반에 해당됩니다.

돈녕부란 왕실 종친의 범위에 포함시키기 애매한 먼 종친이나 외척을 관리하기 위해 태종 9년 만들어진 기구다. 가까운 종친은 종친부에서 관리했다. 오늘날의 청와대 민정수석실과 같은 기구다. 도대체 이담은 어떤 인물이기에 현직 국왕 친형의 기생첩과 대담하게 간통을 할 수 있었던 것일까?

이담은 이성계의 이복동생이자 초지일관 태종 이방원을 후원했던 이화(李和)의 4남이다. 결국 이담은 비록 서자의 후손이기는 하지만 효령대군의 5촌 아저씨였다. 이때 효령대군의 나이 한창 때인 32세였다.

그러나 보고를 받은 세종은 고민하지 않을 수 없었다. 이화가 누구인가? 개국공신 1등에, 자신의 아버지 태종이 주도한 1차 왕자의 난 직후 책봉된 정사(靖社) 공신 1등, 2차 왕자의 난 직후 책봉된 좌명(佐命) 공신 2등으로 '3공신'에 '1등공신 중의 1등공신'이었다. 그 아들을 처벌한다는 게 그리 쉬운 일은 아니었다.

결국 세종은 '종실훈친(宗室勳親)의 후손'이라는 이유로 직위만 해제하고 공주로 귀양 보낸다. 대신 계궁선은 곤장 90대, 이담과 계궁선 사이에 다리를 놓아준 '중매쟁이' 기생 대천교(帶千嬌)는 곤장 80대의 처벌을 받아야 했다. 공주로 귀양을 갔던 이담은 이듬해 윤4월 석방되었고, 세종 13년 세상을 떠나자 세종은 복권 조치까지 내려 주었다.

다시 세종 9년, 문제의 의금부 국문이 있은 지 석 달 후인 5월 9일. 이번에도 '왕실의 추문'과 관련해 세종은 대대적인 단죄를 명한다. 조선의 제2대 왕인 정종이 후궁이 아닌 궁첩으로부터 얻은 아들들인 이의생, 이무생, 이복생 등을 한꺼번에 각각 강화나 원주 등으로 유배 보낸 것이다. 서얼이기는 해도 자신의 사촌형제인데, 이들을 대거 중형에 처했다는 것은 뭔가 큰일이 있었다는 뜻이다.

이번에도 '중매쟁이' 기생이 등장한다. 이의생은 기생 매소월(梅捎月)을 첩으로 삼은 다음 매소월로 하여금 이무생에게 자동선(紫洞仙), 간설매(間雪梅), 죽간매(竹間梅)를 소개토록 해 간통을 도왔고, 이복생에게는 약계춘(藥堦春)과 백정의 딸 보금(寶金)을 연결시켜 주었다.

사실 조선 초에는 권력에 참여할 수 없었던 왕실 사람들이 땅과 저택, 기생첩을 옆에 끼고 한세월 보내는 것을 탓하는 풍조가 아니었다. 문제는 이번에도 효령대군과 관련이 있다는 것이었다. 죽간매와 약계춘은 효령대군이 '일찍이 관계했던 자들'이었다. 게다가 보금은 의

성군이 '일찍이 관계했던 자'이고 간설매는 봉녕군의 아들이 '일찍이 관계했던 자'였다. 의성군 이용은 효령대군의 큰아들이다. 봉녕군은 태조의 장남이자 태종의 친형님인 진안대군 이방우의 외아들이다. 현실 권력 논리를 배제하고 적장자로 이어졌다면 조선의 임금이 되었을 수도 있는 인물이다. 효령대군이나 의성군, 봉녕군은 따지고 보면 추문의 희생자들이었다.

이에 버금갈 만한, 아니, 그보다 훨씬 '추잡한' 스캔들이 세조 9년(1463년) 윤7월에 터진다. 옥부향(玉膚香)은 일찍이 효령대군과 사통(私通)했던 당대의 명기인데, 세종과 신빈 김씨 사이에서 난 익현군 이관과도 사통을 했다. 익현군은 효령의 조카다. 삼촌과 조카가 한 여인과 사통한 것이다.

이보다 더한 일도 있으니, 옥부향, 자동선(紫洞仙─세종 때의 기생과는 동명이인), 양대(陽臺)와 더불어 세조로부터 가무에 능하다 하여 '사기(四妓)' 중 하나로 극찬을 받기도 했던 초요갱(楚腰輕)의 행각은 엽기에 가깝다.

세종의 7남 평원대군 이임의 사랑을 받았던 초요갱은 평원대군이 죽자 세종과 영빈 김씨 사이에서 난 화의군 이영과 사통한다. 화의군은 세종 때도 임영대군과 공모하여 궐 밖 여인들을 대궐로 숨어 들어오게 하려다가 발각되어 혼이 난 적이 있는 인물이다. 화의군이 세조와 정치적 노선을 달리하다가 축출되자 초요갱은 한동안 쫓겨났다가 다시 대궐로 돌아와 이번에는 세종과 신빈 김씨 사이의 아들 계양군 이증과 사통했다. 세 명의 이복형제가 한 기생과 사통했다는 소문을 접한 세조는 계양군을 은밀하게 불러 추궁했다.

"정말 초요갱과 사통했는가? 어찌 다른 기생이 없어서 감히 (형제들끼리) 서로 간음하는가?"

계양군은 울부짖으며 하늘에 맹세코 그것은 무고(誣告)라고 극구 변명했다. 그러나 실록의 한 구절이다.

"이증은 이날도 초요갱의 집에서 묵었다."

처증조 효령대군의 애첩과 간통한 '간 큰 남자' 남흔

효령대군의 '굴욕'은 여기서 그치지 않았다.

성종 11년(1480년) 5월 11일, 사헌부 감찰을 지냈던 남흔(南忻, ?~1492년)이 의금부에 붙잡혀 와서 추국을 당한다. 성종이 "남흔이 자신의 처증조 효령대군 이보의 첩 매화(梅花)를 간통하였으니 추국하여 아뢰라"는 엄명을 내렸기 때문이다. 효령대군은 1396년생이었으니, 이때 이미 나이 85세 무렵이었다.

남흔은 대대로 왕실과 깊은 인연을 맺은 집안의 자손이었다. 그의 할아버지 남지는 문종이 세상을 떠나면서 김종서, 황보인과 함께 어린 단종의 후견 트리오로 지명한 이들 중 한 명으로, 당시 좌의정이었다. 게다가 남지는 안평대군과 사돈 관계였기 때문에 수양대군 쪽과는 정반대편에 있었다고 할 수 있다. 그러나 계유정란이 일어났을 때 남지는 병으로 사건에 직접 관여하지 않았고, 아들 남윤(南倫)이 수양대군 쪽에 가담함으로써 멸문지화를 면할 수 있었다. 남윤은 원종공신 3등에 책록돼 세조 시절 탄탄대로를 달리게 된다. 이런 배경 덕으로 남흔은 효령대군의 증손녀와 결혼해 다시 왕실과 인척관계를 맺었다. 아마 그가 이런 배경 없이 대군의 첩에 손을 댔다면 죽음을 면치 못했을 것이다.

남흔이 의금부에 끌려간 지 8일이 지난 5월 19일, 조정에서는 남흔의 처리 문제를 놓고 논란을 벌인다. 먼저 효령대군이 매화는 자신의

「효령대군 영정」 태종의 차남으로 세종의 형이다. 그는 효성이 지극하고 불교에 독실하였으며 불경을 간행하고 원각사를 창건하는 데 주도적으로 참여했다.

첩이 아니라는 의견을 조정에 올렸다. 증손 사위를 구명하기 위함이었을 것이다. 조정 대신들 사이에서는 의견이 갈렸다. 효령대군의 말을 믿을 수 없으니 남흔을 처벌해야 한다는 주장과 대군이 거짓말했겠느냐며 용서해 주자는 주장이 맞섰다. 결국 성종은 사흘 후 남흔을 가벼운 유배형에 처한다.

그런데 2년도 안 된 성종 13년(1482년) 2월 11일, 남흔은 오늘날의 서울시청에 해당하는 한성부의 인사를 책임지는 요직으로 복직된다. 대사헌 김승경까지 나서 반대했으나 성종은 임명을 강행했다. 이후 남흔은 승승장구하기 시작했다. 성종 21년(1490년) 12월 27일에는 승정원 동부승지에까지 오른다. 이렇다 할 관직 경력도 없는 데다가 왕실의 어른인 효령대군의 첩과 간통까지 했던 남흔이 어떻게 승지에까지 오를 수 있었을까?

해답은 두 가지다. 하나는 남흔이 당시 성종의 유모였던 봉보부인 백씨를 이용해 승진을 시도했다는 것이다. 또 하나는 남흔의 딸이 성종의 후궁으로 들어갔기 때문이다. 아마도 둘 중에서는 후자의 효과가 더 컸을 것이다. 이때 동부승지에 오른 남흔은 이후 우부승지, 좌부승지, 우승지 등 줄곧 승정원에서만 근무하다가 성종 23년(1492년) 8월 3일 갑자기 세상을 떠난다.

그의 죽음에 대해 사관의 평이 실려 있는데, 여기에 남흔이 승승장구할 수 있었던 결정적인 단서가 들어 있다. '남흔은 부귀한 집 자제로 방탕하며 몸을 단속하지 않았다. 일찍이 처증조(妻曾祖)인 효령대군의 시녀를 간통한 죄로 걸려들어 외방에 정배되었는데, 후에 그의 딸이 궁중에 뽑혀 들어가 숙의가 되자 그가 승지에 제배(除拜)됨에 미쳐 물의가 분분했으나 대간 중에 논박하는 이가 없었다.'

권경우라는 사람은 사간원 사간으로 있었으나 평소 이웃집에 살던 남흔으로부터 술과 밥을 자주 얻어먹어 이렇다 할 논박을 하지 못했다가 주변 사람들로부터 책망을 받기도 했다.

무인 수양대군 대
예인 안평대군

훗날 즉위해 세조로 불리게 되는 세종의 둘째아들 수양대군 이유(李瑈)는 세종이 즉위하기 1년 전인 태종 17년(1417년)에 태어났다. 양녕대군이 폐세자되지 않고 세종이 왕위에 오르지 않았더라면 분명 이유의 운명은 다른 길을 걸었을 것이다. 이 점은 연년생으로 1418년에 태어난 셋째 아들 안평대군 이용(李瑢)도 마찬가지다.

두 사람 다 세종 10년 6월 16일 대군의 작호를 받는다. 이유는 진평대군(晉平大君), 이용은 안평대군(安平大君)이 됐다. 더불어 넷째 이구도 임영대군(臨瀛大君)의 작호를 받았다. 그리고 4개월 후인 10월 13일, 진평대군 이유는 군기시 부정 윤번의 딸과 결혼한다. 11살 때였다. 훗날 정희왕후가 되는 윤번의 딸은 이때 이유보다 한 살 어린 10살이었다.

이용은 세종 즉위 직후인 9월 19일에 태어났으므로 날 때부터 신분이 '왕자'였다. 이용은 형보다 두 달 늦은 세종 11년 1월 20일, 좌부대언 정연의 딸과 결혼하였다.

태종은 세자 이외의 아들들이 공부를 좋아하는 것을 어려서부터 말렸다. 자칫 형제 간에 분란의 소지가 될 수 있다고 본 때문이다. 반면 세종은 자신이 형제들과 우애 있게 지낸 때문인지 이 문제를 보는 시각이 아버지 태종과 달랐다.

세종 12년, 진평대군 이유, 안평대군 이용, 임영대군 이구가 나란히 성균관에 입학했다. 물론 세종의 지시에 따른 것이었다. 안평과 임영은 둘 다 1418년생이었다. 당시 신하들은 세종이 글을 숭상해 이런 조치를 취했다며 "아름다운 일"이라고 감탄했다고 한다. 그러나 그것이 반드시 좋은 교육 방법인지는 생각해 볼 거리를 남겼다.

세종이 이들의 교육에 얼마나 신경 썼는지는 세종 23년 1월 10일, 진양대군(진평에서 함평대군으로 바꿨다가 다시 세종 15년 진양대군으로 바꾸었다) 이유와 안평대군 이용에 대한 교육을 집현전 학사들이 맡게 한 데서도 알 수 있다. 여기서 임영대군은 탈락해 버렸다. 행실에 문제가 많았기 때문이다.

세종은 아들들이 장성하자 점차 정치에 관여토록 한다. 두 사람은 수시로 중신들과 함께 각종 능(陵)을 살피는 일을 수행했다. 정치적 재능은 진양이 한 수 위였던 것 같다. 진양은 이미 세종 17년부터 아버지를 대신해 명나라 사신 접대를 하곤 했다.

세종 23년 6월, 세종은 중추원 지사 정인지에게 중국과 조선의 본받을 만한 정치와 경계해야 할 만한 정치의 사례를 정리한 『치평요람(治平要覽)』을 짓도록 명하면서, 감독 책임을 진양대군에게 맡긴다. 그리고 진양은 이때부터 세종의 중요한 밀명을 받아 해당 신하들에게 전달하는 수석 비서관의 임무를 수행하기 시작했다. 본격적인 정치 수업을 시켰던 것이다. 세종 27년 2월, 진양대군은 수양대군으로 칭호가 바뀌었다. 그리고 같은 해 5월 1일, 세종은 군국의 중대사를 제외한 일체의 업무를 세자에게 넘기겠다는 뜻을 좌의정 황희를 비롯한 핵심 측근들에게 밝히는데, 이때 세종의 뜻을 받들어 정승과 판서들에게 전달한 인물이 바로 도승지 이승손과 수양대군이었다. 이 같은 수양의 '도승지' 업무 수행은 세종이 세상을 떠날 때까지 계속된다.

한편 세종 26년 2월, 세종은 최항, 박팽년, 신숙주, 이선로, 이개 등 집현전 학사들로 하여금 『운회』를 언문으로 번역할 것을 지시하면서 감독 책임을 세자와 진양대군, 안평대군 세 사람에게 맡긴다. 이것을 볼 때 이들 세 아들들은 아버지의 비밀 프로젝트 '훈민정음 창제'에 일찍부터 깊이 관여했다고 할 수 있다.

안평대군은 이때 그 일만 한 것이 아니다. 세종 27년 10월 27일, 3년여에 걸친 작업 끝에 기존 의학서들을 총정리한 365권짜리 『의방유취(醫方類聚)』를 편찬하는데, 안평대군은 도승지 이사철 등과 함께 이 일의 감수를 맡았다. 이 또한 당시로서는 엄연한 정치 행위였다.

한편 세종은 겉으로는 유학자이면서 속으로는 깊은 불심의 소유자였다. 그러나 국왕이라는 위치로 인해 늘 숭불(崇佛) 문제가 불거지면 수세적 입장에서 방어에 급급했다. 이 같은 모순을 세종은 어쩌면 아들들을 통해 풀려 했는지 모른다.

세종 29년 6월 5일, 사간원에서는 훈련 주부 김수온이 서반(무관)에서 동반(문관)으로 발령을 받자 고신(告身)에 서경(署經)을 할 수 없다고 버텼다. 고신이란 직첩(職牒)이라고도 하며 관직의 임명장인 동시에 신분 증명서였고, 서경이란 신원 조회를 겸한 일종의 합의 서명이다. 이유는 김수온의 아버지 김훈이 예전에 불충을 범했기 때문이라는 것이다. 세종은 진노했다. 김수온은 원래는 문과 출신인데 훈련원 주부를 맡아 서반으로 임명되었다가 동반으로 돌아온 데 불과했다. 특히 아버지 문제를 걸어 고신에 서경할 수 없다고 버티자 "조정의 신하로서 그만한 흠이 있는 자가 적지 않은데 그렇다면 너희들은 그들을 다 쫓아낼 셈이냐?"라고 호통을 친다.

평소와 달리 세종이 화를 낼 때는 십중팔구 양녕 문제 아니면 숭불 문제였다. 여기서는 후자였다. 실록은 그 배경을 다음과 같이 풀이하고 있다.

김수온의 형이 출가하여 신미라는 중이 되었고, 수양과 안평 두 사람은 신미를 너무 좋아했다. 두 사람은 신미를 높은 자리에 모셔놓고 무릎을 꿇고 예절을 다했다. 이때마다 김수온이 대군들을 따라 절에 가서 불경을 열람하는 바람에 사람들은 김수온을 비웃었다.

그러나 이런 평가는 엄격한 숭유억불(崇儒抑佛)의 성리학적 세계관을 견지했던 실록 사관들의 평일 뿐이다. 김수온(金守溫, 1409년 태종 9년~1481년 성종 12년)은 세종 23년(1441년) 문과에 급제하여 교서감 정자로 있다가 세종의 눈에 띄어 집현전 학사로 뽑혔다. 이때 『치평요람』 편찬에 참여했고, 승문원 교리로 있으면서 『의방유취』 편찬에도 참여했다. 그가 글을 다루는 교서감이나 승문원에 있었다는 것을 보면 일찍부터 그의 문재(文才)가 뛰어났다는 것을 알 수 있다.

그가 훈련원 주부라는 무관직을 맡았던 것도 군사 업무를 위해서라기보다는 세종이 세상을 떠난 소헌왕후 심씨의 명복을 빌기 위해 석가모니의 일생을 정리한 『석가보(釋迦譜)』를 증수하는 일을 수행하기 위해서였던 것으로 보인다. 문관직에 있으면 불교 관련 일을 하는 게 원칙적으로 어려웠기 때문이다. 후에 수양대군은 이 『석가보』를 훈민정음으로 번역하게 되는데, 그것이 바로 『석보상절』이다.

김수온이 하필이면 『석가보』의 증수를 맡았다는 사실은 그도 불교에 깊은 조예가 있었다는 것을 보여 준다. 실제로 김수온 그 자신도 한 때 회암사에 들어가 머리를 깎고 중이 되려고 했던 적이 있었다. 실록의 평처럼 대군들에게 아첨하기 위해 절을 찾은 게 아니라 실제로 그의 불심도 깊었던 것이다.

그는 세조 즉위 후 공조와 호조판서를 지내는 등 출세가도를 달렸고, 서거정, 강희맹 등과 함께 3대 문사(文士)로 손꼽힐 만큼 글에도 뛰어났다. 실록은 그의 문장이 중국 조정에서도 유명했다고 적고 있다.

김수온 고신 파동이 있던 세종 29년 9월 24일자에는 세종이 얼마나 불심이 깊었던지를 보여 주는 흥미로운 기사가 있다. 세종은 이날 안평대군을 시켜 몰래 대궐 안에 들여왔던 불사리를 원래 있던 흥천사 사리각에 갖다 두도록 밀명을 내린다. 다음 해인 세종 30년 7월 21일에는 생원들이 합동 상소를 올려 "궁 밖에서는 효령대군이 불교를 높이고 안에서는 안평대군이 한마음으로 협력하여 호응하고 있다"며 당장 곳곳에서 벌이고 있는 불사를 중지해 줄 것을 요청했다. 그러면서 지금까지 여러 차례 상소를 올려도 "알았다"고만 하고 답이 없으니 어떻게 하려는 것이냐고 따지듯이 물었다. 이에 대한 세종의 답변은 유머러스하기까지 하다.

"하루에 다섯 통의 상소가 한꺼번에 올라오니 내가 답을 할 수가 없구나."

이 무렵 세종의 몸과 마음은 깊이 병들어 가고 있었다. 세종 26년 다섯째 아들 광평대군, 세종 27년 일곱째 아들 평원대군이 연달아 죽고 세종 28년에는 소헌왕후도 세상을 떠났기 때문이다. 오죽했으면 실록도 "임금의 마음이 기댈 데가 없었다"라고 적었겠는가? 이런 아버지를 위로하기 위해, 세종 30년 8월 수양과 안평은 아버지 침소 옆에 불당을 설치했다가 신하들의 엄청난 비판을 받았다. 실록은 이를 "두 대군의 씻을 수 없는 허물"이라고까지 극언하고 있다.

그럼 수양과 안평의 정치적 위상 차이는 어땠을까?

세종 말년 수양의 정치적 위상이 앞서 본 대로 '도승지' 급이었다면 안평은 '예조판서' 급이었다고 할 수 있다.

자연히 정치 행보는 수양이 앞서 나갈 수밖에 없었다. 세종 28년 3월 24일, 어머니인 소헌왕후 심씨가 한 많은 일생을 마감한 것도 궁궐이 아니라 수양의 집에서였다. 수양은 말년에 사실상 도승지 역할을 하면서 실제 도승지였던 이사철과 돈독한 관계를 맺을 수 있었다.

문종 1년 6월 19일에는 문종이 직접 지은 새로운 병법에 관한 진법서(陣法書)를 내놓으며 수양대군과 정인지, 김종서 등에게 교정을 명한다. 진법서 교정을 맡겼다는 것은 수양이 이 분야에 조예가 깊었다는 뜻임과 동시에 문종의 총애가 그만큼 컸다는 의미이기도 하다. 이어 문종 2년 4월, 문종은 "수양이 음악을 모르는 것이 없다"며 음악을 관장하는 관습도감의 도제조에 임명한다. 종친, 그것도 형제에게 관직을 준다는 것은 너무나도 위험한 일임을 문종은 몰랐던 것일까? 아니면 세종처럼 수양을 믿은 것일까? 신하들의 반대가 이어졌다.

"『속육전(續六典)』에는 종친에게 일을 맡기지 아니함으로써 친족을 친애하는 의리를 보전하였으니, 여기에는 반드시 깊은 뜻이 있을 것입니다. 지금 유(수양대군)를 관습도감 도제조로 삼으니 이것은 선대에 이루어진 법을 무너뜨리는 것입니다."

문종은 단호하게 이를 물리쳤다.

문종 때의 도승지는 강맹경이었다. 강맹경도 수양대군과 친밀한 관계를 갖게 됐고 훗날 세조를 도와 영의정에까지 오르게 된다. 수양대군은 곳곳에 자기 사람들을 심고 있었던 것이다.

안평의 정치 행보도 적지 않았다. 세종 32년 윤1월 29일, 사헌부에서는 이현로와 이적 등에 대한 사면을 철회해 줄 것을 상소했다. 이현로라는 인물에 대해 실록은 "다른 사람이 혹 자기의 뜻에 거슬리면 반드시 오래 두고 슬금슬금 물이 배어 오르듯 참소를 하여 임금께 들리도록 하니 조정의 선비들이 두려워하였다"고 적고 있다. 술수에 뛰어났던 이현로는 안평대군의 사람이었다. 또 이적의 경우 아비를 욕한 죄로 함경도에 유배를 갔는데, 안평 등이 총애하는 신미의 외삼촌이었기 때문에 사면을 받아낼 수 있었다.

문종 즉위년 5월 13일, 정효강이 사간원을 지휘하는 지사에 임명됐다. 이에 대해 실록은 "정효강은 부처에게 아첨하고 안평대군에게 아부해서 이 관직에 임명되니 그때 사람들이 정효강은 간사하며 청관(清官)을 더럽혔다고 하였다"고 평한다. 문종 1년 10월 8일에는 안평이 많은 추종자들을 거느리고 충청도 보은에 있는 복천사를 방문해 폐단이 있다는 상소가 올라온다. 거물들은 아니어도 안평에게 아부해서 관직을 얻으려는 사람들이 수없이 몰려들었던 것만은 사실이다. 안평도 그들을 물리치기보다는 감싸 안았다. 그러나 안평의 힘은 결국은 황보인 및 김종서와의 연결에서 나왔다.

문종은 즉위한 지 2년 만에 39세의 나이로 세상을 떠났다. 이어 열세 살인 단종이 대통을 이었으나 너무 어렸다. 문종 치하에서 폭발 일보 직전까지 갔던 수양 세력과 안평 세력의 충돌은 단종 즉위와 함께 본격화되기 시작했다.

수양대군에게 한명회가 있었다면 안평대군에게는 이현로가 있었다. 훗날 계유정난 때 큰 공을 세우게 되는 무장 홍윤성의 경우, 원래는 이현로의 수하에 있다가 한명회의 수하로 옮겨가서 승승장구 영의정에까지 오르게 된다.

단종 즉위년 윤9월 8일, 세조가 이현로를 구타한 다음 장문의 글을 조카인 단종에게 올렸다. 이유는 이현로가 '북악산 뒤에 궁을 짓지 않으면 정룡(正龍-적장자)이 쇠하고 방룡(傍龍-적장자가 아닌 후손)이 흥한다'는 풍수설을 내세웠기 때문이었다. 이는 곧 태종이나 세종 같은 방계가 임금이 되고 문종이 일찍 세상을 떠난 것을 염두에 둔 것이었다.

그러나 이것은 빌미였다. 실은 그 무렵 마포에 있는 안평대군의 집에 환관 여러 명을 비롯해 30여 명의 조정 인사들이 무리를 지어 모여든 데다가 그 수장이 이현로였기 때문이다.

"이현로가 안평의 파당이 되어 아부하기를 날마다 심하게 하며 항상 몰래 가서 안평을 만나니, 혹시라도 국가에 무슨 일을 일으켜 안평으로 하여금 잘못된 그물에 걸리게 할까 두렵습니다."

아우를 탓할 수 없는 처지였기 때문에 어쩔 수 없이 이현로를 들판에 끌고 가서 구타했다는 것이 수양의 명분이었다.

이런 가운데 이날, 한명회가 집에 누워 있던 이현로를 찾아온다. 한명회와 이현로는 예전부터 알던 사이였다. 한명회가 방에 들어가자 이현로는 누운 채로 "거처가 누추하지만 예전에 사랑하던 사람이니 뭐가 부끄럽겠는가?"라며 맞아들였다. 한명회가 왜 매를 맞게 되었는가, 라고 묻자 이현로는 "수양이 나를 염병처럼 미워하여 반드시 없애 버리려고 하기 때문"이라고 답한다. 한명회가 "도대체 그게 무슨 말인가?"라고 묻자 이현로는 "큰일을 네가 어찌 알 수 있겠는가? 두어 달 지나지 아니하여 저절로 알게 될 것이다"하고 답했다.

더욱 궁금해진 한명회는 "나 같은 포의천부(布衣賤夫-벼슬하지 못한 비루한 사람)는 국사에 참여할 길이 없는데 어찌 그대는 말 한마디를 아껴 옛 친구와 사이가 벌어지려 하는가?"라고 은근히 대답을 유도했다. 이에 이현로는 "너는 포의로서 네 이름을 아는 이가 없어 내가 이미 안평대군에게 추천했으니 한번 가서 뵙는 게 좋겠다. 평생의 길을 얻는 것이 모두 여기에 있다"라고 답한다. 그러나 이미 한명회는 두 달 전 권람의 주선으로 수양대군의 사람이 되어 있었다. 한명회의 선택은 수양이었다.

이때 황표정사(黃標政事)라는 말이 생겨났다. 이것은 임금이 어리다는 이유로 이조와 병조의 당상관들이 의정부와 의논해 세 명의 후보를 올리면서 그 밑에 노란 딱지를 붙이면 단종이 형식적으로 낙점한다 해서 생긴 말이었다. 이 누런 쪽지를 황첨(黃籤)이라고 불렀다. 수양대군 측에서 안평을 비롯해 황보인과 김종서를 비난하는 근거의 하나로 이 황표정사가 종종 인용된다. 어린 임금을 마음대로 좌우하기 위한 수단이었다는 것이다. 그리고 그 배후에는 이현로가 있다고 지목했다.

이런 상황에서 계유정난, 즉 단종 1년 10월 10일의 쿠데타가 일어났다. 결국 현실은 수양이 안평을, 한명회가 이현로를, 정인지가 김종서를 꺾었다. 그러나 역사는 안평과 김종서를 높이 평가하고 수양과 한명회를 가차 없이 깎아 내렸다.

현직 국왕의
친형으로 산다는 슬픔

추강(秋江)에 밤이 드니 물결 차도다.

낚시 드리우나 고기 아니 무는구나.

무심(無心)한 달빛만 싣고 빈 배 저어 오노라.

한명회의 계략으로 세 살 아래 아우인 성종에게 왕위를 넘겨 줘야
했던 월산대군(月山大君) 이정(단종 2년 1454년~성종 19년 1489년)의 절창(絕唱)
이다. 그의 호 풍월정(風月亭)에도 '달'이 들어 있다. 태양이 아닌 달로
서 스스로를 자리매김해야 했던 그만의 고뇌가 고스란히 묻어난다.
학문과 술, 풍류로 달랬다고는 하지만 서른 생을 마친 데서, 금상(今
上-현재의 임금)의 친형으로 산다는 것의 고역(苦役)을 결국은 넘어서지
못한 게 아닐까 감히 추측해 본다.

울억(鬱抑)의 크기로 따지자면 세자로 있다가 아버지에 의해 쫓겨난
양녕대군 이제(1394년~1462년)가 월산대군을 능가할 것이다. 양녕(讓寧)
이란 봉호(封號)도 태종 18년 폐세자될 때 태종이 내려 준 것이다. 라틴
어 경구 'Nomen est omen(이름은 암시다)' 그대로다.

152

'왕위를 양보(讓步)했으니 평안하게 살아라!'

그는 폐세자된 후 주색잡기는 여전했으나 권력에는 거리를 뒀다. 조선 중기의 문신 김시양(金時讓, 1581년~1643년)의 문집 『자해필담(紫海筆談)』에 실린 양녕대군의 시다.

산안개로 아침에 밥 짓고 山霞朝作飯

담쟁이덩굴 사이로 보이는 달로 등불 삼네 蘿月夜爲燈

외로운 바위 아래 홀로 누워 밤새우니 獨宿孤巖下

오직 탑 한 층이 있을 뿐 惟存塔一層

금상의 형님으로 살아야 하는 것은 둘째 효령대군 이보(1396년~1486년)도 마찬가지였다. 다만 울억이 폐세자된 양녕보다는 덜했을 것이다. 조선 후기의 학자 이긍익(李肯翊, 1736년~1806년)이 쓴 『연려실기술(燃藜室記述)』에는 효령과 관련된 일화가 전해진다. 양녕의 실덕(失德)이 계속되자 효령은 장차 자신에게 기회가 올지도 모른다고 생각하여 깊이 들어앉아 삼가고 글 읽기에 몰두했다. 양녕이 효령의 방을 지나다가 그것을 보고는 발로 차면서 말했다. "어리석다. 너는 충녕에게 성덕(聖德)이 있는 것을 알지 못하느냐!" 크게 깨달은 효령은 그 길로 자주 가던 절에 달려가 하루 종일 북을 두드렸다. 그래서 이긍익이 이 글을 쓰던 조선 후기까지도 뭔가 부드럽고 축 늘어진 것이 있으면 "효령대군 북 가죽 같다"는 속담이 있었다. 그 당시 효령이 절의 북을 하도 두드려 북 가죽이 부풀어 오를 만큼 늘어졌기 때문이다. 이후 욕심을 비운 효령은 아흔을 넘어 살았다.

1567년 명종이 후사 없이 세상을 떠나자 조정 중신들은 중종의 후궁 안씨의 손자 하성군으로 하여금 대통을 잇게 했다. 그가 선조다. 선조는 덕흥군의 세 아들 중 막내였다. 그의 두 형 하원군과 하릉군은 '금상의 친형'으로 조용히 일생을 보냈다. 애당초 하원군이나 하릉군 모두 왕위에 오를 가능성은 없었기 때문에 양녕이나 월산 같은 울억은 없었을 것이다.

우여곡절 끝에 선조의 뒤를 이은 광해군(光海君, 1574년 선조 7년~1609년 광해군 1년)이라는 친형이 있었다. 정비인 박씨가 아들을 낳지 못했기 때문에 어차피 후궁(공빈 김씨)의 자식 중에서 왕위를 이어야 한다면 임해군이 서열상으로 광해군보다 우선이었다. 그러나 임해군의 난행을 부정적으로 본 선조에 의해 세자 책봉 때 밀렸고, 결국 임진왜란 때 공을 세운 광해군이 후계자 자리를 차지했다. 하지만 임해군은 권력에 대한 미련을 버리지 않았고, 결국 1609년(광해군 1년) 사사(賜死)되고 만다. 광해군을 내쫓은 인조는 선조와 인빈 김씨 사이의 3남 정원군의 장남이었기 때문에 친형님은 없었다.

1863년 철종도 후사 없이 세상을 떠났다. 조대비와 흥선군(흥선대원군)의 묵계로 흥선군의 열두 살짜리 둘째 아들 이재황(李載晃)이 대통을 이었다. 그가 고종이다. 그에게는 친형 이재면(李載冕, 1845년~1912년)이 있었다. 이재면은 정치에 적극 참여해 이조, 병조의 판서 등을 두루 지냈다. 그는 위험한 줄타기에도 불구하고 노련한 처신으로 천수(天壽)를 보존했다. 그러나 1910년 나라가 망할 때 흥친왕(興親王)으로 책봉돼 친일파로 몰리게 된다.

다시 조선 초다. 정종은 동생 태종 이방원에 의해 왕위에서 쫓겨나 20년 가까이 '형님 상왕'으로 불편한 삶을 살다가 1419년(세종 1년) 세상을 떠났다. 슬하에 15군(君) 8옹주(翁主)를 두었다고 한다.

눈 뜨고 왕위를 놓친 선조의 두 형, 하원군과 하릉군

순회세자가 어려서 세상을 떠나는 바람에 명종의 후사는 적통 중에서는 사실상 끊어져 버렸다. 어머니 문정왕후와 외삼촌 윤원형에게 재위 기간 내내 시달려야 했던 명종은 적통에게 왕위를 계승할 수 없음을 예감하고 영의정 이준경을 비롯한 극소수 조정 대신들과 의논하여 왕실 내에서 몇몇 후보자들을 골라 교육시키기로 결심한다. 겉으로 드러내지는 않았지만 사실상의 제왕학을 가르치려 한 것이다.

명종 21년(1566년) 8월 26일, 명종은 왕실 종친들이 학문을 익히지 않아 무식하고 거칠다고 통탄하면서 왕손 중에서 가능성이 있는 사람들을 골라 학문을 가르칠 것을 명한다. 그러면서 풍산도정 이종린, 하원군 이정, 전(前) 하릉군 이인, 하성군 이균 등 네 명을 지목했다. 하릉군의 경우 '전'으로 되어 있는 것은 아마도 그전에 무슨 일로 인하여 직첩을 회수당했기 때문일 가능성이 크다.

풍산도정(豊山都正) 이종린(李宗麟)의 경우, 도정이라는 직위에서 알 수 있듯 군(君) 아래이다. 조선 왕실의 경우 대군(大君), 군, 도정, 정, 부정(副正), 수(守), 부수(副守), 령(令), 부령(副令) 순으로 직책이 내려간다. 이종린은 중종과 숙의 이씨 사이에서 난 덕양군 이기(1524년~1581년)의 아들이다. 덕양군은 행실이 반듯해 이복형제인 인종, 명종과도 우애가 깊었다. 하원군 3형제는 중종과 창빈(추존) 안씨 사이에서 태어난 덕흥군의 아들들이었으므로 실은 네 사람 모두 '후궁의 손자'라는 동등한 자격을 갖고 있었다. 그러나 결국 명종 비인 인순왕후 심씨와 이준경은 최종적으로 하성군 이균을 선택한다. 그가 바로 선조이다. 이리하여 하원군과 하릉군은 금상의 친형이라는 불편한 신세가 됐다.

선조보다 일곱 살 많은 장남 하원군(1545년~1597년)은 영의정 홍섬의

딸과 결혼했다. 아마 이미 결혼했다는 것도 하원군이나 하릉군에게
는 마이너스였을 것이다. 임금의 부인이 아니라 군의 부인을 '간택'
한데 불과했기 때문이다. 당시 하성군 이균은 열여섯 살로 혼인하지
않은 상태였다. 예상대로 선조 5년(1572년) 9월 14일, 혈기왕성한 20대
후반의 하원군 이정은 사간원의 탄핵을 받는다. 스스로 '왕의 지친(至
親)인데 나에게 어쩌겠는가?'라며 난행을 일삼았다는 것이 죄목이었
다. 같은 날 사헌부에서도 "하원군 이정은 방종스럽고 흉포하여 못
하는 짓이 없어 온 나라가 원수처럼 여깁니다"라면서 하원군을 탄핵
했다. 그러나 선조는 형을 문제 삼지 않았다. 오히려 5년 후인 선조 10
년, 선조는 하원군, 하릉군의 품계를 정1품으로 올릴 것을 명한다. 대
군만이 정1품이었기 때문에 사실상 대군으로 예우하겠다는 뜻이었다.

이후 임진왜란이 한창이던 선조 26년(1593년) 6월 16일, 하원군은 종
친을 대표하여 종실도 문과, 무과를 통해 관리의 길에 들어설 수 있게
해 달라는 상소를 올린다. 권력에의 길을 열어 달라는 것이었다. 실제
로 세조 때만 해도 종친들이 정치에 적극 관여했으나 성종 때 정창손
이 주도하여 종친의 정치 참여를 막아 버렸다. 그러나 선조는 이를 받
아들이지 않았다. 그리고 정유재란이 일어난 선조 30년(1597년) 10월,
하원군은 세상을 떠났다.

하릉군(1546년~1592년)은 하원군과 연년생으로 금원군에게 입양되었
다. 금원군은 중종과 희빈 홍씨 사이에서 난 장남으로, 아버지 덕흥군
과 이복형제 사이였다. 하원군과 달리 하릉군이 특별히 행패를 부리
거나 호가호위(狐假虎威)했다는 기록은 없다. 다만 그는 임진왜란이 나
던 해에 강원도 통천에 고립되었다가 거기서 세상을 떠났다. 금상의
친형으로서의 영예를 누리지 못하고 비참한 최후를 맞았던 것이다.

쫓겨난 적자, 제안대군의 비애

　1469년 스무 살의 예종이 1년 2개월 만에 세상을 떠나면서 왕위 계승 서열 1위는 예종의 아들인 제안대군이 되었다. 그러나 궁중과 조정의 '어른'들이 모든 것을 정해 버렸다. 제안대군은 나이가 네 살인 데다가 할머니 정희왕대비에 의해 "총명하지 못하다"는 낙인이 찍혀, 서열 2위인 의경세자(세조의 장남)의 장남 월산대군은 "건강이 좋지 않아 후사를 얻기가 어렵다"는 이유로 차남 잘산군이 왕위에 올랐다. 물론 그것은 외형적인 이유였고, 결정적인 이유는 잘산군이 당대 최고의 권력가 한명회의 사위였기 때문이다.

　사촌형인 잘산군이 왕위에 오르자 이듬해(1470년) 1월 15일, 한때 원자였던 이현은 다섯 살의 나이로 '제안대군'에 봉해졌다. 사실 그것은 변칙이었다. 이렇게 되면 제안대군은 성종의 아들이 되는 셈이었기 때문이다. 그러나 왕위를 '빼앗긴' 그에게 해 줄 수 있는 최고의 위안은 그것뿐이었다.

　사실 제안대군 이현은 자칫하면 장래에 무시무시한 화근이 될 수도 있었다. 때문에 정희왕대비나 한명회를 비롯한 훈구 세력에게는 최대

고민거리가 아닐 수 없었다. 그렇다고 다섯 살밖에 안 된 아이를 제거한다면 민심의 동요를 일으킬 수도 있었다. 당시 많은 사람들의 기억 속에는 세조가 단종을 죽인 일이 생생하게 살아 있었기 때문이다.

성종 5년 10월 18일, 제안대군은 평원대군 이림의 양자로 입적된다. 평원대군은 세종과 소헌왕후 심씨 사이에서 태어난 일곱째 아들이었다. 이렇게 함으로써 적통의 명분마저 제거됐지만 대신 목숨은 보전할 수 있게 되었다. 나머지는 장차 어른이 된 성종이 어떻게 할 것인지, 그리고 본인이 어떻게 처신하느냐에 따라 결정될 일이었다.

성종 10년 12월 20일, 성종은 정승들에게 제안대군의 부인을 폐할 것을 명한다. 강제 이혼을 지시한 것이다. 대군 부부의 이혼 문제를 국왕에 정승까지 나서 논의하게 된 이유는 간단하다. 성종이 깍듯이 모시는 3전 중의 한 명인 왕대비, 즉 제안대군의 친어머니인 안순왕대비의 뜻이 그러했기 때문이다. 제안대군의 부인이 갑자기 졸도를 하는 등 병이 깊어 간절히 기다리는 손자를 볼 수 없을 것 같아서였다. 칠거지악 중에서 '나쁜 병[惡疾]'에 해당하는 것이었다. 인수대비가 성종을 강제 이혼시켰다면 안순왕대비는 제안대군을 강제 이혼시켰다.

제안대군의 부인은 문성군 유수의 외손녀이자 사도시 정 김수말의 딸이었다. 사도시(司䆃寺)란 궁궐의 미곡(米穀) 출납을 책임지던 기관이다. 두 사람은 2년 전인 1477년(성종 8년), 제안대군이 열두 살 때 결혼했다. 김씨의 외할아버지 유수(柳洙, 1415년~1481년)는 조선 초의 무신으로 무술에 능했다고 기록돼 있다. 세종 때는 세자의 경호원인 세자익위사좌시직(世子翊衛司左侍直)을 거쳐 내금위에서 일했다. 1453년(단종 1년) 계유정난 때 수양대군을 도와 정난공신 2등이 되었고 문성군(文城君)에 봉해졌다. 세조 즉위 후 중추원 첨지사, 호조참의, 경상우도병마절도사 등을 거쳐 의정부 좌참찬에까지 올랐으며, 1471년(성종 2년) 성종의 즉위에 공이 있다 하여 좌리공신(佐理功臣) 4등에 책록되기도 했다.

보다 못한 유수가 자식을 못 낳는다는 이유로 내치면 모르지만 악질이 있다는 이유를 들어 내치는 것은 실상과도 다르다고 항의성 해명을 했지만 성종은 받아들이지 않았다. 3전의 요구가 있었기 때문이다.

가련한 제안대군은 2년 후인 성종 12년(1481년), 평양군 박중선의 딸과 재혼한다. 박중선은 한명회 사람이었다. 따라서 화근을 미리 막으려는 훈구 세력들의 조직적인 모의 끝에 박중선의 딸과 강제 결혼을 하게 된 것으로 봐야 한다. 이런 결혼이 평온할 수는 없다. 이제 제안대군의 나이는 스물을 바라보고 있었다. 왕위를 빼앗긴 것은 그렇다고 쳐도 평생 살을 섞고 살아야 할 부인마저 어머니와 훈구의 뜻대로 내버려 둘 순 없었다.

다음 해 6월 2일, 조정에서는 제안대군이 이혼한 부인과 다시 합쳐 살게 되었다며 이에 대한 처벌 논의가 격하게 벌어진다. 그런데 일주일이 지난 6월 11일, 성종은 형방승지 강자평을 시켜 제안대군의 부인 박씨의 몸종과 유모 등을 국문토록 한다. 내용은 부인 박씨가 몸종 등과 동침을 하고 유모는 억지로 이를 지켜보아야 했다는 것이다. 세종의 며느리 이후 두 번째로 불거진 왕실의 레즈비언 파동이었다. 물론 박씨는 6월 16일, 그런 적이 없다며 무고라고 맞섰다. 열흘 이상 계속된 조사 끝에 일단은 몸종들의 무고로 일단락됐다. 실은 제안대군이 이혼을 하기 위해 벌인 공작이었을 가능성이 더 높았다. 결국 몸종 금음물을 사형에 처하는 선에서 처리된다.

이런 정도였기 때문에 제안대군과 박씨가 정상적인 결혼 생활을 하는 것은 더 이상 불가능했다. 왕위까지 빼앗긴 제안대군의 집요한 요구에 결국 성종도 2년 후인 성종 15년, 김씨와의 복합(複合)을 허락했다. 왕실에서는 거의 유일하게 이혼했다가 다시 재혼하는 일이 발생했다. 결국 박씨는 이혼당한 지 얼마 지나지 않아 병으로 세상을 떠났다. 비정상적인 왕위 계승의 후유증으로 볼 수 있는 대목이기도 하다.

연산군은 이런 제안대군을 동정했고 종친 어른으로 깍듯이 모셨다. 1499년 제안대군의 친모인 안순왕대비가 세상을 떠나자 연산군은 제안대군이 친모의 예로서 장례를 치를 수 있게 배려했고 각종 지원을 아끼지 않았다. 게다가 연산군과 제안대군은 문제의 여인 장녹수로 인해 서로 얽히게 된다. 장녹수는 바로 제안대군의 가비(家婢)였기 때문이다.

제안대군은 어머니가 세상을 떠난 이후 홀로 거처하면서 여색을 끊고 오직 음악에만 묻혀 지냈다. 연산군은 이런 제안대군을 위로하기 위해 음률에 능한 기녀를 여러 차례 보내기도 했으나 제안대군은 받아들이지 않았다. 중종반정이 일어나 중종이 왕위에 오른 뒤에도 그를 깍듯이 모셨다. 1525년(중종 20년) 제안대군이 병으로 세상을 떠났을 때 실록은 졸기(卒記)에서 이렇게 적고 있다.

대군은 예종의 아들로 성격이 어리석어서 남녀 관계의 일을 몰랐고, 날마다 풍류를 베풀고 음식 대접하는 것을 일과로 삼았다. 그러나 더러는 행사가 예에 맞는 것이 있으므로 사람들이 거짓 어리석은 체하는 것이라 하였다.

제안대군은 이 같은 큰 어리석음이 있었기에 천수를 누린 것이 아닐까? 그가 세상을 떠났을 때 나이, 당시로는 많은 편인 60세였다.

연산군 시대 음부 열전

유감동이 세종 때 세상을 뒤집어놓은 '음부(淫婦)'라면 우리가 익히 아는 얼우동은 성종 때의 음부다. 평강 현감 최중기의 부인이었던 유감동은 바람을 피우다 남편에게 버림받자 아예 창기(娼妓)를 자처하며 무려 39명의 전·현직 고위 관리와 관계를 맺었다.

'섹스 리스트'에는 성삼문의 할아버지인 공조판서 성달생도 포함돼 있었고, 심지어 전 남편 최중기의 매부와도 관계를 맺었다. 세종은 고심 끝에 법대로 처리했다. 곤장 100대에 변방의 관비로 내친 것이다.

이에 반해 왕족인 태강수(守) 이동의 아내였던 얼우동은 방산수, 수산수 등 왕족과 조정의 문·무신은 말할 것도 없고 노비와도 관계를 맺는 등 10여 명과 음란을 일삼아 율외(律外)의 형을 받았다. 법대로 하지 않고 사형을 시켰다는 뜻이다. 관계한 남성의 숫자만 놓고 보자면 '죄질'이 유감동에 비해 훨씬 약했는데도 중형에 처해진 것이다.

여기서 수(守)란 왕족에게 내리는 관작으로 정4품에 해당한다. 국왕의 적자(嫡子)는 대군이고 국왕의 서자나 대군의 아들은 군이다. 이런 식으로 대군(정1품), 군(종1품~종2품)을 거쳐 도정(정3품 당상관), 정(정3품 당하관), 부정(종3품), 수(정4품), 부수(종4품), 령(정5품), 부령(정5품)까지 내려가고 나면 공식적인 왕족의 범위에서 벗어난다. 이를 왕의 종친으로서의 맥이 다했다고 해서 친진(親盡)이라고 불렀다. 이제 일반 양반이나 다름없기 때문에 과거를 통해 관리의 길로 나아갈 수 있었다. 정치 참여가 가능해지는 것이다.

연산군 6년(1500년) 6월, 연산군이 아직 음행과 악행의 행보를 보이기 전이었다. 6월 11일 승정원에서는 옥금(玉今)이라는 여인과 이계창이란 남자가 음란한 짓을 맘껏 했다며 연산군에게 처벌을 주청했다. 흥미로운 것은 도승지, 좌승지, 동부승지는 얼우동의 예를 들며 율외로 처벌할 것을 주장한 반면 우승지, 좌부승지, 우부승지는 유감동의 예를 근거로 법대로 처벌할 것을 주장한 것이다.

이 사건은 참으로 엉뚱한 데서 시작됐다. 3월경 김확이란 자가 의금부에 잡혀와 심문을 받았다. 죄목은 누이의 집에 드나드는 이상한 남자를 막대로 후려쳤기 때문이었다. 누이가 바로 옥금이라는 여인이다. 옥금은 경양부수(副守)의 아내였다. 그런데 당시 의금부의 조사 내용이 재미있다. 김확은 어머니의 제보로 이계창이 누이 집을 드나든다는 것을 알고 몽둥이를 들고 찾아갔다. 그런데 정작 경양부수 이귀존이 "왜 죄 없는 사람을 때리느냐"며 김확을 제지했다. 이런 일이 들통 날 경우 부수 자리가 날아가 국가로부터 받은 땅을 빼앗기고 봉록도 더 이상 받지 못하게 될 것을 우려한 때문이었다.

사실 사건만 놓고 보면 유감동이나 얼우동 사건에 비할 바가 못 되는 아주 간단한 화간(和姦) 사건일 뿐이었다. 문제는 남편이 왕족인데다가 간통 상대 이계창도 왕족이라는 데 있었다. 이계창에 관해서는 중종 10년, 아직 제2대 국왕인 정종(定宗)이 묘호를 하사받지 못한 채

공정대왕(恭靖大王)으로만 불리고 있으니 하루빨리 묘호를 올려야 한다는 종친들의 집단 상소 속에서 예산수(守)라고 나온다. 정종은 사실상 그를 임금으로 인정하기 싫었던 태종의 엄명 때문에 이때까지도 그냥 공정대왕으로 불리고 있었다. 정종이라는 묘호는 숙종 때에야 만들어진다.

옥금과 이계창의 간통을 둘러싼 논쟁은 승정원뿐만 아니라 의정부 정승들도 가담하면서 상당히 격렬하게 진행됐다. 좌의정 성준 등은 얼우동의 경우를 따라야 한다며 사형을 주청했고, 서울 시장격인 한성판윤 김응기 등은 "죄가 아무리 중하다고 해도 형률에 죽이지 못하게 돼 있다"며 사형을 반대했다.

결국 6월 18일, 연산군이 결단을 내린다. "근일에 옥금은 사족(士族-양반)의 딸이며 종실(宗室-왕실)의 부인으로서 음욕을 자행하여 풍교(風敎)를 문란시켰으니, 일찍이 예의의 나라에서 이런 일이 있으리라 생각하였겠느냐. 이 일은 여러 사람의 의논을 수합(收合)하여 중형에 처한다."

우리가 아는 '음란군주', '폭군' 연산군의 입에서 나온 말이라고는 믿기지 않을 정도다. 유감동, 얼우동, 옥금을 거치면서 죄질은 점점 약화되는데 형벌은 점점 강화되고 있다.

이틀 후인 6월 20일, 옥금은 교수형에 처해졌다. 남자 잘못 만난 죄라기보다는 임금 잘못 만난 죄 때문에 목숨을 잃은 것이다. 이계창은 관노가 되어 잡역에 종사하다가 6년 후인 연산군 12년 4월 역(役)에서 풀려난다. 그리고 중종 10년, '예산수'라는 직함으로 실록에 딱 한 번 이름을 올리는 것이다.

연산군의 애첩, 장녹수와 전전비

실록에서 장녹수의 이름이 본격적으로 등장하는 것은 연산군이 황음(荒淫)에 빠져 들기 시작하던 연산군 8년(1502년)이다. 같은 해 11월 25일, 실록은 장녹수에 대해 이렇게 서술하고 있다.

장녹수(張綠水)는 제안대군의 가비(家婢)였다. 제안대군은 예종의 외아들로 원칙대로라면 왕위에 올라야 하지만, 한명회의 계략으로 왕위에 오르지 못하고 성종에게 왕위를 넘겨줘야 했던 비운의 인물이다. 녹수는 성품이 영리하여 사람의 뜻을 잘 맞추었다. 처음에는 집이 매우 가난하여 몸을 팔아서 생활했으므로 시집을 여러 번 갔다. 그러다가 제안대군 집 가노(家奴)의 아내가 되어서 아들 하나를 낳은 뒤 노래와 춤을 배워서 창기(娼妓)가 되었다. 특히 노래를 잘해서 입술을 움직이지 않아도 소리가 맑아서 들을 만하였으며, 나이가 30여 세였는데도 얼굴은 16세의 아이와 같았다. 왕이 듣고 기뻐하여 드디어 궁중으로 맞아들였다. 이후 녹수를 총애함이 날로 융성하여 그가 말하는 것은 모두 좇았고, 숙원으로 봉했다. 얼굴은 중인(中人) 정도를 넘지 못했으나 남모르는 교사(巧詐)와 요사스러운 아양은 견줄 사람이 없으므로, 왕이 혹하여 상사(賞賜)가 거만(鉅萬)이었다. 창고의 재물을 모두 그 집으로 보내었고 금은주옥(金銀珠玉)을 다 주어 그 마음을 기쁘게 해서 노비, 전답, 가옥 또한 이루 다 셀 수가 없었다. 왕을 조롱하기를 마치 어린아이같이 하였고, 왕에게 욕하기를 마치 노예처럼 하였다. 왕이 비록 몹시 노했더라도 녹수만 보면 반드시 기뻐하여 웃었으므로, 상주고 벌 주는 일이 모두 그의 입에 달려 있었다.

훗날 반정이 일어나 장녹수와 같은 날 참형을 당하게 되는 전전비(田田非)도 연산군으로부터 장녹수 못지않은 총애를 받았다. 게다가 장녹수와 전전비는 인사 청탁을 받고서 공공연하게 인사에 개입한 점에서도 비슷했다.

반정의 거사가 일어나기 직전인 연산군 12년 8월 23일, 연산군은 후원에서 나인들을 불러 잔치를 베풀다가 갑자기 인생무상을 노래했다. 이때 다른 나인들은 몰래 비웃었지만 장녹수와 전전비 두 사람만은 슬피 흐느껴 운다. 이때 연산군이 두 사람에게 했다는 말이다.

"지금 태평한 지 오래이니 어찌 불의에 변이 있겠느냐마는, 만약 변고가 있게 되면 너희들은 반드시 면하지 못하리라."

그러나 변고는 일어났다. 결국 9월 2일, 장녹수, 전전비 두 숙용과 숙원 김귀비는 참형에 처해졌고 가산은 적몰당했다.

순화군,
악행의 화신이 되다

　선조는 어려서부터 이황, 이이, 기대승 등에게 학문을 익혀 학자 군주의 자질을 갖고 있었지만 아무래도 담력에는 문제가 많았다. 임진왜란이 터졌을 때 허겁지겁 의주로 몽진하는 과정에서 지도자로서의 체통에 큰 손상을 입었던 것이 대표적인 경우다.

　조선과 같은 군주제 하에서 지도자의 담력, 결단력이 발휘되어야 하는 또 다른 분야는 후계 구도의 정리다. 그런데 선조는 여기서도 명확하게 정리하는 모습을 보여 주지 못했기 때문에 결국은 자신의 적통을 이었다고 할 수 있는 영창대군이 죽게 만들었고, 광해군이 다른 형제들을 죽이게 만드는 상황도 자초했다고 할 수 있다.

　물론 선조의 자식들은 대부분 10대 언저리에 7년 전란을 겪었기 때문에 제대로 된 교육을 받을 수 없었고, 극한의 상황에 수시로 노출되었기 때문에 역대의 다른 왕자들과 쉽게 비교하기는 힘든 측면이 있는 것도 사실이다. 그렇다 해도 조선 500년을 통틀어 가장 패악스러운 왕자 트리오가 모두 선조의 아들들이었다는 점은 많은 것들을 생각하게 한다.

선조 40년(1607년) 3월 18일, 선조와 순빈 김씨 사이에서 난 순화군(順和君) 이보가 죽었을 때 실록의 졸기는 이렇게 적고 있다.

이보는 왕자다. 성질이 패망(悖妄)하여 술만 마시면 행패를 부렸으며 남의 재산을 빼앗았다. 비록 임해군이나 정원군의 행패보다는 덜했다 하더라도 무고한 사람을 살해한 것이 해마다 10여 명에 이르렀으므로 도성의 백성들이 몹시 두려워하여 호환(虎患)을 피하듯이 하였다.

임해군이나 정원군보다 못한데도 무고한 사람을 해마다 10여 명씩 죽인 '폭군' 순화군은 임진왜란 당시 임해군과 함께 함경도 쪽으로 피난을 갔다가 왜군 장수 가토 기요마사(加藤淸正)의 포로가 된 그 왕자이다. 임해군과 순화군이 붙잡히는 바람에 조선군은 전란 초기 반격작전을 펼치는 데 말할 수 없는 애로를 겪어야 했다.

인질에서 풀려난 후에도 순화군의 행태는 실망스러웠다. 선조 30년(1597년) 6월 어느 날, 정원군이 하인을 거느리고서 길을 가다가 좌의정 김응남의 하인들과 마주치자 서로 길을 비키려 하지 않다가 하인들끼리 패싸움이 일어났다. 이 싸움을 순화군도 정원군과 함께 말리지 않고 지켜보았다가 사헌부의 탄핵을 받아야 했다.

그러나 이 정도의 일은 앞으로 순화군이 보여줄 연쇄 악행의 서곡에 지나지 않았다. 같은 해 11월 8일, 순화군은 지방을 떠돌다가 '형장(刑杖)을 너무 가혹하게 쳐서 인심이 원망하고 떠나 뿔뿔이 흩어지는 자가 줄을 잇는다' 는 탄핵을 받고 한양으로 불려 온다. 2년 후인 선조 32년(1599년) 3월에는 '순화군이 강가에 나가 살면서 이웃 사람을 타살하였는데, 피살자 가족들이 순화군의 위세에 눌려 감히 소장도 내지 못하고 있다'는 사헌부의 보고가 올라왔다. 그래도 선조는 파직 건의를 묵살하다가, 결국 이듬해 7월 충격적인 일이 터지자 드디어 나름대로 조치를 취한다. 순화군이 친어머니 순빈 김씨를 모시던 궁인을 겁탈한 것이다. 조정에서는 논란 끝에 순화군을 한양에서 멀지 않은 수원으로 유배토록 형량을 정했다.

수원으로 유배를 가서도 순화군은 그해 10월 형장을 늘어놓고 멋대로 형벌을 가해 향리 두 사람이 거의 죽게 만들었다. 결국 3정승이 의논한 끝에 한양으로 불러들여 담을 높게 한 다음 가택 연금에 들어간다. 그러나 수시로 올라오는 보고에 따르면 순화군은 마음대로 집밖을 나다니는 것은 물론이고, 아무나 잡아다가 형벌을 가해 도시 전체가 공포 분위기라는 것이었다. 심지어 생사람의 위아래 이 아홉 개를 작은 쇠뭉치로 때려서 깨고 집게로 뽑는 바람에 피가 목구멍에 가득 차 죽는 일까지 발생했다. 연산군의 행태 그대로다. 결국 선조는 순화군을 파직키로 결심한다. 당시 사관의 평이 인상적이다.

순화군이 궁인을 겁탈하여 죽을죄를 지었는데도 수원으로 유배를 보낸 데 그친 것은 자식을 사랑하는 마음이다. 그리고 백성을 계속 괴롭히자 순화군에게 엄벌을 내렸는데 이는 백성을 사랑하는 마음이다. 백성을 사랑하는 마음이 자식을 사랑하는 마음보다 더하니, 위대하도다.

다만 여러 왕자들 중에서 임해군과 정원군이 일으키는 폐단도 한이 없는데 주상께서 순화군을 책하는 마음을 임해군과 정원군에게는 옮기지 않으니 안타깝기 그지없다.

광해군의 친형이면서도 일찍부터 '난폭하다'는 평가를 받고서 선조의 배척을 받은 임해군은 임진왜란 초 왜군의 포로가 됐다가 풀려난 후 더욱 광포한 성격을 드러냈다. 그는 인조의 아버지인 정원군과 늘 함께 어울려 다니며 악행을 일삼았다. 순화군이 파직되던 무렵 조정에는 임해군과 정원군도 파직시켜야 한다는 상소가 연이어졌으나 선조는 받아들이지 않았다. 선조 39년의 한 상소를 보자.

　임해군이 사가에서 사람을 구타하여 죽이기도 하며 토지와 노비 등을 마구 빼앗고, 게다가 백성을 속이고 방납(防納)하여 사리에 어긋나게 대가를 거두며 종을 시켜 못된 짓을 하게 하여 경외의 여염집을 약탈하니 위세가 미치는 곳에는 원성이 끓어오릅니다.

　정원군도 비슷한 수준이었을 것이다.

소현세자빈 강씨의 저주

    인조가 소현세자와 세자빈 강씨 등을 제거함으로써 왕통은 봉림대군으로 이어지게 되는데, 이때부터 이상하게도 왕실에 아들이 귀해졌다. 효종(봉림대군)의 경우 정비 인선왕후 장씨와의 사이에 1남 6녀를 두고, 현종도 1남 3녀를 두었다. 그런데 흥미로운 것은 인조 때부터 시작해 효종, 현종 모두 후궁을 두는 데 대단히 조심했다는 점이다.

    선조만 하더라도 두 명의 정비와 여섯 명의 후궁이 있었다. 그러나 인조의 경우 두 명의 정비와 한 명의 후궁(귀인 조씨)뿐이었고 효종의 경우 한 명의 정비와 한 명의 후궁(안빈 이씨)을 두었으며 숙종의 아버지 현종은 아예 후궁이 없었고 정비 한 명이 전부였다. 그 이유를 정확히 알 길은 없다. 어쩌면 정통성이 약한 데 따라 신하들의 눈치를 살핀 결과일 수도 있다.

    숙종의 경우도 사정은 크게 다르지 않다. 46년이나 재위했음에도 불구하고 그에게는 희빈 장씨를 포함할 경우 네 명의 정비와 단 두 명의 후궁이 있을 뿐이다. 세 명의 정비는 아예 아들을 낳지 못했고 희빈 장씨가 아들 둘을 낳았는데, 장남은 훗날 경종으로 왕위에 오르지만 나머지 하나는 어려서 죽었다. 영조의 친어머니인 숙빈 최씨의 경우도 아들 셋을 낳았으나 첫째와 셋째는 어려서 죽었다. 그리고 명빈 박씨가 연령군을 낳았지만 연령군도 성인이 되기 전에 세상을 떠난다. 이런 상황을 지켜보면서 숙종은 무슨 생각을 했을까? 혹시라도 인조가 소현세자와 강빈, 그리고 그 집안을 몰살시킨 데 따른 천벌을 받고 있다고 생각지는 않았을까?

사실 우리는 장희빈 문제로 인해 너무나도 쉽게 숙종을 '색을 밝힌 국왕'으로 생각하지만 실상은 전혀 다르다. 당시 신하들은 숙종의 다른 문제는 비판해도 사냥과 여색을 조심하는 데 대해서는 한결같이 찬사를 아끼지 않았다.

훗날의 역사를 보면 숙종의 불안과 걱정은 이유가 없지 않았다. 스캔들과 논란 속에서 희빈 장씨를 잠시라도 정비의 자리에 올리지 않았더라면 자신의 후계는 결국 방계(傍系), 즉 후궁의 자손이 이어 갔을 것이다. 그야 죽어서 몰랐겠지만, 결국 경종으로 대는 끊어지고 조선 왕실은 다시 방계 승통으로 간다.

방계로 경종의 뒤를 이은 영조의 경우도 사정은 마찬가지다. 정성왕후 서씨나 정순왕후 김씨에게서는 자손이 없었다. 결국 훗날 빈으로 추존되는 후궁 이씨의 몸에서 난 아들을 효장세자로 책봉하지만 어릴 때 죽고, 다시 또 다른 후궁 이씨의 몸에서 난 아들을 세자로 책봉하니 그가 바로 비운의 사도세자다.

이후 사도세자의 장남을 세손으로 책봉했지만 일찍 죽어 둘째 아들을 다시 세손으로 책봉하게 되는데, 그가 조선 22대 임금 정조다. 숙종이 걱정했던 주술은 무서울 정도였다. 정조와 정빈 효의왕후 김씨 사이에서도 자손은 나지 않았고, 결국 수빈 박씨와의 사이에서 난 순조가 왕위를 이었다. 순조와 순원왕후 김씨 사이에는 효명세자와 또 한 명의 아들이 있었지만, 세자는 의문사했고 또 한 아들도 어려서 죽었다. 순조가 죽었을 때는 그나마 효명세자의 아들인 헌종이 왕위를 계승할 수 있었지만, 두 명의 정비 사이에 자식이 없었고 후궁도 딸 하나를 낳았지만 어려서 죽었다. 여덟 살에 즉위한 헌종이 스물세 살의 나이로 세상을 떠나자 조선 왕실은 사실상 대통이 끊어진 것이나 마찬가지였다.

명종 때와 사정이 비슷했다. 경종이 죽었을 때는 연잉군(영조)처럼 배다른 형제라도 있었지만 헌종의 경우에는 찾으려 해도 찾을 길이 없었다. 왕실에 남자의 씨가 마르고 있었다.

결국 겨우겨우 찾은 것이 사도세자와 숙빈 임씨(추존) 사이에서 태어난 은언군과 은신군으로, 그나마 가까운 혈육이었다. '강화 도령'으로 유명한 철종은 바로 이 은언군의 손자다. 아마도 이때 왕실에서는 대를 잇기 위해 눈물겨운 노력을 했을 것이다. 그래서 철종은 철인왕후 김씨 외에 여섯 명의 후궁을 두었다. 그러나 김씨가 낳은 아들 하나는 어려서 죽었고 귀인 박씨, 귀인 조씨, 궁인 이씨 등이 아들을 낳긴 했지만 하나같이 다 어려서 죽었다.

철종이 죽자 왕실 사람들은 다시 왕실 족보를 뒤지기 시작했고, 이번에는 은신군의 양자로 입적된 남연군의 손자 익성군이 선택돼 철종의 뒤를 잇게 된다. 그가 바로 고종이다.

숙종이 그토록 우려했던 주술은 역설적으로 마지막 임금인 순종 때에 가서야 풀린다. 고종과 명성왕후 사이에 네 명의 아들이 태어난 것이다. 그중 세 명은 어려서 죽었고 둘째인 순종이 대를 이었다. 그러나 이때는 이미 나라가 망해 가고 있었다. 게다가 순종은 두 명의

'황후'를 맞아들였지만 이들 사이에서도 자식은 없었다. 숙종의 우려는 충분히 이유가 있었던 것이다.

집권 초기에만 해도 숙종은 인조에 의해 사사된 소현세자빈 강씨 문제를 언급할 때 '강옥(姜獄)'이라고 불렀다. 인조의 후궁 조씨에 의해 억울하게 죽었음에도 불구하고 공식적으로는 인조가 내린 조치였기 때문에 효종의 경우 강씨의 신원을 청하는 것만으로도 역률로 다스렸다. 이런 흐름은 자연스럽게 현종을 거쳐 숙종 초반까지 이어지고 있었다.

사실 강씨 문제는 소현세자 문제다. 그것은 할아버지대의 사안이기 때문에 숙종으로서도 민감하지 않을 수 없다. 그러나 말년의 숙종은 관용의 여유를 가질 수 있었다. 숙종 44년(1718년) 3월 25일, 숙종은 대신들을 부른 가운데 강빈의 문제를 생각할수록 "너무나 측은한 마음이 든다"며 신원(伸寃) 문제를 거론한다.

그러면서 그 이유를 구체적으로 설명했다. 우선 강빈의 경우 억울하게 죽었고, 그 아버지 강석기도 이명한이란 사람이 쓴 문집을 읽어 보니 대단히 현명한 재상이었다는 사실을 뒤늦게 알았다는 것이다. 또 『주역』의 「곤괘(坤卦)」에 나오는, '선을 쌓는 집안은 반드시 남는 경사가 있고, 불선을 쌓는 집안은 반드시 남는 재앙이 있다'는 말을 언급하면서 소현세자의 후손인 임창군(臨昌君)의 자손이 번창하는 것도 바로 이 곤괘의 말이 옳다는 것을 입증해 주는 것이라고 말한다. 소현세자에게는 석철, 석린, 석견 세 아들이 있었다. 훗날 셋은 각각 경선군, 경완군, 경안군으로 책봉되는데, 경안군의 장남이 바로 임창군 이혼이다. 숙종의 이 말은 아마도 현종과 자신으로 이어지면서 아들이 많지 않음을 염두에 둔 발언인지도 모른다. 특히 숙종은 아들 문제로 얼마나 큰 고통을 겪어야 했는가?

　이날 숙종은 자신의 마음이 진심임을 재차 확인시키기 위해 며칠 전 자신이 경덕궁 높은 곳에서 바라보이는 소현세자의 사당을 보며 지은 어제시(御製詩) 한 수를 공개한다.

　　혼령 모신 사당을 돌아보니 더욱더 처연하구나.
　　세월은 흘러 광음은 칠십여 년인데,
　　궁주를 어찌하여 아울러 받들지 못하는고?
　　세상 사람 그 누가 마음으로 항상 가련하게 여기는 줄 알리오.

　그리고 마침내 4월 4일, 강빈의 위패와 시호를 회복시키도록 명한다. 강빈의 신원을 주도한 장본인은 바로 숙종 자신이었다.

:: 삼종혈맥에 담긴 깊은 뜻

삼종(三宗)이란 효종, 현종, 숙종을 말한다. 효종, 현종은 각각 외아들만 두었고 숙종에게는 경종과 연잉군(훗날의 영조) 두 아들만이 남아 있었다. 경종이 자식을 낳지 못할 경우 다시 위로 올라가서 왕위 계승자를 찾을 것이 아니라, 삼종의 맥을 잇고 있는 연잉군이 왕위를 계승하는 것이 순리라는 논리를 전개하기 위해 만들어 낸 개념이 바로 이 삼종혈맥(三宗血脈)이다.

경종 1년(1721년) 8월 20일, 연잉군을 지지하던 노론 진영에서는 대비(인원왕후 김씨)의 뜻이라며 삼종혈맥을 근거로 연잉군을 왕세제로 삼는 데 성공한다. 연잉군의 어머니 최씨의 출신 성분이 워낙 미천했기 때문에 자칫하면 경종이 승하한 후 왕통이 연잉군이 아니라 인조의 자식들로 거슬러 올라가, 소현세자의 후손이나 인평대군의 후손 중에서 왕을 고르는 일도 가능했기 때문이다. 이를 원천적으로 봉쇄하는 논리가 바로 삼종혈맥론이었다.

이 삼종혈맥론은 이후 영조, 정조, 순조, 철종으로 내려갈 때까지 비록 정비의 몸에서 난 적통은 하나도 없었지만 나름대로 왕실의 정통성을 지켜 주는 역할을 했다. 그러나 결국 철종이 세상을 떠나면서 삼종의 혈통은 사실상 단절된다. 철종의 뒤를 잇게 된 고종은 인평대군의 후손인데, 훗날 삼종혈맥 쪽으로 입양됐기 때문이다. 삼종혈맥론의 가장 큰 수혜자는 다름 아닌 '무수리의 아들' 영조였다.

궁중 암투의 불씨, 3복

　숙종의 즉위와 함께 어렵사리 기호(畿湖)를 중심으로 한 남인이 집권했지만, 인조반정 이후 서인 집권 50년 동안 늘 소수파로 머물러 왔기 때문에 국정을 운영할 만한 경륜을 갖춘 인재풀이 턱없이 부족했다. 그러다 보니 어설픈 정책 실험들이 이뤄지다가 얼마 안 가 폐지되는 일이 잦았다. 게다가 사실상 처음으로 권력을 잡다 보니 제대로 권력을 다룰 줄도 몰랐다. 권력은 불과 같다. 자칫하면 델 수도 있다. 조심조심 다뤄야 원하는 대로 쓸 수 있는 것이 바로 불과 같은 권력이다.

　남인의 집권과 더불어 힘을 갖게 된 왕실 인물들은 남인과 가까웠던 복창군 이정의 형제들이었다.

　인조와 인렬왕후 한씨 사이에는 6남이 있었다. 첫째가 일찍 죽는 바람에 소현세자가 사실상 장남이었고, 이어 봉림대군(효종), 인평대군, 용성대군 순이었다. 여섯째도 일찍 죽었다. 그중 봉림대군과 인평대군의 자질이 뛰어났는데, 소현세자가 죽자 봉림대군이 대통을 이었다.

　봉림대군보다 세 살 아래였던 인평대군(麟坪大君, 1622년~1658년)이요는 인조 8년(1630년) 대군에 봉해졌다. 그는 한양 종로구 이화동 27번지에 위치한 석양루(夕陽樓)에 거처했다. 1640년 볼모로 심양에 갔다가 이듬해 돌아왔고, 효종 1년(1650년)부터 네 차례에 걸쳐 사은사에 임명되어 청나라에 다녀왔다. 서인들로부터 몇 차례 불온한 혐의의 무고를 받기도 하였으나 친형 효종의 끔찍한 사랑을 받아 목숨을 부지했다. 학문에 소양이 있어 제자백가(諸子百家)에 정통하였고 시, 서, 화에도 능하여 사람들은 종종 그를 세종의 아들 안평대군에 비유하기도 했다. 인평대군은 특히 1645년 소현세자를 따라 왔던 중국 화가 맹영광(孟永光)과 가깝게 지냈다. 그 자신의 작품으로 현존하는 것은 맹영광의 영향을 받은 '고백도(古栢圖)' 등이 있다. 그는 오단의 딸과 혼인해 4남 2녀를 두었는데, 네 아들은 각각 복녕군(福寧君), 복창군(福昌君), 복선군(福善君), 복평군(福平君)이었다. 그중 장남인 복녕군 이욱은 숙종이 즉위하기 전인 현종 11년(1670년), 서른두 살의 나이에 세상을 떠났다.

숙종에게 복창군 3형제는 종친 중 가장 가까웠다. 효종은 인선왕후 장씨와의 사이에 1남 6녀를 두어 현종이 외아들이었기 때문에 현종은 사촌인 복창군 형제들을 친형제처럼 대했고, 청나라에 사신으로 파견하는 등 조정의 중대사에도 참여시켰다. 게다가 숙종도 외아들이었기 때문에 '삼복(三福)'으로 불리던 복창군 형제들은 오촌 아저씨들이기는 하지만 가장 가까운 집안 어른들인 셈이었다.

숙종 1년 3월 12일, 숙종은 외할아버지인 청풍부원군 김우명이 올린 상소라며 영의정 허적에게 검토해 볼 것을 명한다. 상소의 내용은 복창군 형제들이 궁인들과 내통했다는 것이었다. 문제가 된 형제는 복창군 이정과 복평군 이연이었다. 조사 결과 이들은 궁녀들과 관계를 가졌을 뿐만 아니라 자식까지 낳은 것으로 밝혀졌다. 이들과 관계를 가진 나인은 각각 군기시의 서원(書員) 김이선의 딸 상업과 내수사

의 종 귀례였다. 다음날 의금부에서 이들을 문초했으나 승복하지 않
자 숙종은 이들을 풀어 줄 것을 명했다. 이렇게 되면 김우명이 무고한
셈이다. 급기야 숙종의 어머니인 명성왕후 김씨가 나선다. 이미 자신
의 남편인 현종도 복창군과 복평군의 일을 알고 있었지만 형제와 같
이 여겨 크게 문제 삼지 않았을 뿐, 그 일은 명백한 사실이라고 허적
등을 불러 이야기했다. 숙종은 어려서 궁궐 내의 일을 몰랐을 뿐이라
는 것이다. 그리고 죽이지는 않더라도 먼 곳으로 유배를 보내야 한다
며 처벌 방향까지 제시했다. 사실 자전(慈殿–대비)이 국정에 관여하는
것은 있을 수 없는 일이었다. 그러나 자기 아버지의 일이었기 때문인
지, 이날 자전은 숙종과 신하들이 머물고 있는 옆 방에서 큰 소리로
울며불며했기 때문에 숙종이나 신하들도 그 청을 들어주지 않을 수
없었다. 결국 복창, 복평과 두 나인은 유배를 가야 했다. 이때 복창군
이정은 31세, 복평군 이연은 28세였다. 그러나 불과 몇 달 후에 복창군
과 복평군은 석방되어 한양으로 돌아온다. 그만큼 복창군 형제들에 대
한 숙종의 애정은 각별했고, 남인들의 비호도 만만치 않았던 것이다.

  '삼복'은 모두 남인들과 가까웠다. 특히 이때의 사건에 연루되지
않은 복선군 이염은 셋 중에서 지략과 권모술수가 가장 뛰어났다. 실
제로 현실 정치와 관련해 외형적으로는 김석주가, 내부적으로는 복
선군이 숙종에게 가장 큰 영향을 주고 있었다. 서인들이 쓴 『숙종실
록』조차 복선군 이염에 대해 "침착하고 슬기가 있었다"라고 평하고
있으니, 실제로는 그보다 훨씬 뛰어난 인물이었다는 뜻이다. 숙종은
'삼복' 중에서도 복선군을 각별히 좋아하고 따랐다.

  현종 말 숙종 초 궁궐 내의 파워 게임을 이해하려면 '삼복'을 둘러
싼 인맥의 분석이 필수적이다. 효종과 현종의 연이은 사랑과 총애를

받은 복창군 형제들은 궁궐을 내 집 드나들듯 할 수 있었고 세자 시절의 숙종과도 대단히 가까웠다. 게다가 복창군과 복선군은 자신들에게 들어오는 뇌물들을 환관이나 나인들에게 아낌없이 베풀었기 때문에 궁궐 내의 어지간한 정보들은 두 사람에게 집중되었다. 내시 중에서는 세자궁을 담당했던 김현과 그의 부하 조희맹이 복창군 형제의 심복이었다.

또 한 명의 중요한 인물은 어린 시절 숙종의 유모였던 윤 상궁이다. 원래 인조의 궁인이었던 윤 상궁은 당시 권세를 휘두르던 귀인 조씨의 참소를 받아 인평대군의 집에 머물고 있었다. 그런데 윤 상궁은 궁에 있을 당시 세자이던 효종과 각별한 인연을 맺은 바 있다. 당시 세자가 인조에게 수라상을 올렸는데, 귀인 조씨가 은 막대기를 수라상에 있는 생선탕에 꽂으며 "은의 색깔이 변했으니 매우 기이하다"라고 말했다. 세자가 일생일대의 위기에 처한 것이다. 장남도 죽인 아버지 아니던가? 이때 윤 상궁이 나섰다. "열을 받은 탕에 은을 담그면 은의 빛깔이 죽어서 변하지 않을 수 없습니다. 다른 생선탕으로 바로 시험을 해 보면 알 수 있습니다." 인조가 직접 시험해 보니 정말로 그러했다. 세자는 무사할 수 있었다. 그때의 일을 잊지 못하던 효종은 즉위하자마자 윤 상궁을 다시 궁으로 불러들였다. 그리고 "원손(元孫)이 태어나면 반드시 너를 보모로 삼을 것"이라고 말했다. 윤 상궁은 지혜가 많고 서사(書史)에도 통달한 지적인 여인이기도 했다. 또한 오랫동안 인평대군의 집에 있으면서 복창군 형제들을 키우다시피 했기 때문에 서로 모자에 가까운 정을 나눠 갖고 있었다. 게다가 효종의 말대로 어린 숙종의 보모까지 맡은 것이다.

그러나 숙종 6년(1680년) 3월 말, 숙종은 남인을 내몰고 서인을 중용하는 환국(換局)을 전격적으로 단행한다. 4월 4일, 새롭게 대사간에 오른 서인의 유상운 등이 복창군 형제들의 권력 남용 등을 들어 유배를 청하자 숙종은 두말 없이 받아들였다. 그리고 다음날, 정원로와 강만철 등이 충격적인 고변을 올렸다. 영의정으로 있다가 하루아침에 쫓겨난 남인의 영수인 허적의 서자 허견 등이 복선군을 왕으로 추대하려 했다는 것이다. 정원로의 글이다.

신(臣) 정원로는 허견과 더불어 병진년(숙종 2년)부터 비로소 서로 사귀어 정의가 자못 두터웠는데, 작년 정월에 허견이 이태서(李台瑞)와 더불어 신(臣) 강만철의 집에 모여서 복선군을 접견할 일을 더불어 의논하였고, 뒤에 이태서가 갑자기 신 정원로를 초청하기에 신이 나아가니 자리에 한 사람이 있었는데 의젓한 귀인이었습니다. 더불어 서로 이야기해 보니 바로 그가 복선군이었습니다. 다만 한담만 하다가 헤어졌는데, 이태서가 신의 사람됨을 과장하여 일컬었습니다. 뒤에 복선군이 신 정원로의 집에 이르렀고 허견이 또 이르렀으며, 지난 여름에 허견이 글을 보내어 복선군의 집에 오게 하고, 또 청지기 점동(點同)이라고 이름하는 자로 하여금 그 집을 가르쳐 주게 하며 신의 종으로 하여금 편지를 바치게 하였는데, 대개 그 글이 바로 신의 집에 모이기를 기약한 것입니다. 복선군의 답서를 허견에게 전해 보내고 신의 집에 모였는데, 허견이 말하기를, '주상의 춘추가 젊으신데 몸이 자주 편찮으시고 또 세자(儲位)가 없으니, 만약 불행한 일이 있으면 대감(大監─복선군)이 임금 자리를 면하려도 될 수가 없을 것입니다'라고 하니, 복선군이 대답이 없었습니다. 허견이 말하기를, '이제 나라가 장차 망하려는데 반드시 잘 하여야 할 것이며, 당론(黨論)을 마땅히 타파하여야 할 것입니다'라고 하였는데, 신이 듣고는 모골이 송연하여 곧 와서 고하려고 하였으나 주상께서 영상(領相-허적)을 신임하고 존중하시므로 무고했다는 죄를 입을 것을 두려워하여 이제까지 주저하다가 더 이상 숨길 수 없어서 감히 이를 자세히 아룁니다. 그때 왕래한 서찰로 허견의 편지 두 통, 이태서의 편지 한 통 등을 아울러 봉하여 증거물로 올립니다.

강만철은 정원로의 친구이자 허견과 처남매부 사이로, 정원갑의 말이 사실임을 입증하기 위한 증인으로 함께 왔다고 말했다. 곧바로 피비린내 나는 국문이 진행되었고, 대부분 '사실'로 드러났다. 그리고 4월 12일부터 형 집행이 시작된다. 일단 허적은 무혐의로 밝혀져 삭탈관작 후 일반 백성의 신분(庶人)으로 돌아가도록 했다. 허견은 사지가 갈기갈기 찢어지는 능치처참, 복선군은 목이 날아가는 교수형이었다. 그러나 그것은 시작에 불과했다. 숙종은 발본색원(拔本塞源)을 엄명했다.

일단은 허견이 이천에서 훈사 훈련을 하도록 허가한 문제와 관련해 유혁연이 붙잡혀 왔고, 유혁연의 진술에서 복창군이 언급되자 복창군도 잡혀 와 국문을 받았다. 이어 허견 사건과는 무관한 윤휴도 체포되어 결국 사약을 마신다. 윤휴는 사약을 마시기 직전 "나라에서 유학자를 쓰기 싫으면 안 쓰면 그만이지 죽일 것까지는 없지 않은가"라고 항변했다고 한다. 그만큼 억울한 죽음이었던 것이다.

남인의 영수 중에서 허목만이 화를 피했다. 허적과 윤휴는 죽었고 복창군 형제들도 형장의 이슬로 사라졌다. 복평군만이 겨우 목숨을 구했다. 남인들은 처절하게 몰락했다.

왕이 되지 못한 왕의 아버지들

대원군(大院君)이란 왕위를 계승할 적자손(嫡子孫)이나 형제가 없어 종친 중에서 왕위를 잇게 될 때 그 왕의 아버지를 이르는 호칭으로, 선조의 아버지에게 처음으로 부여되었다. 선조가 왕위에 오를 때 아버지 덕흥군은 이미 세상을 떠난 뒤였기 때문에 덕흥대원군으로 추존된 것이다. 아마도 당시 덕흥군이 생존해 있었다면 선조는 명종의 후사로 선정되기 힘들었을 것이다.

그런데 실은 그에 앞서 성종의 경우에도 비슷한 상황이 있었다.

성종의 아버지는 의경세자로, 원래 세조를 이어 왕위에 오르게 되어 있었으나 일찍 죽는 바람에 동생 예종이 왕위를 이었다. 그랬다가 다시 정희왕후와 한명회의 구상에 따라 성종이 예종의 아들 제안대군을 제치고 왕위에 오르면서 죽은 의경세자의 지위가 문제가 되었다. 공론으로 하자면 이미 성종은 예종의 아들이기 때문에 의경세자가 왕으로 추존되어서는 안 되는 것이었다. 그러나 결국 성종은 신하들과의 논쟁을 거쳐 사친(私親) 의경세자를 덕종(德宗)으로 추존했다. 조선 최초의 추존왕(追尊王)이었다.

이 경우, 성종의 아버지는 원래 세자였기 때문에 선조의 경우와 단순 비교를 하는 것은 무리다. 오히려 선조와 비슷한 경우는 인조다. 인조도 선조와 마찬가지로 후궁의 손자로서 왕위에 올랐기 때문이다. 차이가 있다면 선조는 이준경이라는 신하의 도움을 받아 왕위에 오른 반면 인조는 스스로 쿠데타를 일으켜 왕위를 차지했다는 것이다. 그래서인지는 몰라도 인조는 결국 자신의 아버지 정원군을 추존왕으로 높이는 데 성공한다. 원종(元宗)이 그다.

이후 영조의 배 다른 두 아들 진종과 장조(사도세자)가 정조에 의해 추존왕에 오른다. 진종은 원래 영조의 맏아들로, 열 살 때 죽어 사도세자가 세자 자리를 이으면서 정조가 그의 양자로 입적되었다. 그랬기 때문에 정조는 양아버지와 친아버지 두 사람을 추존왕으로 올리는 진기록을 세웠다.

또 헌종의 아버지 효명세자도 문조(익종)로 추존되었다. 이처럼 조선에는 모두 5명의 추존왕이 있다.

그럼 대원군은 몇 명이나 있을까?

조선에는 덕흥대원군 이외에도 두 사람의 대원군이 더 있었다. 바로 철종의 친아버지 전계대원군과 고종의 친아버지 흥선대원군이다. 철종의 경우는 추존할 만한 능력이 없었고, 흥선대원군의 경우 유일하게 당대에 생존해 있었기 때문에 애초부터 추존 운운할 계제가 아니었다.

이런 맥락에서 충분히 아버지 덕흥대원군을 추존할 수 있었음에도 불구하고 끝내 하지 않은 선조의 행동은 주목할 필요가 있다. 선조의 재위 41년 동안 친아버지의 추존을 시도한 적은 단 한 차례도 없다. 실록에도 이 문제와 관련해서 딱 한 번 기록이 나온다.

선조 재위 말년인 1606년(선조 39년) 9월 2일, 김계라는 신하가 글을 올렸다.

전하께서는 효성이 하늘에 사무치고 의리가 밝으시며 또한 황고(皇考-친아버지)를 높여 대원군으로 삼으셨으므로 존숭하는 의리가 지극하시나, 오히려 대왕(大王)으로 추봉하는 예를 빠뜨려 아쉬운 점이 있습니다. 바라건대 전하께서는 태조대왕(太祖大王)께서 선세(先世) 네 임금을 대왕으로 봉하신 것을 생각하고 태종대왕(太宗大王)께서 네 임금의 위호(位號)를 더하신 것을 생각하여, 대원군을 대왕으로 추봉하여 무궁하게 길이 제향하소서.

선조는 이 글을 특별한 언급 없이 예조에 내려 논의토록 했다. 이에 대해 영의정 이하 조신들이 각자 의견을 올렸는데, 한결같이 결론을 자제하면서 "위에서 재결하기를 바란다"라고 했다. 자칫 목숨이 날아갈 수도 있는 문제였기 때문이다. 그러나 선조는 이에 관해 아무런 말도 하지 않았다. 덕흥대원군은 결국 추존왕에 오르지 못했다.

건축과 의례로
왕실의 권위를 되찾다

흥선대원군, 건축의 정치를 펼치다

TV의 사극과 조선왕조실록의 사실(史實)은 너무 차이가 커 당혹스러울 정도다. 최근 드라마화된 성종, 정조, 세종도 그렇지만, 역시 픽션에 의해 가장 심하게 난도질당한 인물은 흥선대원군일 것이다. 흥선대원군은 소설이나 드라마를 통해 파락호(破落戶)의 상징처럼 돼 버렸다. 파락호의 사전적 의미는 '재산이나 세력 있는 집안의 자손으로, 집안의 재산을 몽땅 털어먹은 난봉꾼'이다.

결론부터 말하면 흥선군(아들이 국왕에 오르기 전의 칭호)은 파락호였던 적이 없다.

다만 그런 소문이 야사에 실리고 소설화되고 드라마화된 과정에 대한 나름의 설명은 가능하다. 흥선군은 안동 김씨의 세도 정치가 극에 달했을 때 중인 신분의 '천하 장안'이라는 천희연, 하정일, 장순규, 안필주 등과 어울려 다녔다. 이들은 픽션에서 그리듯 '시정잡배'는 아니었다. 그런데도 시정잡배처럼 묘사된 것은 명색이 군(君)이라는 흥선군이 중인들과 스스럼없이 어울리는 모습이 아무래도 양반 중심의 신

구한말 경복궁 흥선군을 통해 중건된 경복궁은, 일제강점기를 거치며 90%가 훼손되었다.

분제 사회에서는 파격적으로 보였기 때문일 것이다.

흥선군은 무엇보다 '건축의 정치'를 이해했던 인물로 보인다. 아들 고종이 왕위에 오르기 전 흥선군은 오랫동안 종친부의 유사당상(有司堂上)을 맡았다. 종친부는 적어도 명목상으로는 최고의 지위를 갖는 기구였다. 그곳의 유사당상이란 상근 당상관(종3품 당상관)이었다는 뜻이다. 당상관이 가난했다는 말 자체가 어불성설이다. 이 무렵 그는 오히려 먼 인척 관계였던 추사 김정희가 유배에서 돌아와 어려운 생활을 할 때 종종 물자를 대 주기까지 했다.

흥선군 시절 그는 종친부의 기능 확대를 통해 뿔뿔이 흩어져 있던 전주 이씨 중에서 태조 이성계의 후손들을 결집시키려 노력했다. 그는 그 과정에서 거의 허물어져 가던 종친부 건물의 중수(重修)를 시도한다. 종친부 건물의 중수가 곧 종친 세력의 결집이라고 이해했던 것이다. 이 또한 흥선군이 납작 엎드려 안동 김씨 세도가들의 눈치만 살폈다는 픽션과는 일치하지 않는다. 그런데 이때는 아쉽게도 종친부 건물 중수의 뜻을 이루지 못했다. 그의 이 같은 포부는 고종이 집권한 이듬해에야 실현된다.

종친부 강화에 성공한 흥선대원군은 아들이 왕위에 오른 지 3개월도 채 안 된 고종 1년 2월 11일, 비변사(備邊司)와 의정부의 분리를 추진했다. 중종 때 여진족이나 왜적의 침입에 효과적으로 대응하기 위해 설치한 임시 기구였던 비변사는 임진왜란을 거치면서 상설 기구로 자리 잡았고, 그 후 의정부, 6조, 군부 등이 모두 비변사 당상이 되어 집단 지도 체제가 되었다. 오늘날의 계엄 사령부에 가까운 기구가 조선 말까지 이어진 것이다. 특히 안동 김씨처럼 세도를 행사한 세력의 경우 비변사를 권력 기반으로 삼았다. 의정부는 유명무실했던 것이다.

비변사와 의정부의 분리를 명한 지 1년쯤 돼 가던 이듬해(고종 2년) 1월 27일, 의정부에서는 쇠락할 대로 쇠락한 의정부 건물의 보수를 청했다. 물론 여기에도 대원군의 입김이 작용했다. 수렴청정 중이던 조 대비는 기다렸다는 듯이 "의정부 본청 건물뿐만 아니라 부속 건물인 중서당(中書堂)까지 아주 새롭게 중건하라"는 엄명을 내린다. 의정부 중수 공사는 일사천리로 진행된 듯, 3월 28일 조 대비는 "의정부가 새로 건축됐으니 비변사를 의정부에 합치도록 하라"고 명했다. 300년 가까이 이어지던 비변사의 계엄 체제가 해체되고 의정부 중심의 정상적인 정치 체제가 복원된 것이다.

종친부 중수를 통해 종친의 결속을 강화하고 의정부 중수를 통해 안동 김씨의 근거지였던 비변사를 사실상 혁파한 흥선대원군의 '건축의 정치'는 이제 왕권 확립의 상징을 향하게 된다. 비변사를 혁파한 지 열흘도 안 된 4월 2일, 대왕대비는 임진왜란 때 전소(全燒)돼 폐허가 되어 버린 경복궁 중건을 명한다. 종친부, 의정부, 경복궁으로 이어지는 흥선대원군의 치밀한 시나리오에 따른 것이었다. 공사는 백성들의 원성 끝에 40여 개월 만에 끝났다. 그리고 고종 5년 7월 2일, 고종은 경복궁으로 이어(移御)했다. 이로써 '건축의 정치' 프로젝트는 일단락된다.

흔히 대역사(大役事)를 일으키는 제왕은 폭군의 혐의를 덮어쓸 가능성이 농후하다. 그러나 우리 역사를 보면 반드시 그렇지도 않다. 경복궁을 지은 태조, 창덕궁을 지은 태종, 창경궁을 지은 성종, 인경궁과 경덕궁(경희궁의 전신)을 지으려 했던 광해군 등이 조선에서는 '건축의 정치'를 했던 국왕들이다. 광해군이야 논란이 있지만 태조, 태종, 성종을 폭군이라고 할 수는 없다. 특히 국왕이 아니면서도 치밀하게 '건축의 정치'를 구사한 인물로는 흥선대원군이 유일하다. 대원군의 정치 전체는 대체적으로 볼 때 성공했다고 보기 어렵지만 적어도 안동 김씨 세도 정치를 청산하고 왕실의 권위를 되찾는 수단으로써 활용한 건축의 정치는 크게 성공을 거두었다고 할 수 있다.

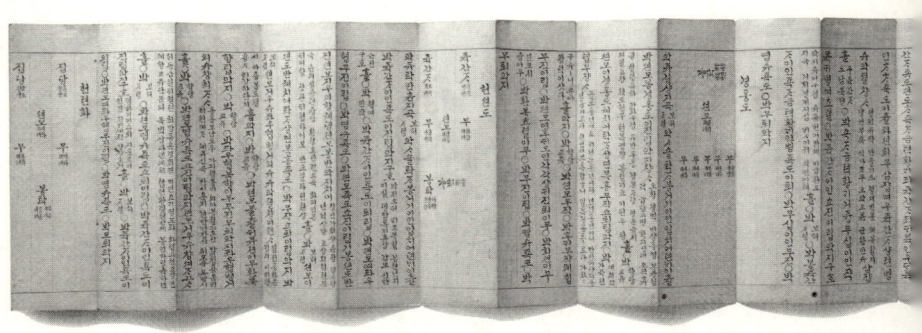

『정재무도홀기』 궁중의 춤인 정재의 절차를 기록한 문서, 조선 1893년, 필사본 (국립중앙박물관)

'의례의 정치'를 꿈꿨던 순조의 아들 효명세자

효명세자는 순조 9년(1809년) 8월 9일 오후 4시경 창덕궁 대조전에서 탄강(誕降)했다. 스무 살 순조와 순원왕후 김씨 사이에서 태어난 효명세자는 숙종(1661년생) 이후 150년 만에 나온 적장자 세자였다. 그 사이에 있었던 경종, 영조, 효장세자, 사도세자, 정조, 순조 모두 후궁 소생이던 것이다.

정비 소생 세자와 후궁 소생 세자는 그 위엄이 생래적으로 차원을 달리할 수밖에 없었다. 만일 그가 죽지 않고 오래 살아 선정을 펼쳤다면 숙종에 버금가는 인물이 되었을 것이다. 그런 면모는 3년 간의 대리청정 기간에 충분히 드러나게 된다.

세자의 성품은 직선적이었다. 학식 또한 신하들에게 밀리지 않을 수준을 갖추고 있었다. 세자가 자신에게 부여된 권력을 정당하게 행사하는 한 외척 권세가들이라 하더라도 어찌할 수가 없었다. 군군신신(君君臣臣), 임금은 지존이었고 신하는 신하일 뿐이었다. 그들로서는 세자의 눈빛 하나, 손짓 하나, 숨결 하나까지 그저 숨죽인 채 지켜보는 수밖에 없었다.

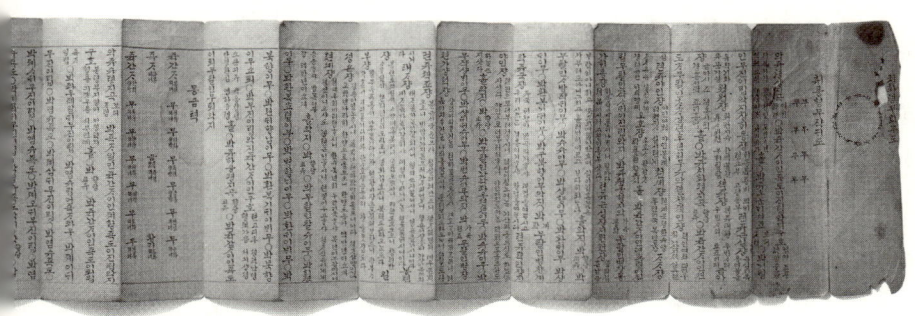

위풍당당(威風堂堂). 대리청정하면서 보여준 세자의 모습이다.

효명세자는 그 누구보다도 예술, 그중에서도 춤과 음악에 탁월한 조예를 가졌던 인물이다. 최근 학계에서는 효명세자가 궁중무용이라 할 수 있는 정재(呈才)를 통해 왕실의 위엄을 확보하려 했다는 데에 주목하고 있다. 학계의 자료에 따르면 효명세자는 대리청정 기간 동안 "전례 없이 화려한 황제식 궁중 연향들을 벌이면서 궁중 무용의 창사와 가사를 직접 짓고 연향에 쓰이는 치사와 전문을 직접 지어 올렸으며, 이름만 남은 옛 정재들을 자신의 악장으로 되살려 내고 연향의 규모를 확대하여 왕실의 위엄을 한껏 드러내는 화려한 정재와 연향의 양식을 확립"했다는 평가를 받는다. 또 "그가 정재 창작과 궁중 연향에 대해 보였던 각별한 관심과 참여는 그가 궁중 의식과 춤을 왕권 강화를 위한 고도의 정치적 수단으로 다루었기 때문이다. 그는 대청을 시작한 지 3일 만에 자신의 하례식 절차가 잘못되었다는 이유로 안동 김문 계열의 전, 현직 예조판서들을 감봉 처리하는 것을 시작으로 자신의 대리 청정 말기에 이르러서는 안동 김씨 세력을 정치적으로 거의 제거"했다. 그러나 3년여 만에 의문의 죽음을 당함으로써 그가 보여주려 했던 '의례와 춤의 정치'는 미완으로 끝나고 말았다.

제4장

왜 우리는 명신보다 충신을
기억하는가?

왕을 이끌고 돕고, 때로는 배반한 신하들을 살펴보다

현대사 수십 년 동안 폭정의 시대가 이어지면서 우리는 명신보다 충신에 더 주목할 수밖에 없었다. 명신이 유능한 인재라면 충신은 도덕적으로 뛰어난 인물이다. 하지만 국리민복과 부국강병을 위한 방책을 내놓고 꾸준히 실천한 인물들이 충신, 간신의 이분법 때문에 평가절하되고 있는 사실은 바람직하지 않다. 현실의 역사, 역사의 현실 속에 좀 더 깊이 몸을 담갔던 명신들을 재조명하는 작업은 그래서 늦었지만 필요하다.

충신과 간신을 논하다

조선시대 때 충간(忠奸), 즉 충신과 간신의 문제가 본격적으로 제기된 것은 성종 때에 와서다. 그 이전까지는 왕권이 강성했기 때문에 감히 신하들이 충신, 간신이나 군자, 소인을 입에 올릴 수 없었다. 충간과 군(君), 소(小)를 판별하는 것은 오로지 군왕의 고유 권한이었다.

성종 8년 9월 5일, 사헌부 지평 김언신이 성종 면전에서 동료 관리 현석규를 비판하면서 '음험하다'라고 표현했다. 그때까지만 해도 이런 표현을 쓰는 것은 위험천만한 일이었다. 사실을 넘어선 판단이 개입돼 있고, 또 그 순간 현석규의 '음험함'을 알아보지 못한 성종은 한심한 인간이 되기 때문이다.

성종은 일단 "음험하다면 현석규가 소인이란 말이냐?"라고 물었다. 성미가 급한 김언신은 "음험하면 소인"이라며, 한걸음 나아가 "전하께서 이 사람의 간사함을 살피시지 못하니 그것이 근심"이라고 직격탄을 날렸다. 성종은 분을 참으며 재차 물었다.

"그대가 현석규를 소인이라 하는가?"

"참으로 소인입니다."

스무 살을 갓 넘긴 성종도 만만치 않았다.

"어떻게 아느냐?"

"현석규의 용모를 보면 압니다."

"얼굴만으로 마음을 아는 것은 성인도 어려운데 하물며 네가 그것을 안단 말인가?"

"알 수 있습니다."

성종의 분노가 폭발했다.

"네 말대로라면 내가 소인 현석규에게 농락당했다는 말인데, 그 동안 왜 말하지 않았는가?"

"그동안은 언관이 아니어서 말씀드리지 못했을 뿐입니다. 조정 대신들은 현석규가 소인이라는 것을 다 알고 있습니다."

불똥이 대신들로 튀었다.

"그대들은 현석규가 소인이라는 것을 알면서도 나에게 말하지 않았는가?"

이 자리에서 현석규를 소인이라고 인정할 대신들은 아무도 없었다. 결국 성종은 김언신이 자신을 속인 것이라며 사형을 명한다. 그러나 김언신이 끝까지 자신의 주장을 굽히지 않자 죽음을 불사하는 기개를 높이 사 특별히 용서해 주었다.

이처럼 신하들이 충신, 간신, 군자, 소인 운운하는 것 자체가 조선 초까지만 해도 목숨이 달린 문제였다. 그러나 성종의 배척을 받았던 유자광을 비롯해 임사홍 등 간신들이 연산군 때 이르러 득세하고 결국 반정(反正)이 일어나 어린 중종이 즉위하면서 군자·소인론은 정치 투쟁의 수단으로 전락한다.

이때부터 사림이 득세하게 되는 선조 때까지는 훈구와 사림의 피

튀기는 투쟁기였고, 후세에 역사의 붓을 잡았던 사림들은 훈구의 대표격인 남곤, 심정, 김안로를 중종 때의 대표적인 간신으로 기록했다. 이들은 단순히 간신이라기보다는 권간(權奸)이었다. 중종조차도 어찌할 수 없는 파워를 행사했기 때문이다.

특히 남곤, 심정, 김안로는 모두 젊어서는 사림의 길을 걷다가 세파의 시련을 거치면서 훈구의 행태를 보였다는 점에서 인생무상을 보여 주기도 한다. 중종 때 이 세 사람이 일으킨 기묘사화는 조광조를 비롯한 사림들에게 치명적인 타격을 안겨 주었다.

사림들은 인종에게 기대를 걸었으나 재위 후 1년도 채우지 못한 채 사망했고, 그 후 문정왕후가 섭정하게 되는 명종 시대가 열렸다.

명종 시대에는 시작부터 사화가 일어났다. 바로 을사사화(乙巳士禍)다. 을사사화는 문정왕후를 중심으로 한 윤원형의 소윤(小尹) 세력이 인종의 외삼촌이었던 윤임의 대윤(大尹) 세력을 제거하는 과정에서 대윤에 온정적이었던 사림들이 죽거나 박해를 받아야 했던 사건이다. 윤원형이야 애당초 문정왕후의 친동생이므로 간신, 권간 운운할 필요가 없는 실세였다. 오히려 사림에 속했다가 윤원형에게 의탁한 정순붕, 이기, 임백령, 허자 등이 더 앞장서 사화의 참혹성을 더하는 '간신'의 대열에 합류했다.

사림들은 사화 없는 세상을 간절히 원했다. 마침 명종이 후사 없이 세상을 떠나자 영의정 이준경을 중심으로 한 조정 중신들은 왕실 종친 중에서 가장 영명한 이를 골라 왕위를 잇도록 했다. 신하들이 어려서부터 제왕학을 잘 교육시킨다면 더 이상 사화의 고통을 당하지 않을 수 있다고 보았기 때문이다. 이렇게 해서 고른 이가 선조다. 그러나 조선 건국 이래 처음으로 후궁의 손자가 왕위를 계승했기 때문에 선조의 정통성은 취약했다. 신하들의 발언권이 강해졌다.

조선 초만 해도 당파를 지으려는 조짐만 있어도 일망타진당했으나 선조 때에 오면 신하들이 노골적으로 당파를 지었다. 선조의 무력함과 사림들의 분열주의가 만난 것이다. 당파가 생기니 서로 상대당을 소인당(小人黨)이라 매도하고 스스로를 군자당(君子黨)이라 자처했다.

사정이 이렇게 되니 중종 때나 명종 때처럼 적어도 식자들이라면 공인하는 간신이나 권신이 없어지고 패가 나뉘어 상대 당 사람들은 모두 간신이라고 비방하는 국면이 전개됐다. 왜란과 호란 속에서도 당쟁은 없어지기는커녕 더욱 심화했고, 그 사이에 또 한 차례의 반정(인조반정)까지 일어났다. 당쟁은 사생결단식으로 격화됐다. 백성의 삶과 유리된 군자, 소인 논쟁이 도대체 무슨 의미가 있었을까? 묻고 보니 조선을 향한 질문만은 아닌 듯하다.

:: 효령대군의 손자사위, 현석규

현석규는 누구인가?

현석규(玄碩圭, 1430년~1480년)는 길거리에서 세종의 눈에 띄었다. 효령대군의 집으로 행차 중이던 세종이 그의 모습을 기이하게 여겨 효령대군의 집에까지 불러 직접 나이를 물어보니 17세라 했고, 장가는 들었느냐고 묻자 아직 들지 않았다고 답했다. 작자 미상인 『소대기년(昭代紀年)』이라는 책 속의 야사에 따르면 이때 세종이 경사(經史)에 관해 묻자 그 대답하는 것이 물 흐르는 듯했다고 한다. 이에 세종은 곧바로 효령에게 이렇게 말한다.

"이 아이가 반드시 그 집안을 크게 일으킬 것이니, 비록 지금은 한미한 집안 출신이지만 장상(將相)이 어찌 씨가 있겠습니다. 바라건대 형님은 이 아이를 사위로 삼으십시오."

이에 효령대군은 아들 서원군(瑞原君)의 딸로 아내를 삼게 했다. 실제로 현석규는 세조 6년(1460년) 문과에 급제해 관리의 길에 들어섰고 성종 5년 도승지에 올랐으며 대사헌, 형조판서 등을 거쳐 훗날 의정부 우참찬에까지 오르게 된다. 평안도 관찰사로 재직 시에는 선정을 베풀어 임기가 끝나자 백성들의 청원으로 1년 더 재직하기도 했다. 다만 실록의 사관에 따르면 그는 분명 "재주가 있고 사리에 밝으며 업무 능력이 뛰어난 것"은 사실인 듯하나 지나치게 성종의 비위를 맞추려 해서 동료들의 비난을 샀던 것 같다. 그러나 함부로 소인이자 간신의 범주에 넣을 인물은 결코 아니다.

왜 조선은
정도전을 버렸는가?

1865년(고종2년) 9월 10일, 우리가 흔히 조대비라고 부르는 대왕대비가 특명을 내렸다. 정도전에게 특별히 훈봉(勳封-개국공신)을 회복해 주고 시호(諡號)를 내려 주라는 것이었다. 정도전은 1398년 1차 왕자의 난 때 왕자 이방원에게 목이 날아간 지 무려 467년 만에 드디어 명예 회복을 할 수 있었다. 그것은 곧 467년간 조선 사회에서 정도전이라는 이름 석 자는 배척의 대상이었다는 뜻이다.

우선 왜 이때 어린 고종을 왕위에 앉히고 섭정을 하던 조대비가 정도전의 훈봉을 회복해 주었는지 그 맥락을 알 필요가 있다. 그것은 실은 조대비의 작품이 아니라 조대비를 뒤에서 움직이던 흥선대원군의 결정이었다. 경복궁 복원을 통해 왕실의 권위를 회복하려던 구상을 갖고 있던 흥선대원군은 경복궁 복원에 맞춰 경복궁과 떼려야 뗄 수 없는 인연을 갖고 있던 정도전의 명예를 회복시켜 줌으로써 경복궁 복원의 의미를 더 높이려 했던 것이다. 즉 467년 동안 어느 임금도 하지 못했던 정도전의 정치적 복권을 단행함으로써 자신이 경복궁 복원에 얼마나 큰 정치적 비중을 두고 있는지를 내외에 과시하려는 계산이었다. 이처럼 정도전은 뜻밖에도 자신이 전각의 이름을 지었던 경복궁 덕분에 조선 말기에나마 음지를 벗어나 양지로 나올 수 있게 되었다.

그러면 467년 동안 정도전은 어떤 대접을 받았는가? 우선 그를 죽인 태종이 정도전과 관련해 어떤 조치를 취했는지를 살펴보자. 1차 왕자의 난이 끝난 바로 다음날부터 정도전의 이름 앞에는 '개국공신' 대신 '간신'이란 수식어가 따라다녔다. 난에서 유일하게 살아남은 정도전의 아들 정진(鄭津)은 그나마 죽이지 않고 전라도 수군(水軍)에 편입시켜 감시토록 했다. 원래 정도전에게는 네 아들이 있었다. 정유와 정영은 변고가 생겼다는 말을 듣고 아버지를 구하러 가던 중 이방원 쪽 병사들에게 피살되었고, 정담은 아버지의 죽음을 전해 듣고는 스스로 목에 칼을 찔러 자살했다. 유일하게 살아남은 아들이 정진이었다.

마침내 왕위에 오른 태종 이방원은 수시로 개국 당시 상황을 언급하며 정도전을 폄하했다. 태종 3년(1403년) 8월 6일, 태종은 신하들과 옛 이야기를 하던 중 이렇게 말한다.

"이씨(李氏)가 개국한 공(功)은 오로지 조준과 남은에게 있다. 정도전은 언사(言辭)를 잘하여 공신의 열에 있었는데, 그가 공신이 된 것은 또한 당연하나, 공으로 논하면 마땅히 5, 6등 사이에 있을 것이다."

그러면서 다시 한 번 남은을 언급하며, "만일 남은이 살아 있다면, 어찌 즐겁지 않겠는가?"라고 안타까움을 표한다. 그러나 아무리 태종이라 하더라도 정도전을 완전히 무시하는 것은 이치에도 맞지 않고 불가능한 일이었다. 결국 태종은 개국공신에서 정도전을 배제하는 것 외에는 정도전 가족들에 대해 유화적 태도로 일관했다. 수군에 있던 정진은 성실한 인품을 인정받아 태종 7년(1407년) 나주목사로 기용됐다. 또 태종 9년(1409년) 8월 19일, 정도전의 동생 정도복(鄭道復)을 인녕부 사윤이라는 관직에 임명한다. 높은 관직은 아니었지만 상징적인 조치였다. 그러다가 2년 후인 태종 11년 8월, 정도전이 권력을 쥐고 있을 당시 '횡포'가 뒤늦게 문제가 되자 태종은 "정도전의 자손을 금고(禁錮)하라"고 명한다. 후손들의 관직 진출을 금지한다는 뜻이었다. 그러나 5년 후인 태종 16년 6월 10일, 태종은 "정도전의 자손에 대한 금고를 해제하라"고 명을 내리고, 이어 6월 26일에는 수군에 편입돼 있던 정진에게 직첩을 돌려줄 것을 명한다. 금고가 해제되었다는 뜻이다. 다시 한 달 후에는 정도전의 손자인 정래(鄭來)와 정속(鄭束)에게도 직첩을 돌려준다. 적어도 자손들의 벼슬길은 터 준 것이다. 정진의 경우 이후 평안도 관찰사, 공조판서 등을 거쳐 세종 때인 1425년에는 형조판서에까지 오르게 된다. 태종 때 정해진 정도전에 대한 애매한 조치, 즉 후손들에게는 제약을 주지 않되 정도전 본인의 명예는 철저하게 무시하는 조치는 이후 하나의 국시(國是)처럼 되어 조선 말까지 이어지게 된다.

정도전의 손자이자 정진의 두 아들인 정래와 정속은 크게 현달하지 못했지만 정속의 아들 정문형은 훗날 연산군 때 정승에까지 오르게 된다. 정문형(鄭文炯, 1427년 세종 9년~1501년 연산군 7년)은 세종 29년(1447년) 문과에 급제해 관직에 길에 나섰고, 세조의 즉위에 공을 세워 좌익원종공신(佐翼原從功臣) 2등에 책록되었다. 행실에는 문제가 있어 여러 차례 관공서에 기생을 불러들여 음주를 하다가 장형을 받기도 했다. 그러나 성종 때 관운이 트여 평안도 강원도 관찰사를 거쳐 형조, 이조, 호조판서를 두루 지냈고, 연산군 2년(1496년)에는 우의정에까지 오르지만 사림들의 견제를 받아 곧바로 물러나야 했다. 그리고 연산군 4년(1498년) 무오사화 때는 조정 대신들과 함께 김종직(金宗直)을 대역죄인으로 논단하고 부관참시할 것을 주장했다.

정도전에 대한 세종의 인식은 간단했다. "정도전의 반란을 태종이 진압했다." 아버지의 생각을 그대로 이어받은 것이다. 이런 인식은 이후 "정도전이 어린 왕자를 내세워 나라의 운명을 옮기려 하자 태종이 군사를 일으켜 사직을 안정시켰다"는 논리로 정리되어 정도전의 복권 운운할 여지는 점점 더 사라졌다.

정도전이란 이름은 점점 더 기피의 대상이 되어갔다. 광해군 9년 (1617년) 12월 24일, 예조좌랑 기준격이 상소를 올려 좌참찬 허균이 역모를 꾸몄다는 상소를 올리는데, 여기에 이런 대목이 나온다.

허균은 정도전을 흠모하여 항상 '현인(賢人)'이라 칭송했고, '동인시문(東人 詩文)'이라는 시집을 편찬하면서 정도전의 시를 가장 앞에 뽑았습니다.

정도전을 현인이라고 부른 것이 역모의 정황 증거가 되고 있는 것이다. 이에 대해 허균은 해명 상소를 통해 자신은 정몽주의 집을 방문하고서 쓴 시에서 정도전을 극력 배척했다고 반박했다. 정도전의 시를 가장 앞에 뽑은 것은 그 사람이 개국 초기의 인물이라 순서상 그렇게 된 것이지, 좋아하는 순서를 편찬한 것이 아니라고 반박했다.

실은 그에 앞서 선조 때 정여립의 난으로 피바람이 불 때 '길삼봉 (吉三峯)'이라는 미지의 반란 지도자가 누구인지를 놓고 한동안 논란을 빚은 적이 있다. 이때 사헌부 지평을 지낸 최영경이라는 인물이 길삼봉으로 지목되어 의금부에서 모진 고문을 당한 끝에 죽게 된다. 그때 최영경이 억울하다며 이렇게 말했다.

"삼봉은 결단코 저의 별호(別號)가 아닙니다. 정도전의 호가 삼봉인데 어찌 그것이 답습할 호이겠습니까?"

정도전은 시간이 흐를수록 태종의 조치를 뛰어넘어 반란과 역적의 상징이 돼 버린 것이다. 현종, 숙종 때는 정도전과 마찬가지로 군신공치의 이상을 견지했던 송시열마저 정도전을 언급할 때는 반드시 그 앞에 '간신'이라는 말을 붙였다. 이후 정조, 순조, 헌종, 철종 때는 실록에 정도전이라는 이름이 단 한 번도 나오지 않을 만큼 완전히 잊혀진 존재가 돼 버렸다.

고종 2년 흥선대원군의 결정은 이런 오랜 역사를 뿌리에서부터 뒤흔드는 하나의 '결단'이었다. 사람들이 거기서 느낄 비장함을 이미 흥선대원군은 예감하고 있었는지 모른다.

고종 5년(1868년) 7월 2일 경복궁으로 이사 간 고종은 공식적으로 정도전의 무덤에 지방관을 보내 제사할 것을 명한다. 그리고 고종 8년 3월 16일에는 정도전에게 문헌공(文憲公)이라는 시호도 하사했다. 이로써 정도전은 마침내 명실상부하게 정치적 복권이 될 수 있었다.

명신 하륜의 국토 개조 계획
"운하를 건설하라!"

태종 10년(1410년) 10월 13일, 태종은 느닷없이 "전국의 기생들을 없애라!"는 명을 내렸다. 아마도 세자의 기생 탐닉이 심해지니 그것을 원천적으로 막아 보자는 발상이었던 것 같다. 이 황당한 명에 거의 모든 신하들이 경쟁적으로 "지당하신 분부"라고 맞장구쳤지만 오직 한 사람, 영의정 하륜(河崙, 1347년~1416년)만이 절대 불가하다고 맞섰다. 너무나 비현실적이었기 때문이다. 이에 태종도 웃으며 자신의 기생 철폐안을 철회했다. 하륜에 대한 태종의 총애는 그만큼 깊었다.

태종과 하륜의 인연은 하륜의 계산된 도발로 맺어졌다. 성현의 문집 『용재총화』에 전하는 일화다. 조선 개국 초 정도전의 미움을 받던 하륜은 충청도 관찰사로 발령받아 외지로 나가게 됐다. 하륜의 집에서 환송연이 열렸을 때 불우한 시절을 보내고 있던 정안공 이방원도 그 자리에 참석했다. 이방원이 하륜에게 술을 부어 주려는데 하륜이 취한 척하며 상을 엎어 버렸다. 옷이 더러워진 이방원은 크게 화를 내며 자리를 박차고 나갔다. 하륜은 곧바로 "왕자에게 사죄를 해야겠다"며 자리에서 나와 이방원의 집까지 따라갔다. 이방원은 무슨 일이

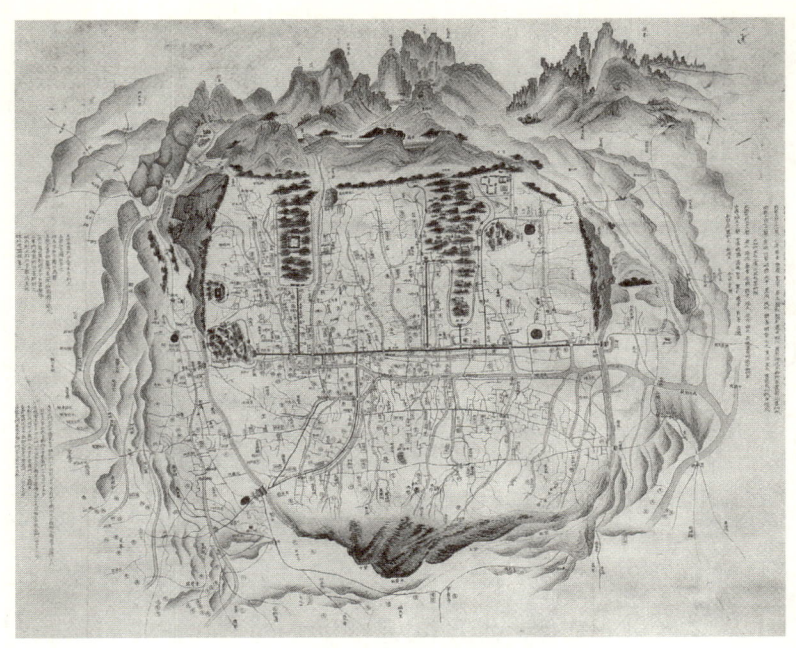

「**한양 도성도**」(국립중앙박물관)

냐고 물었고, 하륜은 곧 나라에 위태로운 환란이 있을 것이니 선수를
쳐야 한다고 아뢰었다. 제1차 왕자의 난은 이렇게 해서 곧바로 실행
에 옮겨져 이후 태종이 왕위에 오를 수 있었다. 관상에 조예가 깊었던
하륜이 일찍부터 이방원에게서 왕기(王氣)를 읽었기 때문이다.

　하륜은 풍수에도 일가견이 있었다. 끝내 관철시키지는 못했지만
그는 한양 천도 및 모악산 궁궐 수축론의 주창자였다. 태조가 지금의
경복궁 자리를 고수했지만 태종은 왕자의 난을 거치면서 일단 수도
를 개경으로 환도한 바 있다. 이때 하륜은 줄기차게 한양 재천도를 주
장했고, 궁궐도 지금의 연세대 인근 모악산 아래로 해야 한다고 보았
다. 논란이 끝없이 이어지자 태종은 개경과 현재의 북악산 아래, 그리
고 하륜이 내세우는 모악산 아래 등 세 가지 안을 놓고서 동전점을 쳤

다. 점이라고 할 것도 없고, 각각에 대해 삼세 번 동전을 던져 앞면이 세 번 중 두 번으로 가장 많이 나온 지금의 경복궁 자리에 본궁을 완성하고 한양으로 재천도키로 결정된 것이다. 하륜은 국운의 융성과 관련해 모악산 궁궐론이 관철되지 못한 것을 늘 아쉬워했다.

사실 태종을 제외하고는 가장 많은 권력을 누린 '천하의 하륜'이었지만, 그는 '운하' 문제에서도 제대로 뜻을 펼치지 못했다. 태종 12년, 지금의 청계천 공사를 관철한 하륜은 곧바로 충청도 태안군 순제라는 곳에 운하 건설을 추진했다. 태안반도 주변은 암초가 많은 바다였기 때문에 고려 때부터 안전 항해를 위해 반도를 가로지르는 운하 건설이 여러 차례 추진됐던 곳이다. 조선이 들어서자 태조 이성계도 이곳에의 운하 건설을 검토했다. 그러나 현지를 돌아보고 온 중추원 지사 최유경이 "바위가 많아 갑자기 팔 수 없다"고 보고하는 바람에 무산된 바 있다. 그런데 이때 하륜이 밀어붙여 5000명의 병사들을 동원하여 태안반도를 가로지르는 소형 운하를 태종 13년 2월, 3개월 만에 완성했다. 그런데 이에 대한 실록의 평은 부정적이다. '헛되이 민력(民力)만 썼지 반드시 이용되지 못하여, 조운(漕運-배로 물건을 실어 나름)은 결국 통하지 못할 것이다.'

실제로 한 달 후 충청도 관찰사 이안우는 이 운하는 큰 배들이 제대로 통과하기 어려워 바닥이 평평한 소형 선박을 만들어 통과할 수밖에 없다는 보고를 올렸다. 이후 '순제 운하'에 대해 수심 및 폭 확대를 둘러싸고 격론이 제기됐지만 백성들의 반발을 우려한 태종의 의중 때문에 별다른 진전을 보지 못했다.

이런 논란에도 아랑곳하지 않고 하륜은 태종 13년 7월 20일, 숭례문(일명 남대문)에서 용산까지 운하를 파서 배를 통하게 하자고 건의했다. 원래 지방에서 올라오던 공물은 용산에 집결했기 때문에 바로 숭례문 앞까지 조운선을 끌어들이자는 구상이었다. 다른 신하들도 하륜의 눈치를 보느라 모두 해 볼 만한 사업이라고 동조했다. 그러나 태종은 숭례문에서 용산까지는 모래땅이라 운하를 파기에 적절치 않고, 또 1만 명 이상의 백성을 동원해야 하는 대역사라 곤란하다며 하륜의 안을 윤허하지 않았다. 결국 하륜의 다양한 국토 개조 구상은 그의 머릿속에 머물러야 했다.

하륜이 구상하고 태종이 밀어붙인 청계천 대역사

한양 천도 후 연일 궁궐과 도로, 개천을 만드는 공사를 추진했던 태종이었지만, 태종 10년 세 차례에 걸쳐 큰 홍수가 나 한양이 말 그대로 초토화되자 보다 근본적인 대책을 고민하지 않을 수 없었다. 한양 한복판을 동서로 가로지르는 거대한 개천을 만드는 문제에 대해 뭔가 결단을 내리지 않을 수 없다고 보았기 때문이다.

태종 11년 9월 7일, 하륜이 영의정으로 있던 의정부에서는 서둘러 개천을 만드는 구상을 실천해야 한다고 건의했다. 당장 10월부터 시작해 이듬해 2월에 개착(開鑿)을 끝내야 한다는 것이었다. 그러나 애민 정신이 투철했던 태종은, 10월은 백성들이 상수리 열매를 주워야 하는 때라며 2월이 되어 시행할 것을 명한다.

그러나 개천 준설 공사는 예정보다 조금 앞당겨져 1월 보름부터 본격적으로 시작된다. 전라, 경상, 충청 삼남 지방에서 차출된 5만 명의 인원이 투입된 공사는 불과 한 달 만에 끝났다.

당시 개착 공사를 맡았던 개천도감에 내린 태종의 지시 사항을 보면 태종이란 임금의 애민 사상에 새삼 놀라게 된다. 그는 먼저 정확하게 작업 시간을 지킬 것을 명하면서, 이를 어길 경우 공사 감독관을 엄벌에 처하겠다고 밝혔다. 이어 군자감이 보유한 쌀 1만 400석을 풀어 인부들의 반달치 양식을 제공토록 했다. 당시 부역에 동원된 백성들은 각자 자신들이 먹을 양식을 챙겨 오도록 돼 있었던 것을 감안한다면 파격적인 조치임이 분명했다. 제생원, 혜민서 등 의약을 책임지던 관청에도 명을 내려 미리 약재를 준비했다가 환자가 발생하면 현장에서 바로 치료할 수 있도록 했다. 또 공사 중에 부모상을 당한 사람은 즉시 고향으로 돌려보내도록 해 300여 명이 이 혜택을 입었다.

2월 15일, 마침내 개천 파는 공사가 끝났다. 이후 청계천은 세종 때 지류 정비 사업을 통해 확장되었고, 영조 때에는 개천의 퇴적물을 걷어내는 준천(濬川) 작업을 시행했다. 조선 때 청계천과 관련해 기억해야 할 이름은 태종과 하륜, 세종, 영조 등이다.

한명회,
압구정으로 성종을 농락하다

　한강변을 차로 달리다 보면 지금도 곳곳에 작은 정자들이 한강을 내려다보며 자리 잡고 있는 것을 볼 수 있다. 한강변에는 이미 고려 때부터 아름다운 정자나 별장들이 많았다고 한다.

　먼저 세조 2년(1456년)에 건립된 제천정(濟川亭)은 지금의 서울시 보광동 강가 언덕, 즉 용산구 한남동 541번지 일대에 있었다. 세조 때부터 명종 때에 이르기까지 한강변의 정자들 중 왕들이 가장 자주 찾은 곳이다. 성종은 특히 이곳을 좋아했다. 이곳은 한성십영(漢城十詠─성종 때 한성을 대표하던 열 가지 볼거리)에도 있듯이 광희문을 빠져나와 남도 지방으로 내려가는 길목 나루터 옆에 있었기 때문에 왕이 선릉이나 정릉에서 제사하고 돌아오는 길에 잠시 들려서 쉬기도 하였으며, 또한 중국 사신이 오면 으레 이 정자에 초청하여 풍류를 즐기게 하였다.

　제천정은 한강 북쪽에 있는데 경치가 뛰어났다. 명나라 사신으로 관광하는 이는 먼저 이 다락에 오르고, 또 이곳을 지나는 선비들이 날마다 많이 모여든다. (……) 양화도 북안에 희우정(喜雨亭)이 있는데, 원래 효령대군의 정자였으나 후에 월산대군의 소유가 되었다. 성종 임금께서는 해마다 관가(觀稼-농사 시찰), 취세(聚稅), 함선의 수전(水戰) 연습 때면 친히 희우정에 납시었다. (……) 월산대군이 세상을 떠난 뒤로는 다시 납시지 않았다. 그 대신 여러 차례나 이곳 제천정에 납시면서 정자의 규모가 작고 좁다 하여 이를 고쳐 짓게 하였다.

이 기록으로 보아 월산대군이 세상을 떠난 1488년 이후 얼마 안 되어 작은 정자를 크게 고친 것으로 보인다. 또,

인조 2년 갑자(1624)에 이괄(李适)이 서울을 범하매, 임금이 왕대비와 종묘 및 사직단 신주를 받들고 공주로 피난길을 떠나던 밤 한강을 건널 때 제천정에 불을 질러 그 불빛을 의지하고서야 강을 건널 수 있었다.

따라서 이때 불에 타 없어진 것으로 보인다.

'멀리 바라본다', 혹은 '멀리 바라다 보인다'라고 해서 망원정(望遠亭)으로 불리기도 했던 희우정(喜雨亭)은 제천정과 함께 조선 초기 왕실의 대표적인 별장으로, 서울특별시 마포구 합정동에 있었다. 세종 7년(1425년), 왕이 농사 형편을 살피려 이곳에 거둥하였다가 새 정자에 올랐을 때 마침 비가 내리자 세종이 매우 기뻐하여 정자의 이름을 '희우정'이라 하였다. 세종의 작은 형님 효령대군은 이러한 왕의 행차와 명명에 깊이 감사하여 당시 서도로 이름 높던 부제학 신장에게 현판을 쓰게 하고 시문의 대가인 변계량에게 기문을 짓게 하였다.

예종의 아들로, 성종의 즉위로 인해 국왕이 되지 못한 성종의 사촌동생 제안대군의 유하정(流霞亭)은 지금의 서울시 성동구 옥수동에 있

었다. 그 후 제안대군을 모시는 일종의 사당이라 할 수 있는 수진궁(壽進宮)에 소속되었다가 광해군 때 폐허가 되다시피 했는데, 효종이 국왕이 되기 전 머물면서 중창되었다. 정조는 국초에 신하들이 놀이하던 옛일과 호당(湖堂-사가 독서하는 곳)의 전례에 의하여 3월과 9월 두 차례 규장각 각원에게 휴가를 주어 유하정에서 풍류놀이와 독서를 하도록 하고, 내각 관원으로서 실직이 없는 사람도 나아가서 독서하게 하였다.

지금의 서울시 광진구 화양동 110번지 32~34호 일대에 있었던 화양정(華陽亭)은 남쪽으로 한강이 보이고 북쪽으로는 삼각산, 도봉산, 수락산, 용마봉이 한눈에 보이는 경승지로, 세종 14년(1432년)에 건립되었다. 세조 3년(1457년) 6월 21일, 단종은 노산군으로 강봉된 다음날 첨지 어득해의 군사 50명의 호위를 받으며 영월로 귀양 갈 때 화양정에서 하룻밤을 지냈다. 단종은 다음날 이곳을 떠날 때 앞으로 다시 돌아오기를 바란다는 뜻으로 '회행정(回行亭)'이라 불렀다고 전한다.

서울시 광진구 자양동에 있던 낙천정(樂天亭)은 태종이 즐겨 찾던 곳이다. 한강이 발 아래 감돌아 흐르고 그 건너 남한산성이 병풍같이 벌려 섰으며 남쪽으로 청계산, 관악산, 서쪽으로는 남산이 한눈에 들어왔다. 태종은 이곳뿐만 아니라 서울 동쪽에 풍양궁, 서쪽에 연희궁을 지어 번갈아 거처하며 만년을 즐겼으나, 주로 이곳에 많이 거둥하여 중요한 정무를 친히 듣고 결정하였다고 한다. 대마도 정벌을 최종결정한 곳도 바로 이곳이었다. 남산 연맥이 동남쪽으로 뻗어 나가 한강으로 이어 닿는 강안, 즉 서울시 용산구 한남동 459번지에 있던 천일정(天一亭)은 황희 정승의 손자사위이자 성종 때의 대표적인 훈구파 김국광이 처음으로 지은 정자이다. 그 후 오성부원군 이항복(李恒福,

1556년~1618년)의 소유가 되었다. 강 건너로는 한명회가 지은 압구정이
바라다 보였다.

한명회의 아름다운 별장 압구정은 현재의 서울시 강남구 압구정동
산310번지 일대인 동호대교 옆, 현대아파트 11동 뒤편에 있었다. 세
조와 성종 시대의 최고 권력자 한명회는 자연 풍광이 좋은 이곳을 골
라 정자를 지었다. 그리고 압구정을 낙성한 날에 왕을 위시하여 조정
의 문신들을 초청했다. 이는 당시 그의 권세가 하늘을 찌르고 있었음
을 보여 준다.

한명회는 중국에 사신으로 들어가는 기회를 이용하여 전부터 알고
있던 명나라 한림학사(翰林學士) 예겸(兒謙)에게 정자의 이름을 지어 줄
것을 부탁했다.

(……) 내 이름 짓기를 압구(狎鷗)라 하고 이르기를, 갈매기는 물새 중에서 한
가한 놈이다. 강이나 바다 가운데 빠졌다 떴다 하고 물가나 섬 위에 날아다
니는 것으로 사람이 길들일 수 있는 물건이 아닌데 어찌 친압할 수 있겠는
가. 그러나 위태로운 기미를 보면 바로 날아 떠오르고 공중을 휘날은 뒤에
라야 내려앉는 것이니, 새이면서 기미를 보는 것이 이 같은 까닭으로 옛적
에 해옹(海翁)이 아침에 해상으로 나갈 적에 갈매기가 이르러 오는 수를 백
으로 헤아린 것은 기심(機心)이 없는 까닭이요, 붙들어 구경하고자 함에 미
쳐서는 공중에서 춤추며 내려오지 아니하니 그것은 기심이 동했기 때문이
다. 오직 기심이 없으면 갈매기도 자연히 서로 친하고 가까이 할 수 있을
것이다. (……) 만물의 정은 반드시 기심이 없는 뒤에라야 서로 느끼고, 만
사의 이치는 반드시 기심이 없는 뒤에라야 서로 이루어지는 것으로 털끝
만큼이라도 사심이 붙어 있게 하여서는 안 될 것이다. 기심이 진실로 없게

되면 조정에서는 사람들이 더불어 친하기를 즐기지 아니할 자 없고 이 정자에 오를 적에는 갈매기도 더불어 한가히 친압하지 아니함이 없으리라. 부귀와 이록(利祿)에 대하여서는 자신에게 관계가 없는 것같이 한다면 이는 도에 나아감이 높은 사람이 아니겠는가. 정자를 이로써 이름함이 아마도 마땅할 것이다. 만물을 다스리는 것도 본래 무심함이라 하였다. 내가 공에게 바라는 것도 자못 이와 같다.

그러나 정자의 이름과 달리 권세와 부를 추구하는 데 있어 당대 1인자였던 한명회였기에 이곳을 지나는 사람들은 모두 비웃었다. 게다가 워낙 유명해서 중국까지 소문 나, 중국 사신들까지 서울에 오면 강가에 배를 띄워 놓고 여기서 놀고 싶어 했던 것이다. 사실은 성종 자신도 성종 7년(1476년) 11월 6일 압구정시(狎鷗亭詩)를 직접 지어 하사했고, 조정 문신들도 서로 경쟁적으로 시를 지어 바쳐 그 시가 수백 편이나 되었다. 겸재 정선의 그림 중 '압구정도(狎鷗亭圖)'를 보면 압구정의 모습이 자세하게 나온다. 그 후 이 별장은 박영효(朴泳孝, 1861년~1939년)의 소유가 되었으나, 갑신정변이 일어나 박영효가 국적(國賊)으로 일체의 재산을 몰수당할 때 헐렸다고 한다.

그런데 성종과 한명회가 사활을 건 싸움을 벌이게 되는 사단(事端)이 바로 이 압구정을 둘러싸고 발생했다. 성종 12년 6월 24일, 상당부원군(上黨府院君) 한명회가 성종을 찾아와 "중국 사신이 신의 압구정을 구경하려 하는데 이 정자는 매우 좁으니 말리는 것이 좋겠습니다"라고 말한다. 그래서 성종도 우승지 노공필을 시켜 중국 사신에게 "압구정은 좁아서 놀기에 적합지 않다"고 전했으나 중국 사신은 굳이 "좁더라도 가 보겠습니다"라고 말했다. 사실 한명회가 느닷없이 "매우 좁

212

다"며 말려 달라고 한 것은 나름의 수 계산이 있었다. 그 수는 바로 다음날 드러난다. 6월 25일, 한명회가 다시 와서 이렇게 말했다.

"내일 중국 사신이 압구정에서 놀고자 하므로 신이 오늘 아침 중국 사신에게 가 보았더니, 중국 사신이 신과 점심 식사를 함께 하자고 했습니다. 상사(上使-중국 사신)가 말하기를 '내가 얼굴에 종기가 나서 낫지 않았으므로 가지 못할 듯합니다' 하기에 신이 청하기를, '나가 놀며 구경하면 병도 나을 것인데, 답답하게 객관(客館-사신의 숙소)에 오래 있을 필요가 있겠습니까?' 하니 상사가 말하기를, '그러면 가도록 하겠습니다' 하였습니다. 신의 정자는 본래 좁으므로 지금 더운 때를 당하여 잔치를 차리기 어려우니, 해사(該司-해당 부서)를 시켜 정자 곁의 평평한 곳에 큰 장막을 치게 하소서."

바로 전날 한명회가 한 이야기는 결국 중국 사신을 모시지 않겠다는 게 아니라 압구정이 좁다는 이야기였다. 그리고 자신의 개인적인 정자를 임시로 확장하는 데 노골적으로 해당 관서를 시켜 공사하도록 해 달라는 주청을 올린 것이다. 더욱이 그런 큰 장막은 국왕이 사용하는 용봉차일(龍鳳遮日)밖에 없었다. 성종으로서는 더 이상 받아들일 수 없었다. 아니, 정확하게 말하면 더 이상 참을 수 없었다.

"경이 이미 중국 사신에게 정자가 좁다고 말하였는데, 이제 다시 무엇을 이야기하고자 함인가? 그렇게 좁다고 여긴다면 제천정에 잔치를 차려야 할 것이다."

그러자 한명회는 한술 더 떠 성종의 지시는 무시한 채 압구정의 처마를 잇대어 정자를 넓힐 수는 없겠느냐고 묻는다. 한명회는 중국 사신의 위세에 기대어 성종에게 간접적인 협박을 하고 있는 것이었다. 그러나 이제 25세로 성인이 된 성종 또한 일국의 어엿한 국왕으로서 한치도 물러서지 않는다. 한명회는 70세를 바라보고 있었다. 예전의 한명회가 아니고, 또 예전의 성종이 아니었다.

"이미 압구정에서 잔치를 차리지 않기로 하였는데, 무엇 때문에 처마에 잇대는가? 지금 큰 가뭄을 당하였으므로 뜻대로 유람할 수도 없거니와, 내 생각으로는 압구정은 이번 기회에 헐어 없애야 마땅하다. 중국 사신이 중국에 가서 이 정자의 풍경이 아름답다는 것을 말하면 뒤에 우리나라에 사신으로 오는 사람이 다 유람하려 할 것이니, 이는 새로운 폐단을 여는 것이다. 또 조정 대신들 중에 강가에 정자를 꾸며서 유람하는 곳으로 삼은 자가 많다 하는데 나는 아름다운 일로 여기지 않는다. 내일 제천정에 사신들을 위한 오찬을 차리고 압구정에는 장막을 치지 말도록 하라."

이렇게 되자 한명회는 "신은 정자가 좁고 더위가 심하기 때문에 아뢴 것입니다. 그러나 신의 아내가 본래 숙질(宿疾-만성질병)이 있는데 이제 더 심해졌으므로, 내일 그 병세를 보아서 심하면 제천정일지라도 신은 가지 못할 듯합니다"라며 몽니를 부렸다. 성종은 이번 사신의 유람 문제와 관련된 최종적인 방안을 승정원에 지시한다.

"강가에 정자를 지은 자들이 누구누구인지 모르겠다. 이제 중국 사신이 압구정에서 놀면 반드시 강을 따라 두루 돌아다니면서 놀고야 말 것이고 뒤에 사신으로 오는 자도 다 이것을 본떠 유람할 것이니, 그 폐단이 어찌 끝이 있겠는가? 우리나라 제천정의 풍경은 중국 사람이 예전부터 알고 희우정은 세종께서 큰 가뭄 때 이 정자에 우연히 거둥하였다가 마침 큰 비를 만났으므로 이름을 내리고 기문(記文)을 지었으니 이 두 정자는 헐어 버릴 수 없으나, 그 나머지 새로 꾸민 정자는 일체 헐어 없애어 뒷날의 폐단을 막으라. 또 내일은 제천정에서 오찬과 술자리를 차리고 압구정은 구경만 하게 하라."

그러나 '압구정 사건'은 이것으로 끝나지 않았다. 이제부터가 시작이었다. 한명회가 물러간 즉시 승정원의 승지들이 들고 일어난 것이다. 아내가 아프면 중국 사신이 구경하려고 해도 사양했어야 할 텐데 중국 사신이 아프다는데도 유람을 청해 놓고는 이제 와서 성종이 허락하지 않으니 아내의 병을 핑계 대며 '제천정일지라도 가지 못하겠다'고 하다니, 임금에게 대든 것이라는 것이다. 승지들은 국문해야 한다고 말했다. 성종도 단단히 결심을 굳힌 듯 "그 말이 매우 옳다. 그러나 천천히 분부하겠다"고 말한다.

다음날 경연에서 당장 이 문제가 쟁점으로 떠올랐다. 신하들은 하나같이 한명회를 벌하여야 한다고 말했다. 이럴 경우 일반적으로 국왕은 무시하거나 "내가 알아서 하겠다"는 정도로 답한다. 그리고 사헌부와 사간원에서 계속 문제 삼으면 그때서야 못 이기는 듯 처벌을 하는 게 일종의 관례였다. 그런데 성종은 경연 자리에서 신하들의 의견을 듣고 바로 특유의 직설법으로 이렇게 말한다.

"정승(한명회)이 잘못하였다. 전일 북경에 갈 때에는 아내의 병이 심하여 거의 죽게 되었어도 갔는데, 이제 하루의 일 때문에 아내가 앓는다고 사양하는 것이 옳겠는가? 내가 어진 임금이 아니라고 해도 신하의 도리가 어찌 이러할 수 있겠는가? 승정원에서 말하기를 '한명회가 청한 대로 허락받지 못하였으므로 분한 마음을 품고 이 말을 한 것이다' 하였는데, 실정은 알 수 없으나 그 말은 실제로 분한 마음을 품은 듯하였다."

그리고 즉각 한명회를 국문하라고 명하였다. 즉 사헌부나 사간원의 요청이 없었는데 경연 자리에서 한명회의 국문이 결정된 것이다. 조선시대에 이런 일은 흔치 않았다. 더욱이 그 대상이 천하의 한명회 아닌가? 성종의 분노가 어느 정도였는지 짐작할 수 있다. 즉각 한명회가 와서 변명을 하는데 한마디로 앞뒤가 맞지 않았다. 성종은 "정승의 뜻을 내가 어찌 모르겠는가"라면서도 단호하게 "그러나 이 일은 정승이 잘못하였다"고 못을 박았다.

한명회에 대한 국문 지시가 내려간 후 7월 1일 사헌부에서 조사 결과를 올리자 성종은 '죄는 크지만 조정에 공이 있는 공신이고 나에게도 구은(舊恩-국왕이 되게 해 준 것)이 있으니 직첩을 거두고 성 밖에 나가 살게 하는 게 어떠냐?'며 신하들의 의견을 구한다.

여기서 신하들은 확연하게 둘로 갈렸다. 영의정 정창손, 좌찬성 한계희, 우찬성 강희맹 등 훈구 세력들은 "직첩만 거두고 성 밖에 나가 살라는 지시는 거두소서"라고 말한다. 반면 우의정 홍응, 좌참찬 이철견, 우참찬 이승소 등 신진 세력들은 성종의 견해대로 직첩을 거두고 성 밖에 나가 살게 하자는 쪽이었다.

결국 성종은 직첩만 회수하는 쪽으로 결정을 내린다. 그런데 그 이유가 재미있다. "성 밖에 나가 살도록 했다가 중국 사신이 이를 알고서 용서하여 주기를 청하게 되면 처치 곤란하기 때문"이라는 것이었다. 이는 곧 한명회가 그만큼 중국 사신 정동과 밀착해 있었다는 뜻이기도 하다. 다시 말해 북경에 사신으로 드나들던 한명회는 성종이 점차 독자 노선을 추구하자 자신의 권력 기반이 약화되는 것을 알고 정동에게 각종 뇌물을 써서 자기편으로 만들어 놓은 것이다. 이제 한명회는 권세 유지를 위해 중국의 힘에 기대고 있었다.

그래서 다음날 대사헌 조간 등이 한명회를 비판하면서 정창손 등은 같은 훈구라서 한명회를 두둔한 것이라고 말하자, 성종은 "그것은 내가 결단한 것이고 꼭 영의정(정창손)의 의논을 따른 것은 아니다"라고 말한다. 즉 중국을 더 의식했다는 말이다. 결국 이렇게 빼앗은 직첩도 4개월여가 지난 11월 17일 돌려주었다. 성종의 명백한 패배였다.

반면 훗날 숙종은 남인의 정승인 허적이 자기 아버지의 잔치를 위해 미리 보고도 하지 않고 임금 전용 기름 천막을 가져갔다는 이유로 환국을 단행하고 결국 허적을 죽이게 된다. 그때 어린 숙종의 입에서 나온 말이다. "예전에 한명회도 이렇게까지 하지는 않았다."

한명회 사건은 두고두고 조선 왕실의 수치처럼 전해 내려왔다는 뜻이기도 하다.

충정의 화신에서 반정의 공신까지, 박석명 집안을 해부하다

조선에는 왕실의 든든한 버팀목이 돼 준 집안이 여럿 있다. 그중 조선 초에 가장 두드러진 집안의 하나가 박석명(朴錫命, 1370년~1406년)의 집안이다. 태종 때 황희를 자신의 후임 지신사(知申事-비서실장)로 천거해 훗날 명(名) 정승의 길을 열어 준 장본인이기도 하다. 사람을 쓰는데 신중에 신중을 기했던 태종은 박석명의 강력한 추천이 아니었으면 황희를 중용하지 않았을 것이다.

박석명은 열여섯 살 때인 1385년(고려 우왕 11년) 문과에 급제했다. 전형적인 소년등과(少年登科)였다. 그는 일처리 능력이 뛰어났고 사람을 알아보는 눈이 비범했다는 평을 들었다. 그래서 공양왕의 아우인 귀의군(歸義君) 왕우(王瑀)의 사위가 될 수 있었다. 그러나 그는 1392년 고려가 망하고 조선이 들어서자 불우한 세월을 보내지 않을 수 없었다.

그런데 두 차례 왕자의 난을 통해 평소 가까웠던 태종이 왕위에 오르면서 상황은 바뀌었다. 박석명은 1399년(정종 1년) 복직돼 태종 6년 세상을 떠날 때까지 태종의 가장 가까운 복심(腹心)으로 주요 정사에 깊이 관여했다.

태종은 1401년 그를 평양군(平壤君)에 봉했다. 일종의 귀족 작위를 내린 것이다. 그러나 박석명에 대한 실록의 평은 양면적이다.

천성이 술을 좋아하여 종일 거나하게 마셨으나, 일을 결단하는 것이 물 흐르는 듯하였다. 그러나 마음 속에 절조가 없어 여색(女色)에 빠지고 뜻이 높아 남에게 굽히지 아니하였으며 전단(專斷)하니, 사람들이 매우 꺼리었다.

박석명에게는 박거비(朴巨非), 박거완(朴巨頑), 박거소(朴巨疎) 세 아들이 있었다. 왜 사람을 알아보는 지인지감(知人之鑑)이 뛰어났던 박석명이 아들들의 이름을 이처럼 특이하게 지었을까? 이름 가운데 자(字) '거[巨]'도 눈에 띄지만 '아니다[非]', '무디다·미련하다[頑]', '드물다·거칠다[疎]'도 이름에서 쉽게 보기 힘든 글자들이다.

권력 바로 곁에 다가가 보았던 박석명으로서는 자식들에게 권력에 대한 경계(警戒)의 뜻을 심어 주려 했던 것 같다. 스스로 낮추며 살라는 것이었다. 그래서인지 '공신 아닌 공신'이었던 박석명의 아들이라는 이유로 이들 셋은 세종 때 요직은 아니어도 나름대로 무관이나 지방관 등의 관직 생활을 할 수 있었다.

셋 중에서는 막내 박거소가 세종비 소헌왕후 심씨의 동생과 결혼하면서 돈녕부 부지사(종2품)에까지 오르게 된다. 태종이 가장 총애했던 박석명의 아들이라는 점이 고려된 혼사였을 것이다. 그러나 박거소는 일찍 세상을 떠남으로써 임금의 동서라는 특혜를 누리지 못했다.

박거소에게는 박중선(朴仲善, 1435년 세종 17년~1481년 성종 12년)이라는 아들이 있었다. 박중선은 아버지가 일찍 죽는 바람에 세종의 또 다른 동서이자 박중선에게는 이모부인 강석덕의 집에서 성장해야 했다. 일찍부터 공부보다는 무예(武藝)에 소질이 있던 박중선은 1460년(세조 6년) 무과에 장원급제한 후 당대의 실력자 한명회의 눈에 들면서 출세가도를 달린다.

그는 1467년(세조 13년) 함경도에서 일어난 이시애의 난을 진압하는데 공을 세운 후 평양군(平壤君)에 봉해져 할아버지의 작호(爵號)를 되찾았다. 그리고 곧바로 병조판서에 올라 30대 초반에 병권(兵權)을 틀어쥐게 된다. 이후 예종 때는 남이를 제거하는데 공을 세웠고, 성종 9년(1478년)에는 무인으로는 드물게 이조판서를 지내기도 했다. 아마 이듬해 47세의 나이로 세상을 떠나지 않았더라면 정승의 자리에도 올랐을 인물이다. 실록의 평이다.

성품과 도량이 온순하고 위엄이 있어 모범이 될 만했다.

박중선에게는 외아들과 딸들이 있었다. 그 외아들이 중종반정의 주역 박원종(朴元宗, 1467년 세조 13년~1510년 중종 5년)이다.

박원종도 아버지를 닮아 무신의 길을 걷는다. 누이들은 각각 성종의 형인 월산대군, 예종의 아들인 제안대군과 혼인할 정도로 성종 때의 왕실과 밀접했고, 연산군 때에도 왕실의 가까운 외척으로 출세가도를 달렸다.

그러나 사실 여부에 대한 논란이 지금도 있기는 하지만, '연산군이 월산대군의 아내를 늘 궁궐에 두고서 간통'을 하는 등 개인적 원한까지 겹치면서 성희안, 유순정 등과 힘을 합쳐 반정을 일으켜 성공을 거둔다. 역사의 물줄기를 바꾼 것이다. 반정에 성공한 박원종 등은 연산군의 이복동생인 진성대군(晋城大君)을 왕으로 추대했다. 바로 중종이다.

이후 박원종은 영의정에까지 오르게 되지만 그에 대한 실록 사관
의 평은 곱지 않다.

연산이 쫓겨나자 궁중에서 나온 이름난 창기들을 많이 차지하여 비(婢)로
삼고 별실을 지어 살게 했으며 거처와 음식이 참람하기가 한도가 없으니,
당시 사람들이 그르게 여기었다.

충직의 화신이었던 박석명은 자신의 증손이 반정의 주역이 되리라
고는 꿈에도 생각지 못했을 것이다.

왜 최고의 명문가 광주 이씨 집안은 한순간에 멸문당했을까?

　성종 때의 문신 성현은 『용재총화』에서 "지금 문벌이 번성하기로는 광주(廣州) 이씨(李氏)가 으뜸이고 그 다음으로는 우리 성씨(成氏)만한 집안도 없다"고 말하고 있다. 박석명 집안처럼 광주 이씨도 개국공신과는 거리가 멀었다는 점에서 상세한 고찰을 해 볼 필요가 있다. 그 집안의 '경쟁력'이 무엇인지를 살필 수 있기 때문이다.

　광주 이씨 집안은 전형적으로 조선의 탄생과 함께 두각을 나타낸 신흥사대부의 문벌이었다. 고려 때는 별 볼일 없는 한미한 집안이었다는 뜻이다.

　조선 초 일대 번성을 이루게 되는 광주 이씨의 중흥을 이끈 시조는 고려 말 성리학자이자 은둔 시인이었던 둔촌(遁村) 이집(李集, 1327년~1387년)이다. 호에 이미 향리로 은둔해 있다는 뜻이 들어 있을 만큼 세상사에 적극적이지 않았던 인물이었는데, 어떻게 불과 100년도 되지 않아 조선 최고의 문벌로 성장할 수 있었던 것일까?

　이집은 그저 지방의 하급관리 자식에 불과했지만, 목은 이색, 포은 정몽주, 도은 이숭인, 삼봉 정도전 등과 성리학적 이상을 공유하며 새로운 세상에 대한 꿈을 키웠다. 이집은 5형제 중 둘째로 5형제 모두 문과 급제를 함으로써 기초를 다졌고, 다시 그의 세 아들 이지직(李之直), 이지강(李之剛), 이지유(李之柔)가 문과에 급제해 장남 이지직은 형조참의(오늘날의 법무부 차관보)에까지 오르게 된다. 여기서 눈여겨볼 점은 아들들 이름의 끝 자이다. 곧은 삶, 외유내강(外柔內剛)의 삶을 지향했던 이집의 인생관을 읽어 내는 것은 그다지 어렵지 않다.

형조참의 이지직에게는 이장손(李長孫), 이인손(李仁孫), 이예손(李禮孫) 세 아들이 있었다. 여기서도 첫째의 이름은 장남이어서, 혹은 장유유서(長幼有序)의 정신을 담아 지은 것 같고, 나머지 두 아들은 당연히 인의예지(仁義禮智)에서 따온 이름이다. 작명을 통해 자식들에게 유학의 정신을 깊이 각인시키려 했던 것도 이 집안 특유의 전통이었다. 특히 겸손과 예의, 그리고 국왕에 대한 충성심을 강조하는 이름들이 뒤로 갈수록 눈에 띈다. 이들도 모두 문과에 급제해 장남 이장손은 중서사인(舍人, 오늘날의 총리 비서실장), 차남 이인손은 우의정, 삼남 이예손은 황해도 관찰사에 오르게 된다. 마침내 집안 첫 번째 '정승'이 탄생한 것이다. 우의정 이인손이 이후 집안 중흥의 기폭제가 되었음은 물론이다.

이인손(李仁孫, 1395년~1463년)은 태종 17년(1417년) 문과에 급제했다. 세종 때 형조좌랑, 경상도 관찰사, 대사헌 등을 역임했고 단종 1년(1453년) 한성부윤(오늘날의 서울시장)으로 있으면서 성절사로 명나라에 다녀왔다. 1455년 세조의 즉위 때 공을 세워 원종공신 2등에 녹훈되어 훈구공신으로서의 기반을 다졌고, 세조 5년(1459)에는 우의정에 오른다.

장남 이장손의 아들 이극규(李克珪)도 문과에 급제해 병조참의에 올랐고, 삼남 이예손의 두 아들 중 이극기(李克基)는 문과 급제 후 공조참판, 이극견(李克堅)은 문과를 거치지 않고 좌통례라는 벼슬에 오른다.

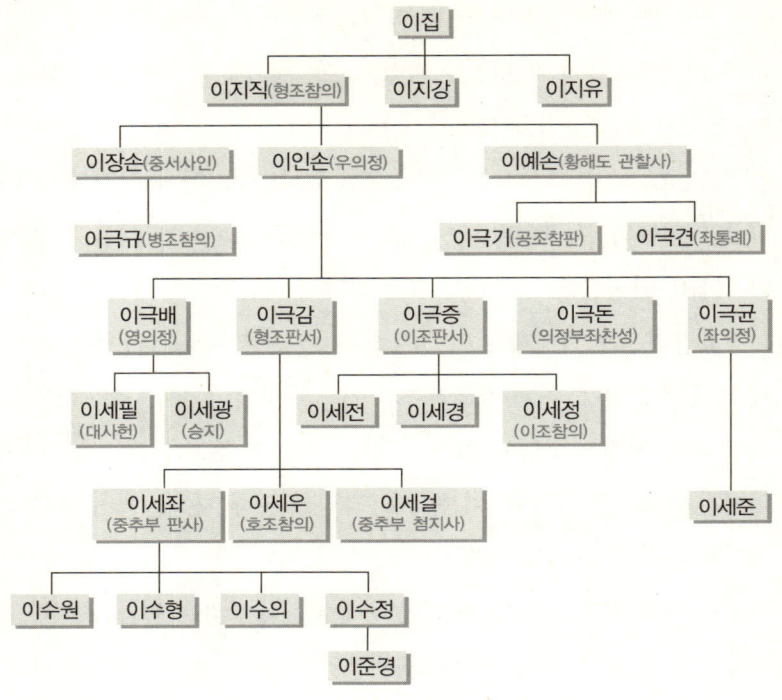

광주 이씨 집안 가계도

그러나 모두 문과에 급제한 차남 이인손의 다섯 아들의 현달(顯達)에 비할 바가 아니었다.

이인손의 첫째 아들 이극배(李克培)는 영의정에까지 올랐고, 이극배의 두 아들 세필(世弼), 세광(世匡)도 문과에 급제해 각각 대사헌과 승지에 이른다. 세필은 보필(輔弼)과 통하고 세광은 광정(匡正)과 통한다. 보필이나 광정 모두 국왕을 도와 나라를 바로 잡는다는 뜻이다. 둘째 아들 이극감(李克堪)은 형조판서에 이르고 세 아들 세좌(世佐), 세우(世佑), 세걸(世傑)은 각각 문과에 급제해 각각 중추부 판사, 호조참의, 중추부 첨지사를 지내게 된다. 셋째 아들 이극증(李克增)은 이조판서를 역임했고 다섯 아들 중 세전, 세경, 세정이 문과에 급제했지만 세정만이 이조참의에까지 오른다. 넷째 아들 이극돈(李克墩)은 의정부 좌찬성을 지냈다. 다섯째 이극균(李克均)은 좌의정까지 오르지만 아들 세준은 무과로 나아간다. 이미 부자간에 영의정, 좌의정, 우의정이 다 나왔으니 성현이 자기 집안보다 번성했다고 자신 있게 이야기한 것인지 모른다.

그렇게 세조와 성종대를 거쳐 모두가 부러워하던 문벌이었지만, 연산군 때 참으로 엉뚱한 사건에 단 한 사람이 연루되면서 무시무시한 멸문지화를 당하게 되는 게 바로 이 광주 이씨 집안이다. 문제의 인물은 바로 이인손의 둘째 아들인 이극감의 아들 이세좌였다. '세(世)'자 돌림 중에서는 가장 현달했던 인물이기도 하다.

이세좌(李世佐, 1445년~1504년)는 성종 8년(1477년) 문과에 급제해 고속 출세가도를 달린다. 불과 2년 만에 홍문관 부제학에 오르고 이듬해 승정원에서 각종 승지를 거쳐 1483년(성종 14년) 도승지에까지 오른 것이다. 바로 이때, 즉 그가 승지로 있을 때 폐비 윤씨에게 사약이 내려갔는데, 그 사약을 들고 간 책임자가 바로 이세좌였다. 그 당시 이세좌는 과연 그 일로 인해 당대 최고의 문벌 집안이 한순간에 한미한 집안으로 몰락하게 되리라는 것을 알았을까?

조선 후기 실학자 이긍익이 쓴 개인 역사서 『연려실기술』에는 그날 저녁 이세좌와 부인이 나눈 대화가 실려 있다. 『연려실기술』은 정사와 야사의 중간쯤에 있는 역사서라 할 수 있다. 이세좌의 부인은 세종 때의 명신인 조말생의 손녀였다. 귀가한 이세좌에게 부인이 "조정에서 폐비에 대한 의논을 그치지 않는데 필경 어찌되겠습니까?"라고 묻자 이세좌는 "오늘 이미 사사(賜死)해서 내가 약관(藥官)이되어 갔다 오는 길이오"라고 답했다. 이에 깜짝 놀란 부인은 땅을 치며 울부짖었다. "큰일 났습니다. 이제 우리 자손은 씨도 남지 않겠구려. 어머니가 이미 죄 없이 죽음을 당하니 아들이 다음에 어찌 원수를 갚지 않으리까?"

그러나 성종 때 이세좌는 광양군에 봉해지고 예조, 호조참판과 대사헌 등을 지내는 등 욱일승천의 기세로 승진을 거듭했다. 연산군 때도 호조판서, 이조판서, 예조판서 등을 거치며 무탈한 듯했으나, 연산군은 마침내 복수의 칼을 빼든다. 외형적으로는 1503년 창덕궁 인정전에서 열린 양로연에서 연산군이 내린 어사주를 돌리다가 잘못해 어의(御衣)에 술을 쏟았다는 이유로 귀양을 갔다가 이듬해 다시 불려와 결국 자결을 하게 되는데, 그것은 어머니에 대한 복수극의 서막이었다.

연산군 10년 4월 9일, 이세좌는 왕명을 받아들여 목을 매 자살했다. 그러나 그것은 끝이 아니라 시작이었다. 연산군은 한 달여가 지난 윤4월 12일, 이세좌의 작은 아버지 좌의정 이극균이 조카를 비호하려 했다는 죄목을 내세워 사약을 내렸다. 미쳐 날뛰던 연산군은 5월 4일 이세좌의 네 아들 이수원(李守元), 이수형(李守亨), 이수의(李守義), 이수정(李守貞)을 교수형에 처했고, 동생 이세걸은 지방의 종으로 내쳤다. 며칠 후에는 이극돈, 이극감이 공신명부에서 삭제됐고 노비와 전토를 몰수당했으며 이극증, 이극배도 노비 전토를 몰수당했다. 광주 이씨의 경제적 기반마저 사라져 버린 것이다.

중종반정이 일어나지 않았으면 광주 이씨는 조정에서 흔적도 없이 사라졌을지도 모르고, 또 그랬다면 다음에 살펴볼 이준경도 없었을지 모른다. 이준경은 바로 이수정의 둘째 아들이다.

이준경을
조선 최고의 정승으로 꼽는 이유

　예나 지금이나 인재를 뽑거나 키우는 일은 쉽지 않다. 조선 후기의 실학자 최한기(崔漢綺, 1803년~1877년)가 쓴 『인정(人政)』이란 책은 왕도가 없어 보이는 인재 선발에 관해 그나마 체계적으로 접근한 역작이라는 점에서 참고가 된다.

　최한기는 지인(知人), 즉 사람을 알아본다는 것이 너무나도 어려운 일이라 죽은 사람에게는 쓸 수 있지만 산 사람에게는 쓸 수 없다고 실토한다. 죽고 나서야 사람에 대한 온전한 평가가 가능하다는 뜻. 그러나 정작 정치를 하거나 조직을 부리는 사람이 죽은 사람을 쓸 수는 없는 노릇이다. 그래서 최한기는 조심스럽게 산 사람을 알아보는 4단계 방법론을 제시한다.

　첫째는 측인(測人)이다. 기품과 마음가짐, 풍모와 식견, 처지, 이 다섯 가지를 고려해 측정해야 한다. 과학 기술에도 조예가 깊었던 최한기는 이 다섯 가지에도 가중치를 주었다. 기품이 4점, 마음가짐이 3점, 풍모가 2점, 식견이 1점, 처지가 0.5점이다. 이렇게 하면 이론상으로는 10.5점짜리부터 0점짜리까지 가능하다.

지금도 인사 문제의 계량화가 어려운데, 이미 150여 년 전에 이 같은 계량화 작업이 있었던 것이다.

둘째는 교인(敎人)이다. "가르쳐서 쓴다면 버릴 사람이 거의 없다." 측인을 거친 인재의 장단점을 살펴 장점은 진취시키고 단점은 억제하는 게 교인의 핵심이다.

셋째는 선인(選人)이다. 직책에 어울리는 사람을 써야지, 권세와 이익만을 추구하는 자를 쓰거나 사정(私情)과 안면으로 사람을 골라 써서는 안 된다는 당부가 이어진다.

넷째는 가장 중요한 용인(用人)이다. 바로 적재적소에 인재를 배치하는 것이다. 용인에 실패하면 아무리 측인, 교인, 선인에 성공했다고 하더라도 실패한 인사가 되고 만다. "측인, 교인, 선인에 성공하고 용인에 실패한다면 한갓 어진 사람을 불러들였다는 명분을 도둑질한 것일 뿐이다." 반대로 용인에 성공하면 측인, 교인, 선인이 미진했다 하더라도 성공한 인사라는 평을 받을 수 있다.

그런데 최한기의 4단계론에는 치명적인 맹점이 하나 있다. 그가 직접 사람을 뽑아서 써 본 경험이 그리 많지 않다는 것이다. 실전 부족. 오히려 선조 때부터 인조 때까지 관직에 있었으며, 이조판서에까지 올라 인사 문제를 직접 다뤄 본 이수광(李睟光, 1563년~1628년)이 『지봉유설』에서 한 다음과 같은 조언은 어떨까?

예로부터 벼슬이 3품에 이르면 관상서를 읽지 않아도 스스로 귀인을 알아보게 된다고 했다. 세상일을 많이 겪었기 때문이다.

경험만한 스승이 없다는 이야기인데, 그것이 통찰[insight]이다.

사람 고르는 지인지감(知人之鑑)의 이론과 실체를 겸비했던 조선 최고의 인물로는 누가 뭐라 해도 명종과 선조 때 영의정을 지낸 이준경(李浚慶, 1499년~1572년)이다. 명종이 후사 없이 죽어 왕실의 적통이 끊어지자 중종 후궁 안씨의 손자 이균을 임금(훗날의 선조)으로 추대했던 인물이며, 병조판서 시절 휘하에 있던 장수 방진이 이순신을 사윗감으로 고를까 말까 고민하고 있을 때 적극적으로 추천했던 사람도 이준경이다.

인사 문제와 관련해 이준경은 또 다른 의미에서 귀감이 됐다. 자신의 아들이 홍문관 관리 후보로 올라오자, 당시 영의정이었던 이준경은 "내 아들이라서 누구보다 그릇이 안 된다는 것을 잘 안다"며 명단에서 지워 버렸다. 조선시대 문과 급제자의 최고 엘리트 코스가 홍문관이었다는 점을 감안할 때 조정 안팎의 사람들은 큰 충격을 받지 않을 수 없었다. 이후 이준경이라는 이름은 실록에서 두고두고 자기 아들들을 요직에 앉히려는 조정 중신들을 비판하는 상소에 등장하게 된다. 이런 선공후사(先公後私)의 정신이 있었기에 건국 이후 처음으로 방계에서 후사를 뽑는 일을 주도적으로 수행했음에도 무탈할 수 있었던 것이다. 측인, 교인, 선인, 용인, 통찰 그 모든 것에 앞서는 것이 바로 인사권자의 공평무사(公平無私)임을 보여주는 일화다.

사족 한 마디. 요즘 인물난이라고 한다. 숙종 때 신하들이 인물난을 호소하자 숙종은 일갈했다.

"태조(이성계)께서는 망해 가던 나라(고려)에서 인재들을 골라 내어 새로운 나라를 창업했다. 인물이 없는 게 아니라 인물을 보는 그대들의 안목이 없음을 탓하라!"

이황과 이준경,
두 명신의 엇갈린 인생 행보

1519년 기묘사화가 일어났을 때 이준경은 스물두 살이었다. 이미 사화를 겪은 바 있는 집안인데다가 학문적으로 방황하고 있었기 때문에 이준경은 문과 급제를 서두르지 않았다. 그 대신 각 분야의 많은 사람들과 교유하며 20대를 보냈다. 조식과의 깊은 교감도 이때 이루어졌다. 이준경은 조식에게 『심경(心經)』을 선물하기도 했다. 훗날 그는 술학(術學)에도 깊은 조예를 보이게 되는데, 그 또한 이 시기의 공부에 힘입은 바 컸다. 『토정비결』의 저자로 유명한 이지함과도 가깝게 지냈다. 이연경으로부터 양명학의 세계에 대해서도 배웠을 것이다.

이에 반해 이황(李滉, 1501년~1570년)은 일찍부터 학문적 방향을 성리학으로 잡았다. 스무 살 무렵이었다. 하루는 집에 있는데, 누가 와서 "이 서방!" 하고 부르기에 자신을 찾는 줄 알고 나가 보니 늙은 종을 부르는 소리였다. 이에 이황은 "내가 이뤄 놓은 것이 없다 보니 이런 욕을 당하는구나!"라고 생각하고 과거에 뜻을 두었다. 그러나 여러 차례 낙방하는 등 제대로 뜻을 이루지 못했다.

이준경은 서른세 살 때인 중종 26년(1531년), 마침내 문과에 급제해 관리의 길에 들어선다. 이때 이황은 진사시에만 합격해 놓고 고향 주변 산사를 돌며 독서에 열중하고 있었다. 그리고 마침내 서른세 살 때인 중종 29년(1534년) 문과에 2등으로 합격했다. 두 사람 모두 문과 급제는 그리 빠른 편이 아니었다.

이준경과 이황이 관리의 길에 첫발을 디딘 이 무렵은 권간(權奸) 김안로의 세상이었다. 남곤의 탄핵을 받아 유배 갔다가 1527년 조정으로 복귀한 김안로는 바로 이황이 문과에 급제한 그때 이조판서로 있으면서 전횡을 부리고 있었다. 이황이 처음으로 맡은 보직은 예문관 검열 겸 춘추관 기사관으로, 사관(史官)이었다. 그러나 김안로는 이황이 급제 후 자신에게 인사 오지 않았다는 이유로 그 자리에서 내쫓았고, 결국 이황은 한직인 승문원으로 발령받았다. 하지만 김안로는 그 정도로 그치지 않았다. 이황을 추천했던 예문관 관원들까지 모두 파직시켜 버린 것이다. 지금도 그렇지만 당시의 '문안 인사'는 패거리 형성에서 대단히 중요한 작용을 하고 있었는데, 이황이 그 점을 간과했던 것이다.

이황이 관리의 길을 시작할 무렵 이준경은 조정에 없었다. 1531년 문과에 급제하고 이듬해 홍문관 정자를 거쳐 1533년 부수찬으로 승진한 이준경은 동료인 구수담과 함께 안처겸을 비롯한 '신사무옥(辛巳誣獄)' 연루자들의 신원(伸冤)을 요구하다가 파직당했다. 그는 이후 중종 32년 김안로를 비롯한 '3간(奸)'이 제거될 때까지 5년 동안 세상을 떠돌며 책과 사람 만나기로 시간을 보내야 했다.

실은 이황의 좌천과 이준경의 파직은 연결되어 있었다. 김안로가 이황을 좌천시키면서 들었던 공식적인 이유는 그의 장인 권질이 바로 안처겸 사건과 연루되어 경상도 예안에 유배 중이라는 것이었다.

그리고 권질의 동생 권전은 신사무옥 때 고문당해 죽었다. 이황은 인척 관계로 인해 좌천을 당했고, 이준경은 그 사건의 억울함을 호소하다가 파직당한 것이었다.

김안로의 조정에서는 이황의 앞길도 순탄치 못했다. 1535년(중종 31년) 이황은 6품직인 선무랑에 임명되었다. 그러나 정작 이황은 어머니를 모시기 위해 고향 근처의 수령으로 나가고 싶어 했다. 조정의 권력 투쟁에도 염증을 느꼈다. 그러나 김안로의 저지로 뜻을 이룰 수 없었다.

이준경은 중종 32년 김안로 등이 실각하자마자 호조좌랑으로 복직한 뒤 홍문관으로 자리를 옮겨 그해 말에는 응교에까지 올랐다. 응교(應敎)라면 정4품직이었다. 이후 이준경은 중종 36년, 직제학을 거쳐 부제학으로 특진한다.

한편 이준경이 응교로 있던 중종 34년 말, 이황은 홍문관 수찬으로 자리를 옮겼다. 잠시 동안이긴 하지만 이때 두 사람은 같은 기관에 근무하게 된다. 아마도 두 사람은 그전부터 친교를 맺었을 것이다. 또 이 무렵 두 사람은 홍문관과 사헌부 등을 함께 옮겨 다니며 돈독한 선후배 관계를 유지했다. 특히 중종 35년 12월에는 김안로에게 죄를 입어 귀양 간 사람들을 풀어 주는 문제로 이준경과 잠시나마 함께 파직되기도 했다. 두 사람 모두 사헌부에 있을 때였다.

이준경은 자존심이 유난히 강했다. 이 무렵 그는 시를 지어 정사룡이라는 후배에게 보여 주며 "나의 시를 옛사람의 시에 비교할 수 있겠는가?"라고 물었다. 이에 정사룡이 "비록 옛사람 것만은 못하나 친구를 위하여 이별의 정을 나타내는 시문을 짓는 데는 넉넉하겠습니다"라고 답했다 한다. 그 이후 이준경은 다시는 시를 읊지 않았다.

이준경이 홍문관 직제학으로 있던 중종 36년 4월, 이황은 교리로 있었다. 직제학은 정3품 당하관, 교리는 정5품이었다. 이준경이 이황의 직장 상사인 셈이었다. 당시 홍문관 관리들은 의기투합해서 중종에게 학문과 정치, 민생을 바로잡을 것을 청하는 유명한 상소를 올린다. 『일강구목소(一綱九目疏)』가 그것이다. 일강, 즉 가장 중요한 원칙은 '치중화(致中和)'로, 올바른 화합의 정치를 해야 한다는 것이다. 이를 위한 구체적인 실천 방침이 바로 구목이다.

첫째, 궁궐 내의 기강은 엄격하게 하지 않으면 안 되고

둘째, 조정의 기강을 바로잡지 않으면 안 되고

셋째, 인재를 잘 가려서 쓰지 않으면 안 되고

넷째, 제사를 격식에 맞도록 제대로 거행하지 않으면 안 되고

다섯째, 백성의 곤궁함을 구제해 주지 않으면 안 되고

여섯째, 백성을 일깨우는 일을 밝게 하지 않으면 안 되고

일곱째, 형벌을 신중하게 하지 않으면 안 되고

여덟째, 사치는 금하지 않으면 안 되고

아홉째, 신하들이 간하는 의견을 받아들이지 않으면 안 된다

사실 이것은 선정(善政)을 위해서라면 어느 시대건 해당되겠지만, 특히 선조의 정치를 바라볼 때 큰 참조가 된다. 적어도 이준경이나 이황이 이런 지도자와 정치를 바랐다는 점에서는 확실한 공통점을 갖고 있었기 때문이다.

이후 중종이 죽고 인종이 뒤를 이었으나, 병약했던 인종은 즉위 8개월 만인 1545년(을사년) 7월 1일 세상을 떠났다. 인종은 세자 때부터

사림들로부터 큰 기대를 모았던 임금이다. 성품이 유순하고 학식이 뛰어나 사림들을 가까이했고, 그의 후원 세력이던 외삼촌 윤임은 대윤 세력을 이끌며 사림들의 도움을 많이 받았다. 때문에 인종의 죽음이 사림들에게 준 충격은 말할 수 없이 컸다. 이런 가운데 열두 살 명종이 뒤를 이었고, 문정왕후가 왕대비가 되어 수렴청정에 나섰다.

당시 홍문관 응교로 있던 이황은 다른 동료 직원들이 "문정왕후의 수렴청정은 부당하다"고 말하자 "대비인 문정왕후 외에 누가 섭정을 할 수 있는가? 문정왕후가 수렴청정하는 것은 마땅하다"라고 반박했다. 형식 논리로 보자면 이황의 말은 조금도 틀림이 없었다. 특히 이황의 성품상 그가 문정왕후나 윤원형에게 아부하려고 이런 말을 했던 것은 아니다.

옆에서 이를 듣고 있던 동료 두 명이 이황을 불러 나무랐다. 그러나 이황은 "떳떳하다"고 당당하게 자기 의견을 밝혔다. 이후 두 사람은 고신을 빼앗기고 결국 윤원형에 의해 죽음에 이르고 만다. 사실 이황과 윤원형은 사마시 동년(同年), 즉 사마시 동기 합격자였다. 그러나 이황은 평소에 윤원형을 제대로 대접한 적이 한 번도 없었다고 한다. 이황은 윤원형과의 인연을 떠나 사리를 말했을 뿐이었다.

그러나 이미 이황의 마음은 관직에서 떠나 있었다. 홍문관 전한, 지제교 겸 경연 시강관, 춘추관 편수관 등을 맡고 있던 그는 여러 차례 사직서를 제출했고 경연에도 참석하지 않았다. 애당초 대윤이나 소윤 등 당파와 멀리했던 그이기에 사화가 그에게 직접 닥쳐오지는 않았지만, 9월 들어 사태는 걷잡을 수 없이 돌아가고 있었다. 병도 심해지고 정치에 대한 환멸도 깊어만 갔다. 사직서를 제출하면 위에서는 반려하는 일이 반복되는 가운데 한 해가 흘러갔다. 이듬해 어렵사리

휴가를 얻어 고향으로 돌아간 그는 휴가 기한을 넘겨 그해 5월 해직되었다. 이렇게 해서 이황은 을사사화의 피바람을 비켜 갈 수 있었다. 이후 그는 고향 마을에 암자를 짓고 본격적인 학문 수양과 제자 양성에 들어간다.

한편 이준경은 성균관 대사성으로 있을 때 중종이 승하하자 이를 명나라에 알리는 고부사(告訃使)의 부사로 차출되어 북경에 다녀온 후 형조참판에 오른다. 이때 대윤이 여전히 막강한 힘을 갖고 있던 조정에서는 문정왕후와 윤원형을 견제하는 수단으로 윤원형의 형인 윤원로를 죽여야 한다는 논의를 하고 있었다. 특히 조정 신하들은 먼저 윤원로를 제거한 후에 대비에게 보고하자는 방향으로 의견을 모아 가고 있었다. 그러나 당시 한성우윤으로 이 자리에 참석했던 이준경은 단호하게 반대했다. "대비가 위에 계신데 품의도 않고 지친(至親)을 죽여서는 안 된다"는 것이었다. 그 바람에 윤원로는 목숨을 구할 수 있었다. 이 또한 이황과 마찬가지로 형식 논리로 보자면 당연한 것이었다. 하지만 결과적으로는 이 발언 하나가 이준경의 생사를 가르게 된다. 곧바로 대윤을 제거하려는 을사사화가 일어났지만 이준경은 화를 면할 수 있었던 것이다. 그러나 윤원형 세력의 핵심을 이루던 이기와 임백령 등은 이준경이 조정에 있는 것을 꺼렸다. 기본적으로 성품이 강직해 자신들과 어울릴 수 있는 인물이 아니라는 것을 알았기 때문이다. 이에 그는 좌천되어 평안도 관찰사로 나가게 된다.

이후 이준경과 이황의 길은 확연하게 갈린다. 명종 3년 평안도 관찰사에서 병조판서로 특진되어 중앙 조정으로 돌아온 이준경은 다시 이기의 모함을 받아 충청도 보은으로 유배를 가기도 하지만, 얼마 후 다시 복귀해 형조, 이조, 병조, 공조 등의 판서를 두루 거친다. 또한

1555년(명종 10년)에는 전라도 일대에서 을묘왜변이 일어나자 전라도 도순찰사가 되어 성공적으로 변을 진압한다. 그 공으로 우찬성에 올라 병조판서를 겸하면서 실권을 장악했고, 이후 우의정, 좌의정, 영의정으로 승진했다. 윤원형의 견제가 만만치 않았지만 점점 자라가는 명종의 총애가 컸고, 워낙 능력이 출중한데다 청렴했기 때문이었다. 명종 20년 문정왕후가 죽자 윤원형 세력의 제거를 주도한 것도 좌의정 이준경의 몫이었다.

명종 시대 22년을 참여의 입장에서 보낸 이준경의 길에 대해 실록은 이렇게 평하고 있다.

권간(權奸)이 권세를 부리던 당시 준경은 지조를 지키고 아부하지 않아 자주 배격을 당하였으나, 그들이 끝내 감히 가해하지 못한 것은 절조와 행검에 하자가 없고 논의가 한 편으로 치우치지 않았기 때문이었다. 부정한 논의에 대하여 감히 그것을 바로잡지 못한 것은 아쉬운 점이나, 그의 본심은 사림을 보호하는 데 있었기 때문에 청론(淸論－사림의 의논)이 믿고 의지하는 바가 있어 여망이 그에게로 돌아갔다. 윤원형이 무너진 뒤에 비로소 국사를 담당하고 금상(今上－명종)을 보좌하여 급한 상태를 안정 국면으로 돌아서게 하였는데, 주상도 국사를 위임하고 의심하지 않았다. 준경은 성심과 공도로 문무 관원을 재목에 따라 써서 계책이 행해지고 공이 이루어졌으며 인심을 진정시키고 국맥을 배양하였으니, 참으로 사직지신(社稷之臣)이라 할 만하다.

그렇다고 이준경이 사림에 대해 무조건 동조한 것은 아니었다. 그는 경륜가였다. 그래서 그는 "사화가 자주 일어났기 때문에 신진들의 논의가 과격하고 예리한 것을 보고는 항상 억제하여 조정하려 하였고, 또 혁신하여 일거리를 만들려고 하지 않았으므로 사림이 흔히 그 점을 부족하게 여겼다." 그러나 사림들이 이 점을 지적할 때마다 이준경은 웃으면서 "차라리 남이 나를 저버리는 것이 낫지, 내가 남을 저버리지는 않겠다"는 말로 대답을 대신했다.

이준경은 비판자의 눈에는 '오만하다'는 평을 받을 만큼 체구가 당당했고 행동 하나하나에 위엄이 가득했다.

"이준경은 정승으로 있으면서 체모를 잘 지켜, 비록 선인(善人)을 좋아하고 선비를 위하긴 하였으나 자신을 낮추어 굽힌 적은 없었다."

한 번은 어릴 때부터의 친구인 남명 조식이 임금의 부름을 받고 한양에 들어왔다. 이에 이준경은 옛 친구의 입장에서 서신은 보냈으나 끝내 조식을 찾아가 보지는 않았다. 이에 서운함을 느낀 조식이 귀향하려 하면서 찾아와 이렇게 말했다. "공은 어찌 정승 자리를 가지고 스스로 높이려 하는가?" 정승 되었다고 잘난 척하지 말라는 뜻이다. 이에 이준경은 "조정의 체모를 내가 감히 폄하할 수 없어서이다"라고 답했다. 선공후사의 정신은 이런 것이다. 그랬기 때문에 중망(重望)을 얻을 수 있었고, 그가 선택한 '하성군 이균'에 대해서도 더 이상의 왈가왈부가 없었던 것이다.

반면 이황은 명종 시대를 사실상 '은둔지사' 내지 '처사(處士)'로 일관했다. 이런 행적으로 인해 벼슬을 버린 사람들의 대 스승으로 떠오른다. 역사학계의 고 이병도 박사는 『한국유학사』에서 "사림들은 그 기상이 태고(太高)하고 언론이 태예(太銳)한 경향이 있었다"고 평한 바 있다. 지나치게 높다는 '태고', 지나치게 각을 세운다는 '태예'란 결국 긍정적 의미보다는 부정적 뉘앙스가 훨씬 강하다. 대단히 정확한 지적이다. 아직 당파의 분열이 본격화되기 전이지만 그들의 성향이 이러했다는 것만으로도 화합보다는 분열로 나아갈 공산이 컸다.

선조 즉위 초, 사림의 정신적 지도자는 단연 퇴계 이황이었다. 어찌 보면 뒷날 동인이나 서인 모두 이황의 영향 하에서 생겨난 것이라고 해도 과언이 아니다. 물론 퇴계의 영남 출신 제자들은 훗날 대부분 동인에 합류하게 된다. 그러나 서인의 리더라고 할 수 있는 율곡 이이도 실은 이황으로부터 학문을 익힌 바 있다. 따라서 당파 형성과 관련해 이황에게 책임을 돌려야 할 이유는 전혀 없다. 그는 정치가라기보다는 학자였다. 그의 학문은 현실 정치를 염두에 둔 것도 아니었다. 그의 관심은 늘 정치보다는 학문, 그중에서도 주자학에 있었다.

명종 즉위년(1545년), 문정왕후와 윤원형이 주도한 을사사화가 일어나자 그는 병을 이유로 관직에서 물러나 고향으로 숨어들었다. 이때부터 조정의 계속되는 요구와 이황의 반복되는 사양이 거듭되는 가운데 그는 홍문관 교리, 성균관 대사성, 공조참판 등을 지내지만, 1559년 다시 사직을 청해 8여 년 동안 고향 안동에 머물면서 학문 연마와 저술 활동에 몰두했다. 이때 그가 직간접적으로 길러 낸 제자만 300명에 육박할 정도였다. 어쩌면 이황으로서는 가장 행복한 시간이었는지 모른다. 그의 제자 목록에는 선조 시대의 거물 정치인인 유성룡, 김성일, 우성전, 정구, 이산해, 기대승, 조목 등이 두루 포함된다.

이황의 유유자적 전국유람

1567년(명종 22년) 6월 28일, 조선 13대 국왕 명종이 후사도 없이 세상을 떠났다. 다행히 조정에는 내외의 존경을 한몸에 받고 있던 영의정 이준경이 있었고, 명종비 인순왕후 심씨도 지혜로운 여성이었다. 두 사람은 곧바로 중종과 후궁 안씨 사이의 소생인 덕흥군의 아들 하성군 이균을 후계자로 결정했다. 그가 바로 선조다. 이때 선조의 나이 16세였다.

주로 명종 때 관직을 역임했던 이황은 건강 악화라는 표면적 이유 외에 현실 정치에 염증을 느끼고 있었기 때문에 명종 생전에도 줄곧 승진이 될 때마다 사직서를 제출했다. 이미 그의 뛰어난 학행(學行)은 나라에 널리 알려져 있었기 때문에 명종은 1552년(명종 7년) 7월, 이황을 성균관 대사성에 임명한다. 오늘날로 치자면 국립대 총장이나 공무원 연수원장에 해당하는 자리로 정3품 당상관이었다. 1년 후인 이듬해 8월, 이황은 사직서를 제출하지만 명종은 반려했다. 명종 9년 5월, 이황은 오늘날 차관보에 해당하는 형조참의(정3품 당상관)로 자리를 옮긴다. 뜻밖에도 이듬해 2월, 이황은 상호군(上護軍)이라는 무관직으로 발령을 받았다. 게다가 품계도 참의보다 아래인 정3품 당하관이었다. 아마도 그는 특히 이 무렵부터 관리로서의 길에 큰 회의를 품었을 것이다.

이황은 곧바로 병을 핑계로 고향인 경상도 예안으로 낙향했다. 이에 명종은 중추부 첨지사(정3품 당상관)를 제수하며 조속한 상경을 촉구했다. 이황이 계속 고집을 부리자 처음에는 명종도 서운한 빛을 내보였으나, 조정 대신들이 이황을 불러 중용할 것을 계속 권하자 마침내 명종은(명종 13년 6월) 이황에게 간절한 내용으로 상경을 촉구하는 친서를 보낸다. 10월에는 이황을 다시 성균관 대사성으로 임명하며 상경을 권유했다. 그런데 어렵사리 상경한 이황에게 12월 다시 공조참판을 제수하자 이황은 다시 사직서를 제출했다. 이듬해 7월 중추부 동지사(종2품)에 제수되었으나 이황은 이내 고향으로 돌아갔다. 우여곡절 끝에 명종 21년 2월 공조판서(정2품)에 제수되어 판서 자리에 오르지만 이황은 이미 관직에 흥미를 잃고 학문의 길에 들어선 터였다.

이후에도 명종과 조정의 간곡한 권유가 그치질 않자 이황은 못 이기는 척 한양 길에 나선다. 그의 나이 67세 때인 명종 22년 6월이었다. 같은 달 12일 친지들과 작별을 하고, 17일 죽령을 넘어 단양에 이른다. 지도 검색을 해 보니 80km, 중앙고속도로로 달리면 한 시간도 안 되는 거리를 가는 데 닷새나 걸렸던 것이다. 비행기로 닷새면 지구를 서너 바퀴는 돌 수 있다.

단양에서 지인들과 시간을 보낸 후 충주로 이동한 이황은 그곳에서도 친지, 제자들과 시간을 보냈다. 특히 20년 가까이 유배 생활을 하고 있던 노수신(盧守愼)이 충주에서 가까운 괴산에 유배 중이었기 때문에 서신을 통해 서로 시를 주고받는 망중한(忙中閑)을 누리기도 했다. 당시 충주는 서울로 갈 때 배를 타고 남한강을 따라 가장 빨리 갈 수 있는 지름길의 출발점이기도 했다. 그렇게 가면 충주로부터 지금의 서울 광진구에 있던 광나루까지는 하루 이틀 정도가 걸렸다.

이황은 고향을 출발한 지 정확히 13일 만에 한양 도성에 들어온다. 그러나 불과 사흘 후인 6월 28일, 명종이 승하한다.

얼결에 이황은 명종의 일대기인 행장(行狀) 집필을 책임지는 행장수찬청 당상관에 임명된다. 이후 선조가 즉위해, 8월 1일 그를 예조판서에 임명한다. 그러나 이황은 이를 사직하고 8월 10일 낙향해 버린다. 조정 안팎에서는 임금의 장례가 끝나지도 않았는데 예조판서로 갈리자마자 곧장 귀향해 버린 그의 처신을 두고 이런저런 논란이 있었다. 특히 기대승 같은 후배는 직접 편지를 보내 강한 불만을 표하기도 했다.

해가 바뀌어 선조 1년(1568년) 1월, 선조는 이황을 의정부 우찬성(종1품)으로 임명하면서 상경을 재촉하기 시작했다. 이황이 꿈쩍도 하지 않자 선조는 다시 유배에서 풀려나 홍문관 직제학으로 복직한 노수신으로 하여금 이황의 상경을 당부하는 글을 짓도록 명하기도 한다.

6월 25일 이황은 '성화를 못 이겨' 상경길에 오른다. 예천에 있던 이황은 26일 안동으로 가서 친지들을 만나고 28일 풍산으로 간다. 서둘러 길을 재촉하는 것이 아니라 인근의 유생들이 찾아와 각종 제사 절차 등에 대해 문의를 해 오면 일일이 답해 주면서 가는 '느림의 여로'였다. 지난번에는 죽령을 넘어 단양으로 갔지만 이번에는 문경새재[鳥嶺]를 넘기 위해 문경 쪽으로 길을 잡았다. 7월 4일 문경에 도착한 이황은 여기서 다시 종1품 우찬성을 사양하는 상소를 써서 사람을 시켜 서울로 보낸다. 문경에서는 경운루(慶雲樓)에 올라 인근 유림들을

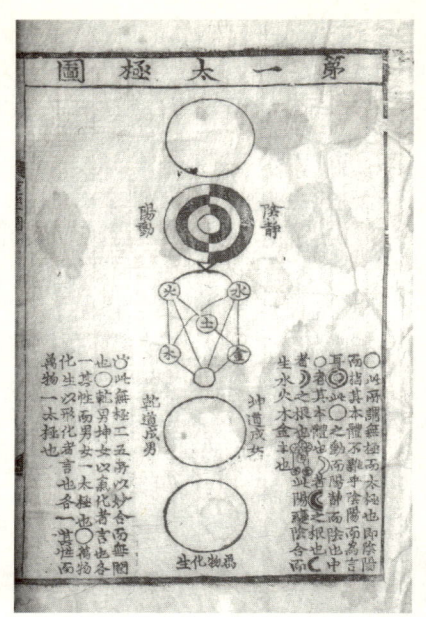

『성학십도』 이황이 1568년(선조 1년) 12월 왕에게 올린 책. 군왕의 도에 관한 학문의 요체를 도식으로 설명하였다.

만나 보기도 했다. 다음날, 험하디 험한 문경새재를 넘어 6일 수안보에서 잔 다음 7일 충주에 도착한다. 역시 서울로 가는 배를 타기 위함이었다.

그런데 예안에서부터 시중을 들던 맏손녀 사위 박려(朴欐)가 문경에 도착한 후 배가 아파 아무 것도 먹지 못하는 바람에 여정은 자꾸 지연되었다. 이렇게 충주에서 열흘 이상 보낸 이황 일행은 18일 이른 아침 충주를 떠나 저녁 늦게 광나루에 도착했다. 기상 상태가 좋지 않아 강임에도 파도가 거셌고 배가 거의 뒤집어질 뻔하기도 했다. 그런데도 "이황은 얼굴색 하나 변하지 않고 태연한 모습을 보였다"고 한다. 19일 도성에 들어가자 한양의 이름깨나 있는 사대부들이 구름처럼 몰려들었다. 그 바람에 영의정 이준경으로부터 언짢은 소리를 들어야 했다. 맨 마지막으로 이준경을 찾아가자 이준경은 "기묘사화가 일어난 것도 나라의 근본은 잊은 채 사림들이 파당을 지어 몰려다니다가 자초한 것"이라며 자신이 아끼던 후배이기도 했던 이황을 나무랐다.

이황이 선조의 학문 수련을 돕기 위해 처음으로 경연에 들어가게 되는 것은 25일, 경복궁 사정전(思政殿)에서 열린 조강(朝講—아침 경연)에 서였다.

선조는 이황의 상경을 무척 기뻐했다. 8월 3일, 이황으로 하여금 홍문관 제학도 겸임케 하면서 조강뿐만 아니라 주강(晝講)과 석강(夕講)에도 들어올 것을 명한다. 사흘 후에는 다시 이황을 '홍문관 대제학 겸 예문관 대제학 겸 경연 및 춘추관 지사 겸 성균관 지사'로 임명했다.

이황도 처음에는 간결하면서도 깊이 있는 경서(經書) 강의로 선조의 후의에 보답하는 듯했다. 그러나 경연에 참여한 지 보름도 안 된 8월 8일, 이황은 첫 번째 사직서를 올린다. 이유는 신병(身病) 때문이라고 했지만 태생이 학자인 이황은 새 임금 초기의 정국이 불안하기도 했을 것이다. 선조의 만류로 어쩔 수 없이 한양에 머물면서 이황은 새 임금이 성군(聖君)이 되기를 바라는 마음을 담아 『성학십도(聖學十圖)』라는, 유학의 핵심을 도표로 정리한 책을 지어 올린다.

해가 바뀌어 선조 2년 1월 6일, 이황은 최고의 실권을 누릴 수 있는 이조판서에 임명되지만 그날로 면직을 청하는 사표를 올린다. 마침내 3월 2일 이황은 선조의 허가를 받아 냈고, 5일 배를 타고 충주에 도착해 단양, 죽령을 거쳐 17일 집에 도착한다.

문득 이황이 걸었던 길[道]을 그대로 따라 걷고 싶어지는 요즘이다.

성삼문은 진정한 충신일까?

대한민국 초대 대통령 이승만이 구한말 과거에 응시하던 때를 회고하며 "당시 나의 꿈은 성삼문 같은 충신이 되는 것"이라고 밝힌 글을 보면서 혼자 웃음을 지었던 기억이 있다. 아마도 대부분의 조선 청년들은 이승만과 비슷한 생각을 하면서 벼슬길에 나서려는 포부를 품었을 것이다. 성삼문 이야기는 고려를 지키려 했던 정몽주 이야기와 함께 조선 500년을 이어 내려온 양대 '충신 신화'의 하나였다.

일편단심(一片丹心).

그러면 조선왕조실록은 성삼문을 어떤 시각으로 그리고 있을까? 정사에서도 성삼문은 충신의 표상일까?

정작 『조선왕조실록』을 보면 성삼문의 행적에 의문 가는 대목이 한둘이 아니다. 첫째, 그는 어떻게 해서 1453년 수양대군이 김종서 일파를 제거한 계유정난 직후 집현전 직제학으로 있으면서 '정난공신 3등'에 책록되었을까? 물론 이에 대해서는 성삼문이 적극 참여해서라기보다 수양대군이 회유 차원에서 포함시켰다는 설명이 있긴 하다.

둘째, 2년 후인 1455년 9월 5일 수양대군이 결국 어린 조카인 단종을 내몰고 왕위에 오르는 데 결정적으로 기여한 좌익(佐翼-왕위에 오르는 과정에서 보좌한 공이 있다는 뜻)공신을 정할 때도 성삼문은 또 3등 공신에 책록됐다. 이때는 분명한 공이 있었다. 1455년 윤6월 11일, 수양이 왕위를 이어받을 때(아니, 찬탈할 때) 승정원 동부승지였던 성삼문이 옥새(玉璽)를 수양에게 바쳤기 때문이다.

셋째, 이듬해인 1456년 6월 성삼문을 비롯해 훗날 '사육신(死六臣)'으로 불리게 되는 뜻있는 인사들이 세조를 내쫓는 거사를 꾸미다가 발각돼 참화를 빚게 된다. 그런데 실은 그에 앞서 성삼문의 아버지 성승, 유응부 등이 미리 결행을 주장했으나 성삼문 등이 머뭇거리는 바람에 거사가 실패로 돌아갔다. 바로 거사 실패의 가장 큰 책임이 성삼문에게 있다고 해도 과언이 아니다. 다만 그 죽는 과정이 장렬했기 때문에 훗날 사육신을 대표하는 충신으로 추앙받게 되는 것이다.

이런 성삼문의 행적에 대해 일찍이 비판적 시각을 보였던 인물이 있었다. 선조 때 정승을 지낸 심수경(沈守慶, 1516년~1599년)이다. 그는 『견한잡록(遣閑雜錄)』이라는 문집에서 성삼문이 수양에게 옥새를 올리던 때의 일을 거론하며 이렇게 논평했다.

당초 세조가 안평대군과 대신 김종서 등을 주살하고 정난공신이 될 때 성삼문은 집현전 숙위(宿衛-당직)로 있었으므로 전례에 따라 공신훈에 참여하였다. 김질 등 공신들이 차례로 연회를 베푸는데 성삼문은 홀로 베풀지 않았고, 또 세조가 선위를 받을 때 예방승지(禮房承旨-예조 담당 승지, 동부승지)로 있으면서 국새를 안고 실성통곡하였다. 세조가 만약 그만이 연회를 베풀지 않은 것이라든지 선위할 때 실성통곡한 정황을 의심하고 힐문하였다면 어찌 위태롭지 않았을까. 성삼문의 처사는 가히 오활(迂闊)하다고 하겠다.

여기서 오활하다는 말은 거의 욕설에 가깝다. 사리에 어둡고 일을 제대로 처리할 줄 모르면서 거친 주장만을 내세운다는 뜻이기 때문이다. 한마디로 세조가 좀 더 세심하고 치밀했다면 성삼문의 '오활한' 행동은 훨씬 일찍부터 요 시찰 대상이 되었을 것이라는 뜻이다. 심수경의 결론은 단호하다. '대사를 이루고자 하면서 처사를 이처럼 오활하게 하고서야 어찌 탄로와 실패를 면하겠는가?' 물론 그렇다고 심수경의 이런 지적이 성삼문이 충신이 아니라는 뜻은 아니다. 뜻만 크고 일이 치밀하지 못한 사람들의 문제점을 통렬하게 비판한 것이다.

이번에는 중종 때의 조광조(趙光祖, 1482년~1519년)에 대해 살펴보자. 조광조에 관해서는 지금까지도 '개혁의 화신', '미완의 개혁 사상가' 등 극찬 일색이다. 중종 12년(1517년), 중종의 총애를 받던 신진사림 조광조는 "일부에서는 스승을 찾거나 벗을 사귀는 사람을 화태(禍胎-화의 씨앗)라 하지만, 사우(師友)의 도가 있은 연후에야 인륜이 밝아지는 법"이라며 당파 형성의 조짐을 보이던 사림파를 적극 옹호한다. 그러나 결국 중종 14년(1519년) 기묘사화의 사단(事端)을 제공함으로써 이미 당대에 '조광조는 화태'라는 비판을 받아야 했다. 조광조는 분명 훗날 많은 사림 인사들이 모범으로 삼을 만큼 개혁에 적극적이었지만 그의 행태에 대해서는 사림들조차도 평가를 꺼렸다는 점을 잊어서는 안 된다.

선조 즉위 초 영의정 이준경은 신왕(新王)의 학문 연마를 위해 여러 차례에 걸쳐 관직의 후배이기도 했던 명유(名儒) 이황을 초빙했으나, 이황은 한양에 잠시 머물다가 곧장 고향으로 내려가기를 반복했다. 이에 이준경은 이황의 이 같은 행태를 '산새[山禽]'에 비유했다. 이 비유에 상당히 비판적인 의미가 포함돼 있음은 물론이다. 게다가 이준

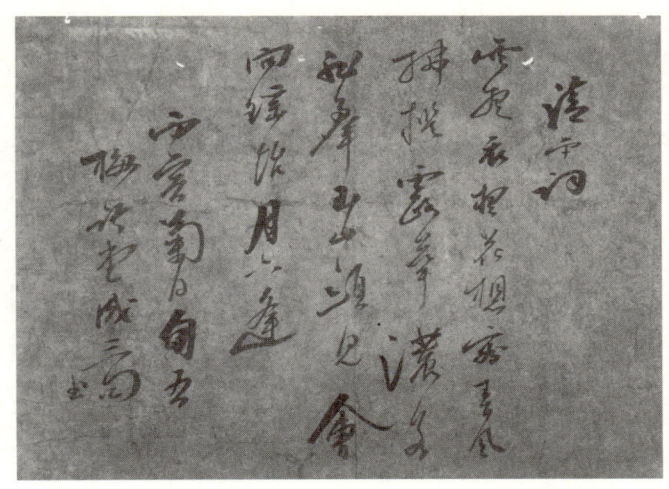

성삼문의 글씨 성삼문은 단종 복위를 도모하다가 김질의 밀고로 탄로되어 체포되어 친국을 받고, 거열형(車裂刑)을 받았다. 그 뒤 숙종 때 복권되고 영조 때 이조판서가 추증되었다.

경은 선조 5년 세상을 떠나며 선조에게 남긴 유서에서 당쟁의 조짐이 있다며 사실상 이이를 지목했다. 조광조 이후 또 하나의 화태로 본 때문이었다. 그런데 이후 이황은 남인의 정신적 뿌리가 되고 이이는 서인의 사상적 지주가 되어 오랫동안 추앙받았으나, 인조반정 이후 서인의 세상이 200년 이상 계속되면서 당대에 '조선 최고의 정승'으로까지 일컬어지던 이준경이라는 이름은 역사 속에서 깨끗이 사라져야 했다. 결국 역사적 평가는 붓을 쥐는 평가자의 뿌리나 주변에 유리하게 이뤄지는 것인지도 모른다.

어느 시대나 크게 다르지 않을 것으로 보이지만, 조선시대는 특히 임금이 바뀔 때마다 역사적 서술과 평가가 바뀌었다고 해도 과언이 아니다.

조선 개국과 함께 사필을 쥔 쪽은 정도전(鄭道傳, 1342년~1398년)이었다. 그러나 태조 7년에 이방원이 일으킨 제1차 왕자의 난으로 주살되자 조선 건국에 대해 미온적인 태도를 보였던 이색(李穡, 1328년~1396년) 계열의 인물들이 대거 복권되었다. 변계량, 권근, 하륜 등이 대표적이다.

태종 때 다시 시도된 『고려사』 편찬 작업은 하륜이 주도했고, 그래서 개국공신 정도전이 쓰려 했던 『고려사』와는 다를 수밖에 없었다. 특히 조선 건국을 마지막까지 반대했던 정몽주(鄭夢周, 1337년~1392년)를 태종 1년(1401년) 권근의 건의에 따라 영의정으로 추증한 것은 역사 평가의 무상을 보여 주기에 충분하다.

정몽주를 주살했던 장본인이라고 할 수 있는 태종이 조선 건국을 한사코 반대했던 정몽주를 충신으로 높인 반면, 정도전은 개국공신임에도 불구하고 자신에게 맞섰다는 이유로 영구히 복권시키지 말 것을 명한 것이다. 이런 경우 대부분 시간이 흐르면 적당히 복권됐지만 정도전은 1865년(고종 2년)에야 흥선대원군에 의해 겨우 복권됐다. 이방원에 의해 주살당한 지 거의 500년 만이었다.

『세조실록』 또한 수양대군이 조카를 내몰고 쿠데타로 세운 정권이 남긴 기록이기에 논란의 씨앗을 담고 있다. 수양과 한명회 등 승자 쪽의 시각이 일방적으로 녹아 있을 것이라는 의구심 때문이다.

『연산군일기』는 연산을 내쫓은 반정 세력이 쓴 것이기에 역시 일방적이라는 비판을 면키 어렵다. 최근 왕권 강화를 추진하다가 신권을 중시한 신하들의 역모에 의해 억울하게 내쫓긴 임금으로서 연산을 재조명하려는 시각도 그래서 나오는 것이다.

제5장

관가를 알면 조선이 보인다

조선 500년을 지탱해 온 관가의 이모저모를 들여다보다

조선왕조는 왕에 의해 지배됐지만, 그 왕의 수족으로서 조선을 실질적으로 움직인 것은 바로 조선의 관리들이다. 조선 관아의 변천사는 곧 조선 역사의 변천사였다. 때문에 조선 조정 내의 다양한 부처들을 살펴 보면 왕권과 신권, 신권과 신권 등 권력의 다양한 역학관계를 파악해 볼 수 있다.

조선 관리의
첫 번째 조건은 무엇인가?

　연산군 초 좌의정을 지낸 어세겸(魚世謙, 1430년~1500년)이 죽었을 때 그의 졸기는 극찬으로 가득했다. '기대와 도량이 크고 넓었다', '청탁하는 일이 없었다', '천성이 청렴하고 검소하여 거처하는 집이 흙을 쌓아 층계를 만들고 벽은 흙만 바를 뿐 붉은 칠을 하지 않았다', '졸했을 때 집안에 남은 곡식이 없었다', '세상 평판이 추앙하고 존중하여 재상감이라고 하였다' 등등.

　그러나 칭찬으로만 끝날 실록의 졸기가 아니다. 맨 마지막에 다음 구절이 나온다. '그러나 공무에는 부지런하지 못하여 일찍이 형조판서, 한성판윤(서울 시장)으로 있을 적에 한낮이 되어서 출근하므로 오고당상(午鼓堂上)이란 조롱이 있었다.' 오고당상이란 말 그대로 정오를 알리는 북소리가 울려야 출근하는 당상관이란 뜻이다. 그러나 오고당상이라는 오명에도 불구하고 그의 업무처리는 워낙 뛰어나 업무가 지체되는 일이 없었다. 이런 인물을 실록에서는 흔히 이치(吏治)에 능하다, 혹은 이재(吏才)가 뛰어나다고 평했다.

　관리로서 능력이 있다는 이재를 한마디로 정의하기는 쉽지 않다.

업무 장악력이 뛰어나야 하는 것은 기본 중의 기본. 상하 인간관계 또한 원만해 조화롭게 일을 추진할 줄도 알아야 한다.

세종 때 병조, 형조참판과 개성부 유수를 지낸 문신 성염조(成念祖)가 문종 즉위년 세상을 떠난 후 실록에 실린 그의 졸기 일부다. '성품이 잊기를 잘하고 이재가 부족하여 동료와 더불어 말할 때에는 혹 명백하지 못하나, 임금의 앞에 이르러 일을 아뢰면 반드시 뜻에 맞았다.' 이재는 없었지만 말재주가 능해 세종의 총애를 받았다는 것이다.

반면에 세조 9년 예조, 호조판서를 지내다가 죽은 이승손의 졸기에는 '일을 처리하는 데 명민하여 사람들이 그 이재를 추천하였다' 라고 돼 있다. 말 잘하는 사람이 아니라 일 잘하는 사람이 이재가 뛰어난 인물인 것이다.

실록을 보면 대체적으로 강직하고 말 잘하는 인물의 경우 '학행이 뛰어나다' 는 평을 받아 주로 사헌부, 사간원, 홍문관 등 3사에서 활동하며 국정 비판을 주된 임무로 삼았다.

반면 이재가 뛰어난 인물, 즉 일 잘하는 인물들은 대개 6조의 실무를 담당하거나 한성부윤, 혹은 각도의 관찰사를 지내며 행정 능력을 발휘했다.

신숙주와 함께 세종 시대를 대표하는 학자이자 정치가인 정인지(鄭麟趾, 1396년~1478년)는 특출난 학문적 능력에 비한다면 이재는 떨어지는 편이었다. 태종 14년 문과 장원급제로 화려하게 관직의 길에 나섰지만, 태종 때에는 비상 동원 훈련 중에 술을 마시거나 군기(軍旗)를 제대로 챙기지 않아 탄핵과 처벌을 받아야 했다. 오고당상 수준은 아니었지만 정인지도 꼼꼼한 성격은 아니었다.

세종은 정인지의 떨어지는 이재를 버리고 대신 학재를 취했고, 이후 정인지는 승승장구할 수 있었다. 워낙 세종의 총애가 깊었기 때문에 주로 이재가 뛰어난 사람에게 맡기던 관찰사나 판서 등을 잠시 맡기는 했지만 주로 학술행정 분야에서 능력을 발휘했다.

세종이 정인지의 이재를 높이 평가하지 않았다는 점은 그를 한 번도 정치력을 발휘해야 하는 승지로 쓰지 않았다는 데서도 확인할 수 있다. 이는 세종이 그의 평생 라이벌이었던 김종서에게 승지를 맡겼던 점과는 확실히 대비가 된다. 이재는 김종서가 월등하게 앞서 있었던 것이다.

정조 때의 판서 정경순은 조선 관리의 필수 코스인 문과에 수차례 도전했으나 실패하고 집안 배경으로 음관(蔭官)이 되어 지방의 여러 고을을 다스리다가 '이재가 뛰어나다'는 평을 얻어 정조의 총애를 받으며 판서에까지 오를 수 있었다.

문제는 학재나 이재도 없이 고위관직에 오르는 경우다. 현종 7년(1666년) 1월 1일에 세상을 떠난 예조판서 이일상에 대한 졸기는 가차 없다. '열일곱에 급제하여 청요직(淸要職)을 두루 거쳤으며 조정에 벼슬한 것이 40여 년이었다. 본디 학술이 없는 데다가 이재도 부족하였으며 오직 술 마시기만을 좋아하여 병이 생기기에 이르렀다. 이에 사림의 여론이 비루하게 여겼다.'

성군(聖君)과 암군(暗君)을 구분하는 기준도 여기서 나온다. 학재나 이재가 뛰어난 인물들을 발탁해 적소에 중용하면 성군이고, 학재나 이재도 없는데 아첨이나 이재(理財)에만 밝은 이를 귀신같이 찾아 쓰면 암군인 것이다.

성학과 잡학의 대립 : 김종직과 임원준

오늘날의 과학자들이 들으면 기분 나쁘겠지만, 조선시대 때 과학에 해당하는 말은 잡학(雜學)이었다. 하지만 과학은 분과 학문이니, 잡학이라는 말도 그리 틀린 말은 아닐 것이다. 참고로 잡학에 대비되는 성리학은 성학(聖學)이라고 불렀다. 성리학은 이름에서도 드러나듯 우주의 원리를 탐구하는 철학임과 동시에 제왕의 통치 원리를 다루는 정치학이기도 했다.

최근 드라마에서 화제가 되었던 세종대왕의 위대한 점 중 하나는 성학과 잡학의 구분을 크게 두지 않았다는 데 있다. 문과에 급제한 문신이라도 중국어나 풍수, 의술이 뛰어나면 그 분야를 별도로 공부하게 했고, 반대로 어학이 뛰어나거나 기술, 의술이 뛰어난 자는 신분이 미천해도 고위직에 임명했다. 장영실이 그런 경우다. 이런 정신은 그의 아들인 세조에게도 그대로 이어졌다.

1464년(세조 10년) 8월 6일, 사헌부 감찰 김종직이 말한다. 흔히 사림의 원조로 불리는 그 김종직이다.

"지금 문신으로 하여금 천문(天文), 지리(地理), 음양(陰陽), 율려(律呂-음악), 의약(醫藥), 복서(卜筮), 시사(詩史)의 7학(學)을 나누어 닦게 하는데, 시사는 본래 유자(儒者)의 일이지만 그 나머지 잡학이야 어찌 유자들이 힘써 배워야 할 학이겠습니까?"

한마디로 유학을 익힌 문신들은 고매하기 때문에 잡학을 배우게 해서는 안 된다는 것이었다.

그러나 세종이나 세조의 생각은 달랐다. 백성의 삶을 개선하고 국가의 일을 추진하는 데 실용적인 7학의 중요성을 누구보다 잘 알고 있었기 때문이다. 이런 중요한 분야는 오히려 학식이 있는 문신들이 참여함으로써 더욱 개선시킬 수 있다고 보았다. 결국 세조는 "김종직은 경박한 사람이다. 잡학은 나도 뜻을 두는 바인데 김종직이 이렇게 말하는 것이 옳은가?"라고 화를 내며 파직시켜 버렸다.

반면 세조 2년 문과에 장원급제한 임원준이라는 인물은 다른 길을 걸었다. 그는 원래 의술에 밝았는데 세조의 명에 따라 의술뿐만 아니라 지리와 음양의 학문도 깊이 공부했다. 유학과 의술에 공히 능통해 유의(儒醫)라고 불렸던 그는 세조와 성종의 깊은 총애를 누리며 의정부 좌찬성(종1품)에까지 오르게 된다. 반면 김종직은 이조참판(종2품)에까지 오른다. 의술에 능했던 임원준은 왕실의 주치의로 오랫동안 활약했다. 그의 아들 임사홍은 효령대군의 손녀와 결혼해 왕실의 일원이 되었고, 임사홍의 두 아들인 임광재와 임승재도 각각 예종의 딸 현숙공주 및 성종의 딸 휘숙옹주와 혼인해 왕실과는 2중, 3중의 혼맥을 형성하게 된다. 아쉬운 점은 임사홍이나 임광재 등의 행실이 좋지 못해 사림의 지탄을 받으면서 뒤늦게 임원준까지 싸잡아서 비난의 대상이 되고 말았다는 점이다.

실록을 읽다 보면 대체적으로 유학 자체가 과학 정신을 죽였다기보다는, 사림의 득세와 함께 조선에서 실용과 탐구의 정신이 퇴색했다는 것을 누구나 알 수 있다. 조선 중기 이후의 우리 역사가 당쟁이라는 공리공담(空理空談)에 빠져드는 것도 어찌 보면 사림의 득세와 무관치 않다.

임원준의 길과 김종직의 길이 우리 역사의 갈림길이었다고 할 수 있다. 결국 우리는 김종직의 길을 걸어오게 되는데, 그렇게 된 데는 잦은 사화와 폭정이 크게 기여했다. 폭정이 명분을 중시하는 사림의 힘을 키워 주었고, 결국 사림은 실용을 버렸던 것이다.

조선 판 신입 신고식,
공포의 신래침학

그을음으로 시커먼 부엌 벽에 거미처럼 달라붙어 양 손과 온몸을 숯검정으로 만드는 '거미잡이'를 한 뒤 재 씻은 물 다 마시기, 사모관대를 한 채로 연못에 뛰어들어 고기 잡기, 얼굴에 오물을 바른 채 광대놀이 하기, 한겨울에 물에 집어넣고 한여름에 뙤약볕에 세워 놓기……

『흥부가』에 등장하는 놀부가 동네 사람 골탕 먹이는 기술이 아니다. 조선시대 문과 급제자들이 관직에 나아가기에 앞서 통과해야 했던 신고식의 벌칙 일부다.

고려를 망하게 만든 망조 중 하나가 분경(奔競)과 철행(綴行)이다. 분경은 분추경리(奔趨競利)의 줄임말로, 관리들이 인사를 관장하는 고위 관리나 정권 실세들을 분주하게 쫓아다니며 벼슬을 따 내려 했던 일종의 엽관(獵官) 운동이다. 철행은 과거에 급제한 자가 하인들을 이끌고서 공공연하게 고위 관리나 정권 실세들에게 문안 인사를 올리던 행차다. 그 말뜻에서 보듯 인맥을 꿰러 다닌다는 것이다.

이런 나라가 안 망했다면 그게 비정상이다. 그러다 보니 새나라 조

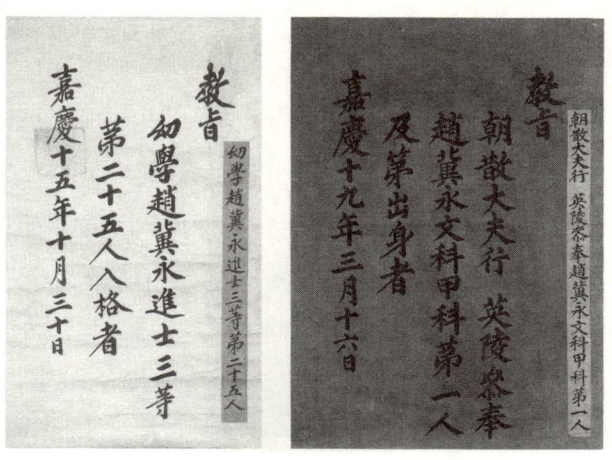

「백패」 **(좌)** 생원, 진사 시험 합격증. 흰색 종이에 쓴 문서라는 뜻이다.
「홍패」 **(우)** 대과 시험의 합격증. 붉게 물들인 종이에 쓰기 때문에 이러한 명칭이 붙었다.

선에서는 분경이 금지됐고, 철행도 '유가(遊街)'로 바뀌었다. 텔레비전 사극에 종종 등장하는, 어사화를 머리에 꽂고 자기 동네에서 '마(馬) 퍼레이드'를 벌이는 장면이 바로 유가다. 철행이 위세를 부리는 것이 었다면 유가는 자축하는 정도였다. 분경 금지와 함께 철행도 유가로 약화된 것이다.

그런데 이 유가도 문과에 급제했다고 해서 아무나 할 수 있는 게 아니었다. 허참례(許參禮), 중일연(中日宴), 면신례(免新禮)로 이어지는 공포 의 3중 신고식을 통과한 자만이 머리에 어사화 꽂고 '금의환향'해 '마 퍼레이드'를 할 수 있었다.

과거에 급제한 자는 신래(新來)라고 불렸다. 이들은 일단 예문관, 성균관, 교서관, 승문원 등에 배치돼 오늘날의 인턴 과정을 밟도록 돼 있었다. 이 네 곳은 모두 문신들이 자랑스럽게 여기는 기관들이었다. 그러나 배치가 결정되었다고 해서 바로 자리를 배정받아서 일할 수 있는 것은 아니었다. 아직 허참례, 즉 참여를 허락하는 절차를 거치지 않았기 때문이다.

권지(權知)로 불리던 인턴들은 배속된 부서의 선배들을 찾아다니며 인사를 하고 돈을 마련해 선배들에게 잔치를 열어 주어야 했다.

조선 성종 때의 문신 성현이 쓴 『용재총화』에 따르면, 원래 허참례는 신래들의 기강을 확립하려는 좋은 뜻에서 시작됐으나 점차 변질됐다고 한다. 그에 따라 명칭도 신래침학(新來侵虐)으로 바뀌어 불릴 정도였다. 말 그대로 새로 온 신참을 못살게 군다는 뜻이다.

육체적, 정신적 학대는 기본이고 온갖 음식과 술에 기생까지 불러야 하는 연회의 모든 비용도 권지들이 지불해야 했다.

"새로 배속된 사람을 괴롭혀서 여러 가지 귀하고 맛있는 음식을 졸라서 바치게 하는 데 한이 없어 조금이라도 마음에 들지 않으면 한 달이 지나도 동좌(同坐-권지에게 옆자리에 앉아 업무를 익힐 수 있도록 하는 짓)를 불허하고, 사람마다 연회를 베풀게 하되 만약 기생과 음악이 없으면 신래와 간접적으로 관계되는 사람에게 끝까지 책임을 추궁하였다."

신래침학은 연회 자리에서 절정에 이른다. 이 자리에서는 각종 내기가 진행되는데, 고참은 져도 벌주가 없고 신래가 지면 벌주에다가 각종 침학이 이어졌다. 즉석에서 별명을 붙여 주면 그에 어울리는 흉내를 내야 했고, 고분고분하지 않았다가는 뭇매도 다반사였다. 단종 때는 허참례를 치르던 신래가 죽는 사건까지 생겼다.

이런 고통을 이겨 내고 나면 면신례를 치른다. 동좌를 허락하는 연회다. 초창기에는 허참례에서 면신례까지 열흘 정도였지만 점점 심해져서 한 달이 지나도 면신하지 못하는 경우들이 많았다. 육체적, 정신적 학대도 문제였지만 대갓집 자제가 아니고서는 잔치 비용을 대다가 파산에 이를 지경이었기 때문이다. 그 때문에 부유한 장사치 집안의 데릴사위로 들어가 지탄의 대상이 되는 신래들도 있었다. 이런 악습에 정면으로 반기를 든 인물 중 하나가 율곡 이이다. 명종 19년(1564년) 문과에 급제한 이이는 승문원에 발령받았는데, 신래로서 허참례를 거부했다. 그 바람에 이이는 한동안 관직에 나아가지 못했다. 당시 관직에 있던 퇴계 이황이 그 소식을 듣고 한마디 했다.

"신래침학이 무리한 시속(時俗)이긴 하지만 이미 그것을 알고서 과거를 보지 않았는가?"

여기에도 율곡과 퇴계의 차이가 있다. 율곡은 직선적이고 열혈 청년의 기백이 가득했던 인물인 반면, 퇴계는 늘 조신하면서 세상과의 불화를 에둘러 가려 했기 때문이다.

성균관 동맹 휴학 권당의
타당한, 혹은 타당하지 않은 이유

성균관 유생들이 관 내외 문제로 불만이 있을 때 시위를 하느라고 관에서 모두 물러가는 것을 권당(捲堂)이라 했다. 권(捲)은 거둔다는 뜻으로, 성균관을 비워 버린다고 해서 공관(空館)이라고도 했다. 오늘날의 데모나 시위와 같은데, 송나라 때 태학에서 시작돼 조선에서도 세종 때 처음으로 발생했다.

세종 말년, 세종이 궐내에 내불당(內佛堂)을 설치하려 하자 유생들이 성균관 문에 '이단(異端)이 바야흐로 번성하니 오도(吾道−유학)가 장차 쇠하겠구나'라고 써 놓고 성균관을 비워 버렸다. 인자하기 그지없던 세종도 대로(大怒)하지 않을 수 없었다. 하지만 우의정 남지가 눈물로 호소하며 "이런 경망스러운 아이들을 어떻게 벌줄 수 있겠느냐?"고 용서를 청하였고, 또 국시(國是)라 할 수 있는 유교를 지키려는 청년들의 기개로 볼 수도 있었기 때문에 용서해 주었다.

하지만 권당이 반드시 이처럼 대의명분을 걸고서만 이뤄진 것은 아니다. 성종 4년(1473년) 7월 5일, 성균관 유생 임지(任地) 등이 스승에게 대항하느라 몇몇 동료들과 함께 권당하였다가 가혹한 처벌을 받게 된다. 임지는 장(杖) 60대에 도(徒-징역) 1년의 중형을 받았고, 나머지 유생들도 거기에 준하는 형벌과 함께 영구히 과거를 칠 수 없게 됐다. 성종 11년(1480년) 5월 28일에는 성균관 생원 김경충을 비롯한 406명이 연명하여 상소를 올렸다. 대비들이 불교를 숭상하도록 방치해서는 안 된다는 내용이었다. 문제는 이들이 그 후 권당을 해 버린 데에 있었다. 진노한 성종은 이들 중 주동자들을 국문토록 조치했다.

사실 권당은 국왕의 힘이 강력했던 조선 초에는 별로 일어나지 않았다. 하지만 조선 중기를 넘어가면서, 특히 당쟁이 격화되면서 권당의 빈도도 잦아졌다. 임금의 권위가 그만큼 약해진 결과다. 권당에도 단계가 생겼다. 심지어 현종 때는 성균관 유생의 학문하는 태도가 소홀하다 꾸짖는다고 권당하는 일까지 발생했다. 이때의 권당은 성균관을 비우는 것은 아니고 식당에 가는 것을 거부하는 것이었다. 일종의 단식 '투정'이었다. 이를 권식당(捲食堂)이라 했다. 이럴 때는 대신을 보내 설득하면서 별 탈 없이 지나갔다. 어느새 권당은 유생들의 문화로 자리 잡고 있었다.

권당을 가장 잘 활용한 정치인은 노론의 송시열이었다. 숙종이나 영조 때 유난히 권당이 많았던 것도 송시열의 노론 진영이 성균관 유생을 통해 '여론'을 만들어 임금이나 남인, 혹은 소론 집권 세력을 압박한 때문이었다. 이후에는 소론도 이를 배워서 종종 노론을 압박할 때 권당을 활용했다. '권당에는 권당으로'였다. 그 결과 숙종 때에는 성균관 유생들이 우의정 김석주의 죄상을 논하는, 예전에는 상상도 할 수 없었던 일들이 일어났다. 유생들의 정치 개입은 원칙적으로 엄격하게 금지되어 있었기 때문이다. 경종 때는 자신들이 지지하는 정치인이 유배 갔다는 이유로 권당하기도 했다.

송시열 1607(선조 40년)~1689(숙종 15년). 숙종대 노론의 영수. 송시열의 행적에 대해서는 당파 간에 칭송과 비방이 무성했다. 그러나 그에 의해 재정비된 정통 성리학의 체계와 광범한 문인들의 활약 및 정치적인 비중 때문에, 그의 학문과 사상은 조선 후기의 가장 강력한 지배 이념으로 작용했다.

재위 기간이 52년이나 되기도 했지만 빈도로 보더라도 영조 때 수십 차례의 권당이 있었다는 것은 흥미롭다. 영조 6년(1730년) 5월 29일, 영조가 원점(圓點)을 점검한 후 유생들의 게으름을 꾸짖자 유생들이 권당했다. 원점이란 성균관 유생들의 출결 상황을 체크하기 위해 식당에 들어갈 때 장부에 점을 찍도록 한 것이다. 전성기의 영조 같았으면 중벌을 내렸겠지만, 아직 왕권을 제대로 확립하지 못한 때였기에 영조는 스스로 물러선다. 무수리 출신 국왕의 정통성이 아직은 약했기 때문인지 모른다.

실은 정조 때도 적지 않은 권당이 있었다. 정조는 유생을 처벌하는 대신 성균관 대사성에게 책임을 물었다.

"조정에서 나이 젊은 유생에 대해 탓할 나위도 못 되는 까닭에 비록 처분은 하지 않지만, 지금의 성균관 지사는 대관(大官)인 만큼 처치하도록 하겠다. 대사성을 파직하라!"

권당은 이후에도 계속돼 고종 때까지 일어났다. 권당에 대해 국왕들이 진노하여 처벌을 주장하면 이를 무마하려는 신하들의 논리는 한결같았다.

"권당은 쇠세(衰世)의 일이긴 하지만 어린 유생들이 뭘 모르고 한 일이니 용서해 줘야 한다."

권당을 용인하는 것은 자기 시대가 망조가 든 쇠세임을 인정하는 것이었다. 그래서 정조는 유생들은 일단 용서해 주는 대신 책임자를 처벌하겠다는 새로운 처벌 논리를 들고 나온 것이다.

문제의 술을 문제 삼지 않은
조선의 관가

여말 선초의 홍영통(洪永通, ?~1395년)은 공민왕 때 신돈의 심복이었으면서도 반(反) 신돈파 사람들을 많이 구제하였다. 그래서 신돈이 제거될 때 귀양 갔지만 목숨은 건질 수 있었다. 그 후 고려 우왕 때는 왕실과 인척 관계였으므로 좌의정에 해당하는 좌시중까지 지냈다. 정적을 만들지 않는 처신으로 조선이 세워진 후에도 남양백(南陽伯)에 봉해져 남부러울 게 없었으나, 태조 4년 10월 11일 태조 이성계의 탄일(誕日) 잔치에 갔다가 만취해서 집으로 돌아오던 중 그만 말에서 떨어져 죽었다. 그로 인해 홍영통은 조선시대 최초의 음주낙마(飮酒落馬) 사망이라는 불명예를 안게 된다.

세종의 대군 시절 스승으로, 세종이 형 양녕을 대신해 왕위에 오르는 바람에 특진에 특진을 거듭해 이조판서를 거쳐 병조판서까지 올랐던 이수(李隨)도 1430년(세종 12년) 4월 18일, '술에 취해 말을 달리다가 떨어져서 이내 죽으니, 나이는 57세였다'는 불명예를 남겼다.

하지만 정작 '과음' 문제로 세종을 괴롭혔던 인물은 따로 있었다. 세종이 아직 상왕 태종으로부터 임금 '인턴'을 받고 있던 세종 2년 9

월, 사헌부에서는 병조참의 윤회(尹淮, 1380년~1436년)가 종묘에서 의례를 진행하던 도중 술에 취해 불경을 저질렀다고 탄핵했다. 아마도 태종과 세종 모두로부터 총애를 받던 인물이 아니었다면 종묘에서의 그 같은 무례는 결코 용서받지 못했을 것이다. 다음날 세종은 윤회를 따로 불러 "너는 총명하고 똑똑한 사람인데 과음이 너의 결점이다"하고 책망하며 자제를 당부하는 선에서 마무리 지었다.

하지만 자타가 공인했던 주호(酒豪) 윤회가 여기서 그칠 리는 없었다. 세종 12년 12월 22일, 사헌부는 세자의 스승을 맡고 있던 윤회가 술에 취해 세자의 공부 시간이었던 서연(書筵)에 참석하지 않았다고 탄핵했다. 세종도 답답했던지 따로 김종서를 불러 "술을 삼가라는 명령이 뭐가 그리 어렵단 말인가"라고 한탄한다. 하긴 그 무서운 태종도 고치지 못한 주벽이었다.

세종 때 윤회가 있었다면 성종 때는 손순효(孫舜孝, 1427년~1497년)가 주호의 맥을 잇는다. 그러나 윤회의 호방한 기질과 달리 손순효는 상당한 주사가 있는 편이었다. 술에 취하면 허풍이 심해지고 '임금' 얘기만 나오면 눈물을 줄줄 흘려 주변 사람들로부터 빈축을 살 정도였다. 심지어 그가 죽었을 때 졸기에 이런 대목까지 있다.

관찰사로 나가 있을 때에는 항상 서울을 향하여 절을 하니 사람들이 혹 정상이 아닌 것이 아닌가 의심하였다. 사람됨은 충직한데 일을 하는 데서는 모자라 가는 데마다 실적이 없었다.

그래도 손순효는 술을 좋아하고 즐길 줄 아는 사람이었다. 효종 때의 병조판서 박서 같은 인물은 효종 2년(1651년) 10월 임금의 명을 받고서도 술에 취해 새까맣게 잊어먹은 다음 부하에게 그 책임을 덮어 씌웠다가 들통 나 사간원의 탄핵을 받아야 했다. 그러나 효종은 박서를 너무나도 총애했기 때문에 오히려 그를 탄핵했던 사간원 관리가 고초를 겪는다. 이런 박서가 2년 후인 효종 4년 6월 29일 세상을 떠났을 때 실록은 이렇게 적고 있다. '박서는 연일 과음하다가 갑자기 죽었다.' 술병이었다.

숙종 12년(1686년) 2월 7일, 숙종의 외삼촌이기도 했던 한성좌윤 김석익(金錫翼)이 세상을 떠났을 때의 기록이다. '이때 과음으로 인하여 갑자기 죽었다.' 박서와 같은 원인이었을 것이다.

조선시대 임금들은 특히 자신들이 아끼는 신하들 중에 과음이나 주벽이 심한 사람들에게는 은근히 타이르는 차원에서 잔 가운데 경계의 말을 새겨 넣은 자그마한 은잔(銀杯)을 하사하곤 했다. 숙종 36년(1710년), 숙종은 인현왕후 민씨의 오빠로 자신의 처남이기도 한 약방제조 민진후(閔鎭厚, 1656년~1720년)가 지나치게 술을 좋아하자 은잔을 내렸다. 그 잔 속에는 '술이 뭐가 해로우냐고 말하지 말라, 그 해가 날로 심해지리라'라고 새겨져 있었다.

정조 14년(1790년) 11월 12일, 승지 신기(申耆)가 경연에 참석했는데 술에 몹시 취해 있었다. 까칠한 성격의 정조가 가만히 있을 리 없었다. "면전에서 글을 받아 쓸 때 술 냄새가 코를 찌른다. 계설향(鷄舌香-잎 냄새 제거용 약재)을 구해 입에 물기는 어렵더라도 어찌 감히 이처럼 과음할 수 있단 말인가?" 그러나 신기는 큰 처벌을 받지 않았고, 이후 요직을 두루 거치게 된다. 조선은 분명 이념적으로는 경직된 나라였지만 술에 관한 한 톨레랑스[寬容]가 있었다.

조선의 청와대 비서실, 승정원

세종 30년(1448년) 7월 17일, 만년의 세종이 불교에 노골적으로 귀의하면서 대궐 안에 불당을 설치하려다가 조정 신료들은 물론이고 성균관 유생들까지 집단 스트라이크를 벌이는 일이 발생했다. 심지어 오늘날의 청와대 비서실에 해당하는 승정원의 승지들까지 대거 나서서 세종의 처사를 비판했다. 단, 6승지 중에서 도승지 이사철, 우승지 이의협, 좌부승지 안완경, 우부승지 이사순, 동부승지 이계전 등 5승지만 동참했고, 도승지와 우승지 사이에 있는 좌승지 조서안은 여기에 참여하지 않았다. 그나마 조서안이라도 있었기 때문에, 7월 23일 세종은 파업을 벌인 성균관 유생들과 4부 학당 학생들에 대한 국문을 행하라는 명을 의금부에 내릴 수 있었다. 다음날 유생과 학생들에 대한 국문 명령은 의금부 제조들이 적극 나서서 만류하는 바람에 중단되었다.

흔히 왕명을 받드는 승정원에는 6승지가 있었다. 승지는 모두 종3품 당상관으로, 6조의 참의나 사간원 대사간, 성균관 대사성 등과 같은 종3품 당상관이었다. 그러나 같은 승지라 하더라도 하는 일에 따라 내부적인 서열이 있었다. 오늘날의 청와대 비서실장에 해당하는 도승지(都承旨)는 6조 중에서 가장 비중이 높은 이조(吏曹)를 담당했다. 그래서 도승지를 이방승지라 불렀다. 이런 식으로 좌승지는 호방승지, 우승지는 예방승지, 좌부승지는 병방승지, 우부승지는 형방승지, 동부승지는 공방승지라고 일컬었다. 이와 같은 승정원 제도가 완비된 것은 세종 때다.

승지들은 국왕이 3정승이나 3사와 의견 충돌을 빚을 때 국왕에게 필요한 논리를 제공하고 밀사의 역할을 하는 등 국왕을 지근거리에서 보좌했다. 그러나 세종 때의 불사(佛事) 문제는 승지라고 해서 무조건 임금 편을 들 수만은 없는 사안이었다.

성종 10년(1479년), 성종이 별궁에 거처하던 윤씨를 폐출시키려 할 때도 사정은 비슷했다. 6월 2일 성종이 윤씨의 폐비 의사를 밝히자 도승지 홍귀달, 좌부승지 김계창, 좌승지 김승경, 우승지 이경동, 우부승지 채수의 순서로 폐비의 부당함을 아뢰었지만 성종은 눈 하나 깜짝하지 않고 윤씨의 폐비를 밀어붙였다. 게다가 "동부승지 변수를 제외한 나머지 승지들은 모두 옥에 가두라"고 명한다. 그나마 정창손, 한명회 등 대신들이 적극 나서서 변호하는 바람에 변수를 제외한 5승지는 승지직에서 물러나 각조의 참의로 보직을 옮기는 선에서 끝난다.

대체적으로 임금이 유약하면 승지들의 역할이 커지는 반면 임금이 강건한 성격일 경우 승지들은 심부름꾼에 지나지 않게 된다.

숙종 39년(1713년), 절대 왕권을 행사하던 숙종에게 대사헌 이돈이 소론 대신 남구만의 복권을 건의하자 숙종은 "이돈을 삭탈관작하여 문외 출송하라"라고 명한다. 숙종이 장희빈을 죽이려 할 때 남구만이 끝까지 반대했기 때문에 숙종은 남구만에 대해 오랫동안 서운함을 품고 있었던 것이다. 그 장면을 지켜보던 좌부승지 권지가 너무 심하다고 생각했는지 이돈을 거들려고 하는 순간, 아직 말도 하지 않았는데 "권지도 삭출하라"는 명이 떨어졌다. 그러고서도 분이 풀리지 않은 숙종이 책상을 밀치고 얼굴빛에 노기를 더해 가자 "이돈과 권지는 황급히 달아나 버렸다"고 실록은 적고 있다.

승지들을 가장 곤혹스럽게 했던 것은 왕위를 세자에게 물려주라는 선위 명령이었다. 그것은 자칫 목숨이 날아갈 수도 있는 중대 사안이었다. 태종이 태종 6년(1406년) 첫 번째 선위 의사를 밝혔을 때 도승지(당시에는 지신사)는 황희였다. 결국 황희는 훗날 태종이 양녕을 폐세자하고 충녕에게 세자 자리를 넘겨줄 때 끝까지 반대하다가 "양녕에게 아부한다"는 의심을 사 유배를 가야 했다.

국왕이 선위 의사를 밝히는 순간, 도승지를 비롯한 승지들은 한사코 "그 명은 결코 받들 수 없다"고 해야 목숨을 부지할 수 있었다.

그러나 승지는 지존(至尊)을 가장 가까이에서 모셨기 때문에 하기에 따라서 막강한 권력을 가질 수도 있었다. 세조 때의 한명회나 정조 때의 홍국영이 그런 경우다. 수양대군은 쿠데타를 감행한 직후 측근 권람을 좌부승지, 한명회를 동부승지로 두어 단종을 '감시'토록 했다. 세조가 왕위에 오른 후에도 한명회는 좌부승지, 우승지, 좌승지, 도승지 등을 거쳐 권력의 핵심으로 단계단계 나아갔다. 훗날 한명회는 정승에까지 오른다.

정조의 최측근 홍국영도 정조의 즉위와 함께 동부승지에 '발탁'된다. 한 달 만에 좌승지에 오른 홍국영은 4개월 만에 도승지에 오른다. 승지로서는 말단인 동부승지에서 최고위직인 도승지로 뛰어오른 것이다. 홍국영은 이후 3년 가까이 도승지로 있으면서 전횡을 일삼다가 '권력 남용'으로 퇴출되고 만다.

　이처럼 같은 종3품이라도 승정원 승지를 거친다는 것은 국왕과의 친분을 쌓으면서 각종 국정 현안을 국왕의 시각으로 볼 수 있는 기회였기 때문에, 훗날 정치력 발휘가 요구되는 의정부 등의 최고위직으로 나아가는 결정적인 밑거름으로 작용할 수 있었다.

:: 국정 전반을 총괄하는 기관, 의정부(議政府)

　영의정, 좌의정, 우의정 3상(相)의 품계는 모두 정1품으로 대군과 대등하다. 정치 상황에 따라 다르기는 하지만 대체적으로는 좌의정이 실권을 쥐고 우의정이 그를 보좌하면 영의정은 양자를 조정하는 역할을 했다. 그러나 왕권이 강할 때는 그 국왕이 영의정에 힘을 실어 주느냐, 좌의정에 힘을 실어 주느냐에 따라 상황이 달라지기도 했다. 3정승 바로 아래로는 종1품으로 좌찬성과 우찬성이 있었고, 그 아래로는 정2품 좌참찬과 우참찬이 있었다. 진급하는 서열도 일단 우참찬이 되었다가 좌참찬으로, 그리고 우찬성을 거쳐 좌찬성으로, 나아가 우의정을 거쳐 좌의정으로 올랐다가 최종적으로 영의정이 될 수 있었다. 6조 판서가 정2품이었기 때문에 판서로서 실무 능력을 검증받고 더불어 국정 전반을 논의할 수 있는 국정 능력이 있다고 판단되는 인물들 중에서 충성도 등이 감안돼 의정부로 진출할 수 있는 길이 열렸다. 오늘날로 치자면 총리실과 국회를 겸한 것이 의정부로, 말 그대로 정치를 논의하는 핵심 권력 기구였다.

장원급제 타이틀과
관운의 상관성은?

가벼운 퀴즈로 시작해 보자.

조선 국왕 27명 중 문과에 급제한 임금은?

바로 태종 이방원이다. 이방원은 열일곱 살 때인 고려 우왕 8년(1383년), 문과에 7등으로 붙었다.

그러면 당시의 장원급제자는? 훗날 태종과 사돈 관계를 맺어 양녕대군의 장인이 되는 김한로다. 김한로(金漢老, 1367년~몰년 미상)는 장원급제에도 불구하고 행실 면에서 문제가 많아 태종 때에만 두 차례나 독직(瀆職) 사건 등으로 파면당했다. 그러나 태종 7년, 딸이 양녕대군과 혼인하면서 승승장구의 길을 걷는다. 2년 만에 예조판서에 오르고 이후 대사헌, 대제학 등을 거쳐 병조판서에까지 오르는 것이다. 그러나 세자궁에 여자 출입을 도와 주는 등 장인으로서 '부적절한 처신'을 보여 결국 양녕이 폐세자될 때 함께 쫓겨나 역사에서 사라져 버렸다.

김한로의 이 같은 인생 역정은 장원이라는 영예에도 불구하고 그다지 영달을 누리지 못했던 조선시대 장원급제자들의 관운(官運)을 상징적으로 보여 주는 듯하다. 그러나 말이 그렇지, 장원(壯元), 즉 수석 합격이야 어느 시대든지 자식 키우는 부모라면 그 누구라도 원할 간절한 소망일 것이다. 그러다 보니 조선시대의 문집들에서도 '장원급제'는 누구나 한 번쯤은 짚고 넘어가는 주제일 수밖에 없었다.

조선 초 최고의 '과거왕'은 이석형(李石亨, 1415년~1477년)이다. 26살 때인 세종 23년(1441년), 생원과 진사시에 연속 장원한 다음 같은 해 문과에서도 장원급제를 했다. 굳이 요즘 식으로 말하자면 '3시(試) 수석'이었다. 그러나 탁월한 행정 처리 능력에도 불구하고 '장원' 특유의 엘리트 주의 때문이었는지 정치력은 별로였던 것 같다. 결국 정승에는 오르지 못하고 세조의 집권을 수동적으로 인정하는 범위에서 시와 풍류로 말년을 보냈다.

이후 신숙주의 손자인 신종호(申從濩, 1456년 세조 2년~1497년 연산군 3년)는 진사시와 문과에서 장원을 하고 다시 홍문관 부응교로 있으면서 고위 관리를 대상으로 한 과거인 중시(重試)에서도 장원을 했다. 그는 이석형에 버금가는 탁재(卓才)였다. 그러나 벼슬은 참판을 넘지 못했고, 연산군 초 사신이 되어 명나라에 갔다 오다가 개성에서 객사했다. 훗날 이이도 시험이란 시험은 전부 장원을 했으나 정승에는 오르지 못했다.

한명회와 함께 수양대군의 책사로 정난을 주도했던 권람(權擥), 연산군의 장인 신승선(愼承善), 선조 때의 가객(歌客) 정철(鄭澈) 등도 문과나 중시의 장원 출신이다.

세월이 흘러가면서 김흔(金訢), 김전(金銓) 형제가 각각 문과 장원을 했고 김흔의 아들 김안로(金安老)도 장원을 해, '형제' 장원과 '부자' 장원이 겹쳤다. 김안로는 중종 때 한 시대를 풍미한 권력을 행사했지만 사림들을 핍박해 역사에는 대표적인 '권간(權奸)'으로 기록돼 있다.

때문에 지금까지도 사극에서 심심찮게 악역의 상징 인물로 등장한다. 김안로의 경우, 그의 장인 채수(蔡壽)와 아랫동서 이자(李耔)도 문과 장원 출신이었다.

김천령(金千齡), 김만균(金萬均), 김경원(金慶元)은 3대가 연이어 문과에서 장원급제를 했다. 김천령의 경우 연산군 2년 장원을 했으나, 시대를 잘못 만나 연산군 10년 국왕의 잘못을 간하다가 능지처참을 당했다. 이런 시련 속에서 성장한 김만균도 중종 23년 장원으로 관직에 나섰지만 김안로의 견제를 받는 등 순탄치 못한 길을 걸어 벼슬은 참판에 그쳐야 했다. 김경원도 명종 때의 애매모호한 처신으로 사림들의 배척을 받아 이렇다 할 족적을 남기지 못한 채 선조 때 역사의 뒤안길로 사라졌다. 그래서 조선시대에는 10대에 문과에 급제하는 소년등과나 장원급제자치고 의정부에 참여한 자가 드물다는 말이 쭉 전해져 왔는지 모른다.

인생의 승부는 처음이 아니라 끝에 난다는 교훈일 게다.

검찰과 언론의 대립, 사헌부와 사간원

　성현이 조선 성종 때 지은 『용재총화』를 보면 사헌부와 사간원의 전혀 다른 조직 문화를 알 수 있다.

　일반적으로 사람들은 대간(사헌부 관리)과 간관(사간원 관리)은 같다고 하나 성현은 전혀 다르다고 말한다. 굳이 현대식으로 비유하자면 사헌부는 검찰, 사간원은 언론이다. 사헌부의 핵심 임무는 풍속을 규찰하는 것이고 사간원의 핵심 임무는 임금의 과실을 바로잡는 것이다. 그래서 사헌부의 경우 위계질서 의식이 엄격하여, 지평이 섬돌 밑에서 장령을 맞아들이고 장령은 마찬가지로 집의를 맞아들이며 집의 역시 마찬가지로 대사헌을 맞도록 되어 있었다. 아랫사람이 아직 관아에 도착하지 않으면 윗사람이 먼저 왔더라도 천막 같은 데서 기다렸다가 아랫사람이 도착한 후에 들어갔다. 이들은 함께 길을 갈 때도 위계질서를 엄중하게 여겼다.

　반면에 사간원의 경우에는 상하가 없었다. 심지어 뒤뜰에 함께 모여 앉아 옷도 벗고 쉬며 날씨가 추우면 선배의 표범이나 사슴껍질을 가져다가 깔고 앉았다. 그리고 회식이라도 할 때 돈이 필요하면 사헌부에서 가져다 쓰기도 했다. 이처럼 사헌부와 사간원의 서로 다른 문화는 고려 때부터 시작된 것으로 보인다.

태종 2년에는 새해 벽두부터 아주 흥미로운 사건이 일어난다. 사헌부가 사간원 관리를 탄핵하고, 반대로 사간원이 사헌부 관리를 탄핵한 것이다. 두 기관은 1월 3일부터 정면으로 대립했다.

먼저 사간원에서 대사헌 이지를 비롯, 전 장령 박고와 전 잡단 김치, 송흥 등을 탄핵했다. 이지(李至, ?~1414년)는 1388년 상서원 소윤을 역임하여 위화도 회군에 참여했고 조선 창업에 참여하여 3등공신이 되었다. 중추원 부사와 지사를 역임하면서 척불론(斥佛論)을 내세워 유교의 이념 정립에 힘쓴 그는 태종 즉위 후 태종 2년 대사헌에 발탁됐다. 직무에 충실하였으며 성품이 강직하였다고 한다.

사간원에서 사헌부를 탄핵한 이유로 내세운 것은 이러했다.

사헌부에서 얼마 전 '사간원 헌납 한승안이 평주로 호가(扈駕-국왕의 행차를 호위)하였을 때, 주상께서 안렴사 김분의 참소를 들으시고 죄가 되지 않는 것을 가지고 장령 박고를 견책하시는데도 한승안은 간하지 못하였고, 김첨은 바로 그들과 동렬(同列)이었다'며 한승안과 사간 김첨을 탄핵했던 사실을 들면서 "만일 그렇다면 그들(사헌부)도 김분이 참소한 죄를 탄핵하고, 동시에 위로 전하께옵서 참소를 믿은 실수를 간했어야 옳았을 것"이라고 밝혔다. 한마디로 사간원 사람들에게 잘못이 있다면 똑같은 잘못이 사헌부에도 있다는 논리였다. 문제는 논리가 아니라 이런 논리를 전개하는 과정에서 언급된 사실, 즉 태종이 김분의 참소를 받아들였다는 대목이었다.

태종은 성격이 불같은 사람이었다. 이 대목에서 그는 "이들 무리가 나더러 참소하는 말을 들었다고 여긴다"고 크게 화를 내며, 대언 이

응을 시켜 이 상소를 올린 사간원의 좌사간 진의귀와 우헌납 김여지를 불러들였다.

"내가 평주에 있을 때 어떤 사람이 나에게 들어와서 참소하였는가?"

그리고 평주에서 있었던 일을 설명한다. 자신이 장령 박고를 잘못 견책했을 때 한승안은 간관이면서도 입을 다물었고 대신 사관만이 극력 간했었다는 것이다. 그러면서 태종은 "사관은 기사(記事)만을 관장할 뿐이라, 곧이곧대로 써서 주머니에 간직하였다면 이것은 내 허물을 후세에 드러내는 것이다. 사관은 간하는 직책이 아닌데도 간하였으니, 이것은 진실로 나를 사랑함이다. 내 이 까닭에 그 말을 들었다"라고 밝힌 후 사간원 상소의 문제점을 날카롭게 지적한다. "한승안은 직책이 간관이면서도 여기에 대하여 한마디 말도 간함이 없었으니, 이것이 어찌 간관의 도리인가? 이 상소에 맨 먼저 한승안의 일을 말하였지만 한승안의 죄는 청하지 않고 도리어 대사헌 이지 등의 직첩을 거두고 국문하고자 하니 무슨 까닭인가?"

화가 머리끝까지 치민 태종은 상소문을 집무실 한가운데로 집어던져 버리곤 다시 한 번 자신이 참소나 듣는 사람으로 언급된 데 대해 극도의 불쾌감을 표하며 진의귀와 김여지를 순군옥에 하옥시켜 버렸다. 얼마 후 두 사람은 귀양을 떠나야 했다. 그때 지 사간(사간원 지사의 줄임말) 노한이 동료인 진의귀와 김여지가 귀양 갔다는 말에 태종을 찾아 뵙고 "사실 그 이야기를 처음 발언한 것은 두 사람이 아니라 제가 먼저이니 저도 함께 귀양을 보내는 것이 옳습니다"라고 했다. 그러나 태종은 그냥 집으로 돌아가라고 명한다. 노한은 태종의 아랫동서였다.

3월 13일, 태종은 사헌부로 하여금 사간원의 근태 상황도 규찰할 것을 명한다. 사헌부의 손을 들어 준 것이다.

사헌부보다 힘센 국왕의 친인척

태종 2년 2월 어느 날, 대사헌 이지가 사헌부 집무실에 앉아 있는데 같은 사헌부의 감찰 노상신과 사헌부 관리 전경, 이안직 등이 새로 감찰이 된 신입 요원의 신고식을 심하게 했다. "노래하고 춤추며 익살을 부리게 하여 온갖 추태를 부리지 아니함이 없었다."

이를 알게 된 이지가 서리(書吏-비서)를 시켜 노상신에게 "감찰이란 무공(武工)도 아니고 악공(樂工)도 아닌데 어찌 이같이 하시오? 신구귀(新舊鬼-고참이 신참을 길들이는 일종의 관습)란 비록 옛부터 그러하다 해도 일찍이 법으로써 이를 금하였으니 법을 집행하는 관리로서 먼저 스스로 법을 무너뜨림이 옳겠소?"라고 따졌다.

감찰이란 사헌부의 정5품 관직으로 법을 집행하는 자리였다. 반면 대사헌은 사헌부의 장관으로 종2품 당상관이었다. 특히 위계질서가 엄한 사헌부에서 감찰은 감히 대사헌을 제대로 쳐다볼 수도 없는 낮은 직위였다.

그런데도 노상신 등은 "본방(本房-사헌부)은 무공, 악공의 방이다"라고 떠들고 다니며 퇴근하는 이지를 맞이하지도 않았다. 이런 사정을 또 다른 감찰 한 명이 이지에게 전했고, 이지는 전말을 기록하여 올린 다음 자신도 사직하겠다고 청했다. 그러자 태종은 사헌부 장령(정4품) 현맹인에게 "노상신 등이 법을 무너뜨리고 장관을 업신여긴 죄를 물어서 아뢰라"고 명했다. 진상은 드러났고 현맹인 등은 노상신의 죄가 중하니 직첩을 거두고 귀양을 보내야 한다고 했다. 그러나 일은 노상신 등을 파직하는 선에서 마무리됐다.

태종답지 않은 일처리다. 감찰이 대사헌에게 이 정도로 오만방자하게 굴었다면 하극상도 이런 경우는 없다. 애당초 노상신은 믿는 구석이 있었기 때문에 그런 행동을 할 수 있었고, 역시 발각된 후에도 처벌 수위가 낮았다. 공신은 아니었던 것 같고, 아마도 아랫동서인 노한의 집안사람이었을 가능성이 높다. 사직과 파직이라는 말만 다르지, 결국 이지도 자리에서 물러났고 노상신도 자리에서 쫓겨나는 것으로 끝난 것이다.

국왕 친인척의 힘은 대사헌도 누르고 남음이 있었다.

:: 국가의 기강을 바로잡고 임금의 월권을 감시하는 기관,
사헌부와 사간원

이 두 기관은 대간(臺諫)으로 불렸으며, 각각 오늘날의 검찰과 언론에 해당되는 기관이다. 사헌부의 경우 대사헌(大司憲)이 최고 책임자인데 종2품으로 판서보다 낮았고 종3품 집의, 정4품 장령, 정5품 지평, 정6품 감찰 등이 있었다. 사간원은 대사간(大司諫)이 책임자로 대사헌보다 하나 낮은 정3품 당상관이었고, 종3품 사간, 정5품 헌납, 정6품 정언이 있었다. 물론 이들의 품계는 낮았지만 국가 중대사와 관련해 국왕에게 직접 보고하고 간쟁할 수 있는 자리였기 때문에, 엘리트 관리들은 반드시 거쳐야 하는 코스로써 정치적 비중이 컸다.

제6장

조선 사람들은 어떻게 살았을까?

각양각색의 조선 사람들에게서 진짜 조선을 찾다

어떤 기준이나 척도를 들이대느냐에 따라 결과는 많이 달라지겠지만, 실은 조선시대 사람들이 삶을 대하는 태도가 우리보다 못했다고 자신 있게 말할 수 없다는 것, 이것 하나만은 분명하다. 분명 생활 여건이나 과학 기술, 근대적 가치관 등은 비교할 수 없을 만큼 나아진 것이 사실이다. 그렇다고 해서 그들의 삶이 우리보다 못했다고 과연 자신할 수 있을까? 역사를 파고들수록 그에 대한 답은 부정적으로 보인다. 때문에 여러 분야에서 활동하던 다양한 조선 사람들을 알아보는 것은 매우 중요하다.

호가 훌륭하다고
인생이 훌륭한 건 아니다?

고려 말 식자들 사이에는 눈길을 끌 만한 유행이 있었다. 호(號)에 숨는다는 뜻의 '은(隱)' 자를 붙이는 것이었다. 고려 말 명신 이인복(李仁復, 1308년~1374년)은 나무꾼[樵]으로 숨어 살고 싶다는 뜻을 담아 호를 초은(樵隱)이라고 했다. 목동을 꿈꿨는지 이색(李穡, 1328년~1396년)은 호가 목은(牧隱)이었고, 이방원에게 주살당한 정몽주(鄭夢周, 1337년~1392년)도 채소밭[圃]이나 가꾸며 살고 싶다 해서 포은(圃隱)을 호로 삼았다. 정도전의 원한을 사 조선 개국과 함께 비참한 최후를 맞았던 이숭인(李崇仁, 1349년~1392년)도 호가 도은(陶隱)인 것을 보면 질그릇이나 만들며 살고 싶었나 보다. 야은(冶隱) 길재(吉再, 1353년~1419년)는 쇠붙이를 다루는 대장장이의 꿈을 갖고 있었을 테고. 그밖에도 농은(農隱), 야은(野隱), 어은(漁隱) 등이 있었다. 하나같이 글 읽는 선비이자 피 말리는 정쟁에 몸담았던 사람들인데 농어민 같은 민초들을 동경했다니, 이해할 수 있을 것 같으면서도 한편으로는 위선처럼 보이기도 한다.

'은' 자 돌림 호가 멋있게 보였는지, 조선 초에도 그에 대한 선망이 있었다. 태종 때 붓 만들기에 능한 김호생(金好生)이란 인물이 있었다.

그에 대해 들은 태종이 김호생을 공조(工曹)에 배치하여 필장(筆匠)이라는 보직을 주었다. 임금의 붓을 만들다 보니 그에게는 붓을 만들어 달라는 문사들의 청탁도 많이 들어왔다. 목에 힘이 들어간 김호생은 문사들에게 자신의 호를 부탁했다. 문사들은 "그대는 지금 붓을 만들고 있으니 고려 때의 예에 따라 호은(毫隱)이 어떤가"라고 답했고, 김호생은 좋아하며 호은을 자처하고 다녔다. 그러던 어느 날, 그를 아끼던 한 친구가 "호은이라고 할 때의 '은'은 '은둔하다'는 뜻이 아니고, 자네가 남의 호모(毫毛─가는 털)를 슬쩍한다고 해서 붙인 것이니 '슬쩍한다'는 뜻의 '은'이라네"라고 바른 말을 해 주자 그 즉시 호은이라는 호를 버렸다.

연산군 때부터 사화가 이어지면서 조선에도 은둔 바람이 불기 시작했다. 중종 때 조광조가 변을 당한 기묘사화(1519년)가 일어나자 사림들 사이에 은둔 의식이 퍼지면서 '집 재(齋)'자로 끝나는 호가 유행하기 시작했다. 초야에 숨어 지내며 재에서 학문을 닦고 제자들이나 길러 내고 싶다는 심정의 발로로 보인다. 물론 그전에도 안재(安齋) 성임(成任, 1421년~1484년)처럼 '재'가 들어가는 호를 쓰는 사람들이 있었지만, 사림의 등장 이후에는 더욱 본격화됐다.

홍언필(洪彦弼, 1476년~1549년)은 갑자사화로 유배됐다가 중종반정으로 풀려나지만, 기묘사화 때 다시 조광조 일파로 몰리는 등 정치적 부침을 거듭하면서도 영의정에까지 오른다. 그의 호는 묵재(黙齋)였다. 조광조를 길러낸 사림 학자 김굉필의 제자인 김안국(金安國, 1478년~1543년), 김정국(金正國, 1485년~1541년) 형제는 각각 모재(慕齋)와 사재(思齋)라는 호를 썼다. 김안국과 동갑으로 김안국 형제와 정치 노선을 함께했던 사림계 인사 권벌(權橃, 1478년~1548년)의 호는 충재(冲齋)였다. 충(冲)은 온

화하고 고매하다는 뜻. 사림의 거두 이언적(李彦迪, 1491년~1553년)은 주자학을 따르겠다는 결연한 의지의 표시로 호를 회재(晦齋)라고 했다. 주자학을 집대성한 대학자 주희의 호가 바로 회암(晦庵)이었다. 이처럼 '재'로 끝나는 호를 썼던 사람들은 주로 거기에 자신들이 지향하는 바를 담으려 애썼다.

기재(企齋) 신광한(申光漢, 1484년~1555년)은 기묘사화 때 피해를 입었으나 을사사화 때는 윤원형의 편에 서서 공신이 된다. 하필 '기(企)'자는 '꾀하다', '도모하다', '발돋움하다' 등의 뜻을 갖고 있다. 을사사화로 20년간 유배 생활을 하다가 풀려나 마침내 영의정에까지 오르게 되는 노수신(盧守愼, 1515년~1590년)은 호가 소재(蘇齋)다. '되살아나다', '깨어나다'는 뜻의 '소(蘇)'다. 그밖에 황재(黃齋), 눌재(訥齋), 신재(愼齋), 담재(澹齋), 간재(艮齋) 등, 조선 중기 저명인사들 중에도 '재'자를 넣은 호를 가진 이들은 이루 헤아릴 수 없이 많다.

'은'이나 '재'로 끝나는 호들은 대부분 신중하게 조심하며 살자는 뜻인데, 호의 의미가 실상과 부합했는지는 사람마다 별개다. 하긴 예나 지금이나 관직에 들어가기가 얼마나 어렵고, 제 때에 나오기는 또 얼마나 더 어려운가?

주역에서도 '지지지지(知至至之), 지종종지(知終終之)'라 했다.

'나아갈 때를 알아 거기에 나아가고 마칠 때를 알아 그것을 마쳐라.'

그만큼 진퇴가 어렵기 때문에 주역 첫머리부터 이를 강조했을 게다. 호로써 다짐하는 정도로는 될 일이 아닌 것 같다.

이름에는
부모의 꿈이 담겨 있다

이화(梨花)에 월백(月白)하고 은한(銀漢)이 삼경인제

일지춘심(一枝春心)을 자규(子規)야 알랴만은

다정(多情)도 병인 양 하여 잠 못 들어 하노라

한때 교과서에도 실렸던 이 시는 고려 말의 문신 이조년(李兆年, 1269년~1343년)의 '다정가(多情歌)'라는 시조다. 이조년은 고려 말 혼란한 정국에서도 기개가 있었던 선비로 통한다. 하지만 여기서는 그의 문학 세계를 말하려는 게 아니라, 그 형제들의 이름을 짚어 보려 한다.

그는 5형제의 막내였다. 형들의 이름은 이백년(李百年), 이천년(李千年), 이만년(李萬年), 이억년(李億年)이었다. 아마도 이조년의 동생이 태어났다면 이경년(李京年), 이해년(李垓年) 등으로 이어갔을 것 같다. 이조년의 아버지 이장경은 자손의 무궁무진한 번성을 기원하며 그렇게 이름 지었을 것이다.

그런데 실제로 그렇게 됐다. 5형제가 모두 문과에 급제했고, 그중에서도 발군이었던 이조년의 손자들 중에서는 고려 말의 인재가 많이 나왔다. 당시 정국을 좌우했던 이인복(李仁復), 이인민(李仁敏), 이인임(李仁任) 등이 그들이다. 조선 초 성주(星州) 이씨가 번성할 수 있었던 것도 이조년이라는 걸출한 인물이 있었기 때문이다.

조선 초의 문신 강석덕(姜碩德)은 아들 둘을 두었다. 장남은 강희안(姜希顔, 1417년~1464년)이고 차남은 강희맹(姜希孟, 1424~1483)이었다. 감히 공자(孔子)의 이름을 따서 강희공(姜希孔)이라고 지을 수는 없었고, 유가의 정신대로 잘 자라 달라는 염원을 담아 각각 공자가 가장 아꼈던 제자 안회(顔回)와 맹자(孟子)에서 한 자씩 따와 이름을 강희안, 강희맹이라고 지은 것이다. 강희안은 관찰사 등을 지냈고 시, 그림, 글씨에 뛰어나 세종 때부터 안견, 최경과 더불어 '삼절(三絶)'로 꼽혔다. 아우 강희맹은 성종 때 정승 바로 아래인 의정부 좌찬성에까지 올랐다.

조선 초 훈구 집안 출신이면서도 올바른 처신으로 사림들로부터도 존경을 받아 조선 최고의 정승 중 한 명으로 꼽히는 중종 때 명신 정광필(鄭光弼)의 아버지는 관찰사와 각조의 판서들을 두루 거친 조선 초의 명신 정난종(鄭蘭宗, 1433년~1489년)이다. 강희맹과 비슷한 시기를 살았던 정난종에게는 네 아들이 있었다. 첫째가 정광보(鄭光輔), 둘째가 정광필(鄭光弼)이다. 국왕의 보필을 지상 목표로 생각했던 정난종이었다. 그랬기 때문에 세종에서 성종으로 이어지는 격변의 시기에 목숨을 부지하고 영예를 누릴 수 있었는지 모른다. 셋째는 정광좌(鄭光佐)로, 이 또한 보좌의 염원을 담았다. 막내는 정광형(鄭光衡)이다. 임금과 백성 어느 한 쪽에 치우치지 말고 균형을 잡아 주라는 뜻이었을까?

폐비 윤씨에게 사약을 전달했다는 이유로 연산군의 정치 보복 제1호가 됐던 비운의 예조판서 이세좌는 『주역』의 세계를 닮고 싶다는 꿈을 가졌던 것 같다. 그는 『주역』의 4대 원리인 원형이정(元亨利貞)에서 리(利)만 의(義)로 바꿔 4형제의 이름을 이수원(李守元), 이수형(李守亨), 이수의(李守義), 이수정(李守貞)으로 지었다. 하지만 너무 원대했던 탓이 었을까? 아들들은 이세좌가 죽은 직후인 연산군 10년 5월 13일, 아버지의 죄에 연좌되어 같은 날 동시에 목이 달아나는 참형을 당해 세상을 떠났다. 이때 죽은 이수정의 둘째 아들이 훗날 명종 때 영의정에 오르게 되는 명재상 이준경이다. 이세좌의 꿈은 아들 대를 뛰어넘어 실현된 셈이다.

충무공 이순신의 아버지 이정(李貞)은 지방의 말단관직도 제대로 맡아 보지 못한 몰락한 양반이었다. 그러나 그의 꿈은 참으로 원대했고, 그것은 네 아들의 이름으로 나타났다. 첫째는 이희신(李羲臣)으로 고대 중국의 이상적 인물인 복희씨(伏羲氏)에서 따왔다. 둘째는 이요신(李堯臣)이고, 셋째가 바로 이순신(李舜臣)이다. 요순(堯舜) 시대를 만드는 데 일조하는 신하가 되라는 이정의 꿈과 기대를 읽을 수 있다. 당연히 막내의 이름은 우왕에서 따와 이우신(李禹臣)이다.

이순신과 비슷한 시기를 살았던 의정부 우참찬 오억령, 대사헌 오백령 형제는 다시 이조년 형제들을 떠올리게 한다. 우선 오억령(吳億齡)이 형이라는 점에서 이조년 형제들과는 순서가 반대이고 이어 오만령, 오천령이 없이 곧바로 오백령(吳百齡)으로 내려오는 것도 차이가 있다. 그 사이에 두 형제가 조졸(早卒)했을 가능성도 있다.

하긴, 이조년 형제나 오억령 형제 모두 돌림자가 년(年)이나 령(齡)인 것을 보면 부모가 자식들의 출세보다는 장수를 기원했는지도 모르겠다. 그런 점에서 모든 사람의 이름은 부모의 꿈인 것이다.

286

신분 상승의 꿈,
뛰어난 의술로 이루다

노비 양씨 형제, 의술로 양반의 꿈을 이루다

조선 초 어의(御醫)로 활약한 대표적인 인물들은 양홍달, 양홍적이다. 이들은 서로 형제지간이거나 적어도 사촌 형제였던 것으로 보인다. 출신은 모두 어머니 쪽이 노비여서 천예(賤隸-천한 노비)였다.

양홍달은 태조 이성계의 어의였다. 특히 의술이 뛰어나 정종이 직접 "양홍달과 양홍적은 태상왕(이성계)께서 심히 사랑하시고 나도 이들을 형제같이 본다"고 말할 정도였다. 실제로 양홍달은 고려 말 때부터 태조 이성계가 각별히 신임해 어디를 가건 늘 데리고 다닐 정도였다. 게다가 태종 즉위와 함께 매일 대궐에 출근해 왕실 사람들의 병을 돌보았다.

태종의 각별한 신임을 받아 태종 4년 그의 직위는 공조전서, 즉 공조판서에까지 올랐다. 사간원에서는 가계(家系)를 밝히지 않았다는 이유로 그를 내쫓으려 했지만, 태상왕의 명이 있었기 때문에 태종은 사간원의 건의를 받아들이지 않는다. 1407년에는 세자인 양녕이 명나라 사신으로 갈 때 이를 수행했다. 그만큼 실력을 인정받았던 것이다.

이후 전의감 판사로 승진했고, 1412년에는 태종비인 원경왕후 민씨의 난산을 잘 보살폈다고 해서 검교(檢校) 한성윤이 되었다. 검교란 일종의 명예직이었다. 따라서 명예 서울시장에 올랐다는 뜻이다.

그는 왕실 사람들뿐만 아니라 태종이 총애했던 하륜, 박석명, 황희 등의 질병도 구료했다. 연일 뛰어난 치료 성과로 승승장구하던 양홍달은, 그러나 1418년 세상을 떠난 태종의 넷째아들 성녕대군의 병을 치료하지 못했다고 해서 박거, 조청, 원학 등 동료 의원들과 함께 의금부에 투옥된다. 모진 고문이 이어졌음은 물론이다. 곧 풀려난 양홍달은 태종 때 이미 '노의(老醫)'로 불릴 만큼 나이가 많았으나 세종 13년까지 의원으로 활약했다.

양홍달의 두 아들 양제남과 양회남도 아버지에게 배워 의술이 뛰어났다. 특히 양회남은 어릴 때부터 세종과 가까이 지내면서 건강을 보살펴 천인 신분을 벗고 양인이 되었으며, 세종 13년 세종은 형제인 양제남에게도 3품직을 내려 주었다.

한편 양홍적은 형과 달리 많은 시련을 겪었다. 특히 태조와 더 가까웠던 관계로 태종 3년에 일어난 조사의의 난에 연루되었다. 조사의는 태조의 지시로 태종을 내몰기 위해 난을 일으킨 인물이다. 그러나 태조의 배려로 처벌은 면할 수 있었으며, 의술이 뛰어나 태종도 그를 아꼈기 때문에 겨우 목숨을 부지할 수 있었다. 그 후 다시 의원으로 궁궐에 들어오지만 궁내 생활 역시 그리 평탄하지는 않아 태종 8년에는 왕을 잘못 치료해 하옥되는 등 고초를 겪어야 했다. 다행히 태조 이성계가 풍질에 걸렸을 때 이를 잘 치료해 일본에서 귀화한 의원 평원해와 함께 상을 받는다. 태종 12년에는 양홍달과 함께 원경왕후의 난산을 잘 보살펴 검교 공조참의에 오르고 공신전까지 하사받았다.

두 사람보다 조금 늦은 시기, 즉 태종과 세종 전반기에 활약한 양홍수도 두 사람과 형제, 혹은 가까운 친척이었던 것으로 보인다. 양홍수는 주로 조선을 찾은 명나라 사신들을 치료했던 것으로 유명하다. 세종 5년 8월에는 명 사진(명나라 사신) 진경을, 다음해에는 이낭중의 병을 치료했고, 그 후에도 창성, 윤봉 등 조선을 찾았다가 병이 난 사신들의 병수발을 도맡았다. 어의는 아니었던 것 같다. 세종 22년에는 대호군이라는 무관직을 하사받고 왕비나 금성대군의 질병을 치료했다는 기록이 나온다. 아마도 세조 6년 5월 5일에 책록된 원종공신 3등 명단에 있는 '상호군 양홍수'라는 인물과 동일 인물인 듯하다. 이 말은 곧 양홍수가 세조 초까지 살아남아 세조가 단종을 내몰고 왕위에 오르는 데 뭔가 공을 세웠다는 뜻이다. 상호군이면 정3품에 해당하는 장군급 무관직이다. 오늘날로 치면 적어도 중장은 되는 직위다.

임금도 굴복한 치통 치료 기술

조선의 세조, 성종, 연산군, 중종, 광해군, 현종의 공통점은 무엇일까?

바로 모두 치통(齒痛)으로 고생했던 임금들이라는 것이다. 치통은 주로 충치나 잇몸의 염증 때문에 생긴다.

세조는 1456년(세조 2년) 1월 제주도에까지 사람을 보내 '치통을 치료할 수 있는 여의(女醫)'를 물색했고, 성종은 1480년(성종 11년) 7월 한양을 찾은 명나라 사신에게 은밀히 부탁해 치통약을 구해 올 것을 명했다가 신하들과 작은 논쟁을 벌여야 했다.

오늘날의 비서실장격인 도승지 김계창이 "전하의 치통을 다른 나라에서 알게 해서는 안 된다"고 반대했기 때문이다. 국왕의 건강은 예나 지금이나 극비 사항인 것이다. 하지만 성종은 짜증을 내며 "옛 기록을 보면 적국에 가서도 의원을 구해 오는데, 하물며 중국인데 무슨 문제가 된단 말인가?" 라고 은근히 사신들에게 물어볼 것을 재촉했다.

당시에는 충치 하나 제대로 치료할 수 있는 의술이 발달돼 있지 않았기 때문에 임금이라도 그 고통을 고스란히 당할 수밖에 없었다. 특히 치통을 심하게 앓았던 임금은 중종이었다. 1544년(중종 39년) 6월 29일, 중종은 승정원에 다음과 같은 명을 내린다.

나에게 이앓이 증세가 있는데 아픈 이는 빠졌으나 또 다른 이가 아프고 흔들린다. 이 이가 빠지면 음식을 먹기 어려울 텐데. 잇몸도 붓고 진물이 나오는데 약으로 고칠 수 있는가?

지금 우리는 이 빠진 임금의 목소리를 듣고 있다. 당시에 새 이를 해 넣었을 리 만무했기 때문이다. 사실 묘약은 없었을 것이다. 그러나 주상이 명을 내렸는데 의술을 담당하던 내의원에서 그냥 있을 수도 없었다. 내의원을 책임지고 있던 강현은 다음과 같은 처방을 내린다.

먼저 옥지산(玉池散)으로 양치질한 다음 청위산(淸胃散)을 복용하고 뇌아산(牢牙散)을 아픈 이 곁에 바르고 또 피마자 줄기를 아픈 이에 눌러 주어야 합니다. 다만 뇌아산에는 양의 정강이뼈를 넣어야 하므로 쉽게 지을 수 있는 것이 아닙니다.

이후 치통에 대한 언급이 나오지 않는 것으로 보면 치료의 성공 여부는 알 수 없지만, 적어도 통증은 잡은 것으로 보인다. 옥지산은 전

통 의학에서 치통 치료제였고 청위산은 일종의 해열제였으며 뇌아산
은 아마도 고름 제거약이었을 것이다.

　사실 오늘날의 의학 상식으로 보면 충치의 경우 내복약이 아니라
긁어내는 것이 상책이다. 성종 때의 제주 의녀 장덕(長德)은 이 분야 최
고 권위자였다. 성종도 집권 초부터 충치로 인한 치통을 심하게 앓았
는데 장덕을 통해 큰 효과를 보았다. 1488년(성종 19년) 9월 28일, 성종
은 제주목사 허희에게 글을 내려 장덕이 죽었으니 그를 이어 '이의
벌레를 잘 제거하는 사람이면 남녀를 막론하고 찾아내서 보고할 것'
이라 지시했다.

　이렇게 해서 찾아낸 인물이 제주도에 살던 노비 귀금(貴今)이었다.
귀금은 장덕으로부터 직접 기술을 전수받았다. 그래서 조정에서는
귀금을 한양으로 불러 올려 면천(免賤)시킨 다음 여의로 임명했다. 그
리고 다른 여의 두 명으로 하여금 귀금에게 기술을 익히도록 했다.

　하지만 예나 지금이나 고급 노하우를 쉽게 공개하거나 전수할 바
보는 없다. 결국 이것이 문제되어 귀금은 성종의 면전에 불려 오게 된
다. 승정원을 통하지 않고 국왕이 직접 노비 출신의 여의를 어전에 불
렀다는 것만 봐도 그 기술의 비중을 짐작할 수 있다. 성종은 귀금에게
호통 친다.

"여의 두 사람으로 하여금 따라다니게 했는데 숨기고 전해 주지 않으니
네가 그 이익을 독차지하고자 함이 아니냐? 만약 끝까지 숨기고 가르쳐
주지 않는다면 고문을 가하면서 국문을 하겠노라."

명나라에서 약을 구하려 했을 만큼 치통이라면 이가 갈리는 성종

이었으니 분노도 그만큼 컸다. 그러나 귀금은 눈 하나 깜짝하지 않고 이렇게 답했다.

"제가 일곱 살 때부터 이 기술을 배우기 시작하여 열여섯 살이 되어서야 완성하였는데, 지금 제가 마음을 다해 가르치지 않는 것이 아니고 그들이 익히지 못할 뿐입니다."

두 여의가 제대로 배우지 못하는 것이지 자기 잘못은 아니라는 항변이었다. 귀금이 임금 앞에서도 거짓말을 하고 있는지, 아니면 정말로 두 여의의 능력에 문제가 있었던 것인지는 귀금만이 알 뿐이었다.

일단 성종은 귀금의 말을 그대로 믿고서 풀어 주었다. 그 바람에 그 기술은 제대로 전수되지 못했고, 이후에도 많은 임금들이 치통으로 고생해야 했다. 허준도 광해군의 치통은 치료하지 못했다.

발명가가 아닌,
금속 전문가 장영실

장영실(蔣英實, 생몰년 미상)에 대해서는 이미 수많은 위인전 등에서 다뤄졌다. 그러나 결국은 실록의 범위를 벗어나서는 안 된다.

'장영실의 아버지는 고려 말 원나라 때 소주, 항주에서 온 중국 사람이며 어머니는 기생이다.'

세종 15년(1433년)의 기록이다. 아마도 아버지는 장인(匠人)이었을 가능성이 높고 자연 장영실도 중국어를 할 줄 알았을 것이며, 그 당시 조선보다 앞서 가던 중국의 금속 기술 등을 어려서부터 익혔을 것이다.

장영실의 이름이 실록에 처음 등장하는 것은 세종 7년(1425년)으로, 직함은 '사직(司直)'이다. 사직이란 병조에 속한 오위(五衛)의 정5품관이다. 경상도 동래현 관노의 신분에서 이렇게 높이 올라갈 수 있었던 결정적 이유는 우리가 흔히 알듯 세종 덕분이라기보다는 태종 덕분이라고 봐야 한다. 세종 15년 기록에는 세종 자신이 "공교(工巧)한 솜씨가 보통 사람보다 뛰어나므로 태종께서 보호하시었고 나도 또한 아낀다"라고 말하고 있다. 물론 동래의 관노로 있다가 한양으로 불려 올라와 말직에서 일하던 장영실에게 특명으로 공조에 속한 상의원(尙衣院) 별좌(別坐, 정5품관)직을 내려 준 이는 세종이다. 상의원은 궁중의 의복과 금은보화 등을 관리하던 기구이다.

정리를 하자면 장영실은 세종 5년에 상의원 별좌에 제수됐고 이후 같은 품계의 사직으로 자리를 옮겼다. 세종 15년에는 호군(護軍)의 관직을 받았다. 같은 오위의 정4품관이니 2계급 특진이었다.

위인전이 전하듯 장영실이 탄탄대로만을 달린 것은 아니다. 시련도 적지 않았다. 뇌물 사건에 연루돼 고초를 겪기도 했다. 그러나 그때마다 세종은 파격적인 감형을 해 주었다. 그의 재능을 높이 평가했기 때문이다.

호군에 오른 다음해인 세종 16년 7월 1일, 장영실은 누기(漏器-물시계)를 만드는 데 공을 세운다. 핵심 설계자는 세종 자신이었고, 장영실은 세종의 의도를 100% 실현함으로써 칭찬을 받았다. 이 점이 중요하다. '세종이 설마 기술을 알았을까?'라는 의심은 부당하다. 세종이 기획하고 이천과 김조 같은 문신들이 기본 골격을 만들면 장영실이 실무 책임을 맡았다. 이는 마치 세종이 문신 맹사성을 통해 박연을 움직여 음악을 바로잡은 방식과 정확히 일치한다.

누기를 완성한 바로 다음날, 세종은 중추원 지사 이천을 불러 호군 장영실 등과 함께 책을 찍어 낼 수 있는 주자(鑄字)를 만들 것을 명한다. 이때 만든 주자가 20여 만 자였다고 하니, 이를 통해 우리의 인쇄 문화는 몇 단계 급상승한 셈이다. 세종 19년에는 중국의 금속 전문가들이 북방 오랑캐의 포로가 되었다가 조선으로 도망쳐 오자, 세종은 장영실을 보내 돌에서 금과 은을 추출하는 제련 기술을 배우도록 했다. 이처럼 장영실은 발명가라기보다는 일관되게 금속 전문가로 활약한다. 이 일로 해서 장영실은 종3품 대호군(大護軍)으로 승진한다. 부호군, 호군, 대호군, 상호군은 오늘날의 장군 서열에 해당한다. 중장에 오른 것이다.

세종 20년(1438년) 1월, 대호군 장영실은 흠경각(欽敬閣)을 완성한다. 흠경각은 세종 때의 천문 과학 기술관이었다고 할 수 있다.

"이는 장영실이 완성한 것이나 그 규모와 제도의 묘함은 모두 임금이 마련한 것이다."

여기에 물시계, 해시계, 측우기 등 장영실도 관여했던 각종 농업 관련 발명품들을 설치했다. 이후 장영실은 경상도 채방 별감으로 파견돼 각종 철을 캐내는 일을 맡았다. 그러나 그 후에 한양으로 돌아온 장영실은 세종 24년 4월 파직당한다. 그가 제작 감독한 안여(安輿—임금이 타는 가마)가 부서져 내려앉는 일이 발생했기 때문이다. 이후 장영실이라는 이름도 실록에서 사라졌다.

실록이 전하는 장영실은 발명가라기보다는 금속 전문가였다.

사방지는
정말 남녀 양성 인간이었을까?

어지자지. 두 발을 번갈아 가며 제기를 차는 것을 뜻하는 순우리말임과 동시에 남녀 양성(兩性) 인간을 뜻하기도 했다. 조선시대 대표적인 어지자지로 흔히 세조 때의 '사방지(舍方知)'를 꼽는다. 그러나 실록을 꼼꼼하게 해독해 보면 사방지는 엄밀한 의미에서 '암수 동체의 인간'을 뜻하는 어지자지는 아니었다. 그저 여장 남성이었을 뿐이다.

사방지에 관한 실록의 첫 기록은 세조 8년(1462년) 4월 27일자에 나온다. 사헌부에서 올린 첫 번째 보고다.

"고(故) 김구석의 처 이씨의 가인(家人) 사방지가 여복(女服)을 하고 다니며 종적이 괴이하여 잡아다가 직접 보았더니 여복은 하였는데 음경과 음낭은 곧 남자였습니다."

더 이상의 특별한 언급도 없었다. 여성기와 관련된 언급이 없었다는 뜻이다. 명백한 여장 남성이었다. 과부인 이씨가 외로움을 달래기 위해 이웃집 여승과 통간하던 사방지를 알게 되어 아예 자기 집 안방으로 불러들인 것이다.

문제는 이씨가 당시 권세가 막강했던 이순지(李純之, ?~1465년)의 딸이라는 데 있었다. 이순지는 문신이면서도 천문 분야에 투신하여 세종 때 이천, 장영실 등과 함께 천문기기들을 만드는 데 큰 공을 세워, 세조 때는 서울시장에 해당하는 한성부윤직에까지 올라 있었다. 요즘 식으로 풀이하자면 서울시장의 딸이 여장 남성과 오랫동안 간통하다가 검찰에 발각된 셈이었다.

명백한 '남성' 사방지가 '양성 인간'으로 바뀌게 되는 것은 세조의 '뜻' 때문이었다. 세조는 사헌부의 보고가 올라오자마자 자신의 사위인 정현조(鄭顯祖)로 하여금 승지들을 데리고 가서 다시 조사해 오라고 명한다. 이에 정현조는 "형상과 음경, 음낭은 다 남자인데 정도(精道)가 정면이 아니라 아래를 향하고 있어 다른 사람과 조금 다를 뿐"이라고 했고, 승지는 여기서 한걸음 나아가 "이것은 이의(二儀-양성)의 인간인데 남자의 형상이 많습니다"하고 보고했다. 하지만 여기서도 여성의 성기가 있다는 보고는 없다. 그런데도 세조는 이런 보고를 근거로 "간통한 것을 잡은 것도 아닌데 재상가의 일을 경솔하게 의논했다"며 오히려 최초 보고를 올린 사헌부 장령 신송주를 즉석에서 파직시켜 버렸다.

이후에도 세조는 사방지를 국문해야 한다는 신하들의 요청을 묵살하고 오히려 5월 2일, 사방지를 이순지에게 넘겨 알아서 처리하도록 명한다. 그 후에도 세조는 사방지에 대한 국문을 청한 사헌부나 사간원의 관리들을 처벌토록 명하면서 5월 14일 본심을 밝힌다.

"이씨는 중추(中樞) 이순지의 딸이고 그 아들 김유악이 하동부원군 정인지의 사위다."

1등공신 정인지의 사돈인 이씨의 간통 사건을 한사코 감싸려던 과정에서 단순한 여장 남성에 불과하던 사방지가 '어지자지'로 둔갑했던 것이다. 앞서 세조의 명을 받아 사방지의 '그 부분'을 조사했던 정현조가 정인지의 아들이므로, 정현조로서는 '매부의 어머니의 정부(情夫)'의 그곳을 들여다본 셈이었다.

한편 이순지는 사방지를 일단 시골집에 가 있도록 조치했는데, 세조 11년(1465년) 이순지가 세상을 떠나자 이씨는 다시 사방지를 자기 집으로 불러들인다. 이씨와 사방지의 노골적인 애정 행각이 계속되자 세조도 더 이상 참을 수 없었다. 결국 2년 후 사방지는 먼 곳의 관노로 쫓겨 가게 된다. 이 일로 인해 연산군 6년(1500년), 이씨의 아들 김유악은 자신의 아들이 부마(駙馬─임금의 사위) 선발에서 탈락되는 불운을 겪기도 했다. 하지만 이때 연산군의 부마가 됐더라면 말할 수 없는 고초를 겪었을지도 모르니, 인생사 새옹지마가 아닐 수 없다.

실록에 등장하는 분명한 암수 동체의 진짜 어지자지는 명종 3년(1548년) 함경도 관찰사의 보고에 등장하는 길주 사람 임성구지(林性仇之)다.

'임성구지는 양의(兩儀─음양)가 모두 갖추어져 지아비에게 시집도 가고 아내에게 장가도 들었으니 매우 해괴합니다.'

게다가 임성구지는 무당으로 남자 옷과 여자 옷을 번갈아 입고 다니며 남의 집을 무시로 드나들었다. 사간원 등에서는 임성구지야말로 요물이므로 사형에 처해야 한다고 건의했다. 그러나 명종은 단호하게 반대했다.

"임성구지가 괴이한 물건이긴 하지만 인간의 목숨은 지극히 중하니, 그윽하고 외진 곳에 두어 다른 사람들과 섞이지 않게 하고 굳이 사형에 처할 필요는 없다."

조선 최고의 음란 서생 박생

우리에게 『용재총화』라는 문집으로 널리 알려져 있는 조선 초의 문신 성현(1439년~1504년)은 1485년 5월 중추부 동지사로 제수되어 천추사로 명나라 북경을 방문하고 10월 3일 한양으로 돌아온다.

조선은 건국 초 명나라와 사대 관계를 맺은 이후 매년 정조사(正朝使-신년 하례), 성절사(聖節使-황제 생일 축하), 천추사(千秋使-황태자 생일 축하), 동지사(冬至使)를 파견했다. 그러나 실제로는 동지사가 정조사를 겸했기 때문에 1년 3차례가 공식 사행(使行)이었고, 그 밖에 현안이 있을 때마다 각종 이름의 임시 사행이 이뤄졌다. 반면 명나라에서는 대략 1년에 한 차례 사신단을 보냈는데, 실록은 이들을 천자(天子)의 나라에서 온 사신이라 해서 천사(天使)라 부르고 있다.

당시 성현은 사신단 단장격인 정사(正使)였다. 성현을 비롯한 40여 명의 사신단 일행 중에는 박생(朴生)이라는 인물이 포함돼 있었다. 무장 출신으로 당시 사신단 호위를 담당한 호색한이었다. 성현은 『용재총화』에 희대의 '음란서생' 박생의 난봉꾼 행각을 생생하게 기록했다.

명나라로 가던 도중 평양에서 첫 번째 사단이 벌어졌다. 평안도 관찰사가 사신단을 접대하기 위해 여러 기생들을 거느리고 배에서 마중할 때 박생의 눈에 한 기생이 확 들어온 것이다. 함께 사신단에 포함된 성생(成生)이란 친구가 당시 평양 서윤(庶尹-오늘날의 부시장격)의 삼촌임을 이용, 박생은 마침내 숙소로 그 기생을 불러들이는 데 성공한다.

성현의 묘사다. "서로 정이 깊어져 잠깐 사이도 옆을 떠나지 못하여 변소에도 서로 같이 갔다." 평양을 떠날 때 박생은 그 기생을 데리고 가기 위해 별도의 안장과 말을 준비했다. 그러나 본디 기둥서방(私夫)이 있었던 그 기생은 몰래 도망쳐 버렸다.

이어 순안에 이른 박생은 한동안 실연의 고통에 힘들어 하는 것 같더니, 어느새 예쁜 기생을 숙소에 끌어들이는 데 성공한다. 그러나 술에 취해 잠든 사이 그 기생은 도망쳤고, 밤중에 잠에서 깬 박생은 한 여자가 방문 앞을 지나가자 "그 계집인 줄 알고 데리고 들어와 밤새도록 즐겼다." 새벽에 일어나 보니 "코가 쟁반만한 여자"가 박생의 옆에서 자고 있었다. 그는 조선의 카사노바답게 한마디 한다. "어, 그 여자가 아니네!"

순안을 떠나 숙영관에 도착해 또 새로운 기생을 만난 박생은 이 기생을 안주까지 데리고 간다. 하지만 그 기생과는 안주에서 이별했고, 그 후 가평관에 이르렀을 때 예쁜 관비를 발견했다. 음란서생에게 너스레는 기본. 객관의 관리를 불러 자신이 예전에 이곳 파병 군관으로 있을 때 일찍이 저 종을 좋아했노라며 불러 줄 것을 청한다. 그러나 불려 온 관비는 "나는 당신의 얼굴을 본 적이 없다"며 냉정하게 거절했다. 성현이 전하는 대로 박생의 용모가 "추하고 촌스러웠기" 때문이었을까? "관비가 소매를 뿌리치고 나가자 박생은 할 수 없이 다른 여자를 데리고 잤다."

정주에 이른 박생은 벽동선(碧洞仙)이라는 기생이 예쁘다는 소문을 듣자마자 온갖 수단을 동원해 마침내 자기 방으로 끌어들이는 데 성공했다. 상황이 이 정도 되니 일행들도 박생의 행태를 좋아할 리 없었다. 그들은 서로 짜고서 유생 중 명효라는 나이가 젊고 아름다운 청년의 얼굴에 분을 짙게 바르고 여장을 시켜 기생들 사이에 앉혀 놓았다. 술기운 때문이었는지 박생은 명효를 보는 순간 "천하에 둘도 없는 여인"이라며 옆에 있던 벽동선을 친구 성생에게 줘 버렸다. 이 모든 것을 물끄러미 지켜보고 있던 박생의 종이 참다못해 주인에게 한마디한다. "이것이 기생인 줄 아십니까? 어찌 이렇게도 깨닫지 못하시나이까?" 그러나 그에게는 박생의 호통만 돌아올 뿐이었다. 잠시 후 방에 들어가 옷을 벗고 같이 누워서야 명효가 남자임을 알게 된 박생은 너무 놀라 어쩔 줄 몰라 했다. 다음날 정주를 떠나 의주로 갈 때, 명효는 한술 더 떠 아예 남자 복장을 하고 와서는 말 위에 오르려는 박생의 옷깃을 당기며 앙탈을 부린다. "밤새 재미있게 지낸 것은 내 살림을 차리기 위함이었는데 어찌 이다지도 쉽게 떠나신단 말입니까?"

이런 수모를 당했는데도 박생은 압록강을 건너기 전 의주에서 다시 한 번 말비(末非)라는 어린 계집종에게 '꽂혔다'. 박생은 물량 공세를 퍼부어 말비의 마음을 잡는 데 성공한다. 심지어 명나라에 들어가 북경에 몇 달 동안 머물면서도 입만 열면 말비 타령이었다. 돌아오는 길에 두 사람은 의주에서 재회하지만 결국 이별해야 했다. 한양으로 오던 중 어느 시냇가에서 모두 함께 아침 식사를 하는데 박생 혼자 머리를 처박고 시내만 바라보고 있었다. 한 동료가 가서 모자를 벗기고 보니 박생의 눈이 퉁퉁 부어 있었다.

조선인들을 공포에 떨게 한
잔인한 형벌

요즘 욕은 보통 신체의 특정 부위나 동물에 빗댄 것이 대부분이다. 그러나 조선 때는 주로 형벌과 관련된 욕들이 많았다. 욕에도 전근대와 근대가 있는 셈이다. 형벌 중에서도 주로 근대 국가에서는 사라진 체형(體刑)과 관련된 욕이 많았던 것도 아마 그래서일 것이다.

조선의 형벌은 기본적으로 태형(笞刑), 장형(杖刑), 도형(徒刑), 유형(流刑), 사형(死刑)의 5형이었다. 흥미롭게도 조선의 욕은 이 중에서도 신체에 위해를 가하는 형벌에서 많이 파생됐다. 오늘날의 징역형에 해당하는 도형이나 유배를 보내는 유형에서는 나오지 않았다는 말이다. 그만큼 인간 신체에 위해를 가하는 일은 예나 지금이나 반(反) 인간적이라 할 수 있다.

가장 낮은 단계부터 보자. '우라질 놈'이란 욕은 죄인을 묶던 오랏줄에서 왔다. 오랏줄로 묶을 놈이란 뜻이다. 그나마 이것은 애교 섞인 욕에 속한다.

치도곤(治盜棍)은 태형과 장형을 통틀어 가장 심한 곤장형이다. 매의 수를 정하지 않고 때리는 부위도 마음대로 하는 형으로, 말 그대로 중

대한 절도범을 다스릴 때 쓰던 형이다. 회초리에 가까운 태형과 달리, 장형 중에서도 가장 심한 치도곤을 당할 경우 장독(杖毒)이 올라 종종 죽음에 이르곤 했다. 그러니 '저런 치도곤 놓을 놈'은 요즘 식으로 하자면 '패 죽일 놈'과 같은 말이다. 문학 작품에나 등장하는 '육장(肉醬-장조림) 내다'라는 표현은 치도곤을 쳐서 초주검을 만든다는 뜻이다.

'육장 내다'는 말의 어원에 대해서는 또 다른 해석이 있다. 장형에서 온 것이 아니라 팽형(烹刑)에서 왔다는 것이다. 팽형은 말 그대로 커다란 가마솥에 물을 끓여 삶아 죽이는 형벌이다. 중국에서는 실제로 행해졌지만 우리의 경우 잠깐 솥에 넣었다가 끄집어 낸 후 죽을 때까지 집에 연금시키는 방식으로 시행했다. 생명은 유지했지만 사회적 죽음을 당한 것이다.

그나마 치도곤만 해도 법에 있는 형벌이었지만, 이보다 더 무서운 것은 율외(律外) 형벌이었다. 대표적인 것이 난장(亂杖)이다. 이것은 주로 신문 시 사용된 고문의 일종으로, 말 그대로 신체 부위를 가리지 않고 여러 명이 난타하는 것이다. 지금도 연세 많은 어르신들이 종종 사용하는 '젠장할'이라는 말은 바로 이 난장에서 나왔다. '제기, 난장을 맞을'이 줄어서 '젠장할'이 된 것이다. 난장은 치도곤보다 목숨을 잃는 경우가 더욱 많아 세종이 금지령을 내렸으나 현장에서는 제대로 지켜지지 않았다. 중종이나 영조도 하교를 내려 난장을 금하도록 했지만 결국 민간에서는 '멍석말이'의 형태로 남아 일제 때까지 린치의 방법으로 이어졌다. 그러니 '젠장할'이란 욕도 오랜 생명력을 가졌던 것인지 모른다.

'경을 치다'란 말도 조선의 형벌에서 나온 욕이다. 기본 5형 외에 오늘날의 보호감호처럼 부가형이 있었는데, 반역자의 경우 사형시킨 후에 집을 파내 연못을 만들었고 큰 도적의 경우 자자형(刺字刑)이라 해서 신체 부위, 주로 팔뚝에 '도(盜)'자를 새겨 넣었다. 그런데 팔뚝은 옷으로 가리면 되기 때문에 그 효과가 없다 하여 얼굴에 '도'자를 새겨 넣기 시작했는데, 이를 경면형(黥面刑)이라 했다.

성종 5년, 소나 말을 밀도살한 자의 얼굴에 각각 '재우(宰牛-소를 잡다)', '재마(宰馬)'라고 새겨 넣으라는 기록이 나온다. 경법(黥法)이라고도 했던 이 형벌은 너무 잔인하다 하여 극히 제한적으로만 행해지다가 영조가 엄금 조치를 내리면서 사라졌다.

역시 가장 심한 욕은 사형과 결부될 수밖에 없다. 조선시대 때는 사형에도 등급이 있었다. 사약(賜藥)은 그중 가장 대우를 해 주는 것이고 그 다음은 교형(絞刑)이다. 신체 부위를 손상하지 않기 때문이다. 참형(斬刑)은 말 그대로 목을 치는 것인데, 그보다 더한 경우가 능지처사(陵遲處死)다. 능지(陵遲)란 '언덕을 오르듯 천천히'란 뜻이다. 죽어가는 고통을 최대한 가하겠다는, 참으로 잔혹한 형벌이다. 그래서 '능지처참할 놈'은 욕이라기보다는 저주에 가깝다.

이 능지처사(참)도 다시 몇 가지 방법으로 나뉜다. 우선 오살(五殺)이 있다. 오살은 팔, 다리 등을 차례로 베어 낸 뒤 맨 마지막에 심장을 찔러 죽이는 방법으로, 그 과정을 많은 사람들이 다 지켜보도록 했다. 여기서 '오살할 놈'이 나왔다. 비슷한 것이 시체를 도륙 내는 육시(戮屍)이다. 갈가리 찢어 죽이는 것이다. '육시랄(할) 놈'은, 따라서 찢어 죽일 놈이라는 뜻이다.

체형이 사라지면서 형벌은 더 이상 욕의 원천이 되지 않는다. 그런데 요즘은 대통령 이름이 욕이 되는 세상이다.

가객 이한우, 제주의 신비를 노래하다

조선 때 제주도는 관찰사 바로 아래 목사(牧使, 정3품직)가 관할하던 행정구역이었다. 험난한 뱃길은 말할 것도 없고 기근과 풍토병이 끊이지 않아 제주목사로 발령받은 중앙 관리들 중에는 부임을 꺼리다가 처벌을 받는 자들도 있었다. 그러나 일단 제주도에 가면 육지 어디에서도 볼 수 없던 명승지들이 목사들을 위로해 주었다.

그래서 숙종 때의 제주목사 이익태, 이형상 등은 각각 제주의 빼어난 경승지 열 곳과 여덟 곳을 골라 '제주십경', '제주팔경'이라고 이름 붙였고, 헌종 때의 제주목사 이원조도 열 곳을 지목하였다. 외지인을 위한 여행 가이드였던 셈이다.

하지만 역시 제주는 제주도 사람이 가장 잘 아는 법. 제주에 수많은 팔경, 십경, 십이경 등이 있었지만 현지에서는 조선 후기 제주도를 대표하는 학자의 한 명인 매계(梅溪) 이한우(李漢雨, 1818/1823~1881년)가 고른 '영주십경(瀛洲十景)'을 최고로 친다. 영주란 신선이 사는 곳을 뜻하는데, 이는 제주도의 별칭이었다. 그만큼 조선 사람들도 제주도를 신비한 아름다움을 간직한 곳으로 여겼던 것이다.

이한우는 일찍이 과거를 포기하고 지금의 제주시 지역에 살며 학문 연마에 몰두해 유학뿐만 아니라 천문, 지리, 병서에 두루 통달했으며, 특히 시에 뛰어났던 유학자로 알려져 있다. 그래서 제주도로 유배 온 추사 김정희와도 교유가 있었으며, 구한말 제주의 학문과 문학을 이끈 안달삼, 김희정, 이계징, 고영흔 등의 제자를 길러 냈다. 1862년에는 제주도에서 학정을 견디다 못한 백성들이 민란을 일으키자 그 이듬해 격문을 지어 제주 유림들에게 돌렸을 만큼 기개 있는 인물이기도 했다.

이한우의 '영주십경'은 제주목사들의 팔경, 십경과 달리 제주도 전체의 경승지에 치우치지 않고 선정한 점에서도 뛰어나지만, 무엇보다 그 '십경'을 10폭 병풍처럼 간결하면서도 상호 연관된 시로 그려 낸 점이 압권이다.

그는 성산출일(城山出日)을 첫손으로 꼽았다. 성산 일출봉이 아니라 그곳에서 해 뜨는 광경을 경승(景勝)으로 쳤던 것이다. 이어 출일과 대비시켜 사봉낙조(紗峰落照)를 두 번째로 놓았다. 제주시에 있는 사봉에 올라 서쪽 하늘을 벌겋게 물들이며 바닷물 속으로 사라지는 태양을 바라보는 일은 상상하는 것만으로 이미 가슴 벅차다.

출일과 낙조의 하루 순환을 끝낸 이한우는 1년 사계절의 순환을 통해 제주를 해석한다.

세 번째, 영구춘화(瀛邱春花)의 배경은 제주시 방선문(訪仙門) 일대의 계곡으로 영구는 방선문의 별칭이다. 영구나 방선문 모두 신선과 관련이 있을 만큼 진달래와 철쭉이 만발한 비경이 빼어났다. 그래서 부임하는 목사들마다 6방 관속과 관기들을 거느리고 봄놀이를 하던 곳이다. 지금이야 그랬다가는 큰일 나겠지만 말이다. 방선문을 찾으려면 봄에 갈 일이요, 봄에 제주를 찾는다면 방선문 계곡은 반드시 들러볼 일이다.

네 번째, 여름에는 정방폭포를 보라, 혹은 정방폭포는 여름에 보라 해서 정방하폭(正房夏瀑)이다. 낙하수 물보라에 그려지는 수많은 무지개를 배경으로 폭포수 소리와 바닷가 파도 소리의 어울림을 들을 수 있는 곳이 또 어디에 있을까?

다섯 번째 귤림추색(橘林秋色)은 제주도에서도 서귀포를 비롯한 제주 남부에서만 볼 수 있는 감귤밭에서 가을을 만끽함이요, 여섯 번째 녹담만설(鹿潭晩雪)은 산 아래 봄이 찾아와 온갖 꽃들이 만발해도 한라산 정상에 펼쳐지는 별세계를 붙잡아 무심하게 흘러가는 세월에 맞서 보려 함일까?

한라산 정상 서남쪽 아래에 부끄러운 듯 숨어 있는 기암절벽이 바로 일곱 번째 영실기암(瀛室奇巖)이다. 시간의 순환을 벗어나 있는 듯한 공간. 세월의 무상함에 몸부림치던 이 유학자는 결국 절로 찾아든다.

여덟 번째, 산방굴사(山房窟寺). 말이 사찰이지, 거대한 바위산 중턱에 있는 동굴이다. 남쪽 바다를 내려다보며 충분히 집착을 버린 자라면 다시 세간(世間)으로 돌아온다.

지금의 제주항 근처 산지포를 찾아 낚싯대를 드리우면 아홉 번째 산포조어(山浦釣魚)요, 한라산 자락 어디서나 볼 수 있는 초원지대 여기저기 말을 놓아 기르거나 그 말들을 지켜보는 것이 열 번째 고수목마(古藪牧馬)다. '영주십경'으로도 하나의 시를 이루는데, 이한우는 십경의 각각에 칠언율시(七言律詩)를 지어 붙였다. 마지막 「고수목마」에 붙인 율시의 후반부다.

안개에 젖은 무늬 털은 다 호랑이 같고 霧濕班毛皆變虎

바람에 날리는 누런 갈기는 다 여우 같구나. 風飛黃鬣各疑狐

채찍 휘둘러 세상 온갖 더러움 쓸어버리고 싶으나 投鞭欲掃東西穢

거미 배에 가득한 듯한 풍부한 경륜 가진 이 누가 있을까? 誰有經綸滿腹蛛

울릉도의 수호신 안용복

일본인들이 독도를 포함한 울릉도를 탐낸 역사는 기록상으로만 봐도 600년이 넘는다. 태종 7년(1407년), 대마도 족장 종정무(宗貞茂)는 사람을 보내 대마도 사람들이 울릉도로 옮겨 가 살 수 있도록 해 달라고 조선 조정에 요청했다. 물론 조정에서는 일언지하에 거절했다. 이후에도 주로 대마도 사람들이 중심이 된 일본 어부들이 종종 울릉도에 출몰해 노략질을 하기도 하면서 머물다 가는 일이 있었다.

광해군 6년(1614년), 비변사에서는 '대마도 족장이 사신을 보내 자기 사람들이 울릉도에 옮겨 가 살도록 해 달라는 청을 해 왔다' 며 '울릉도가 우리나라에 속해 있음은 『여지승람』에도 명확하게 나와 있으니 족장으로 하여금 그 원칙을 준수토록 해야 합니다' 라고 광해군에게 보고했다. 이렇게 해서 예조에서는 외교문서를 통해 이 점을 대마도 족장에게 엄중하게 경고했다.

이런 엉거주춤한 상황은 조선시대 내내 지속됐다. 만일 숙종 때 안용복이라는 인물이 나타나지 않았다면 울릉도와 독도는 어영부영하다가 일본의 손에 넘어갈 수도 있었을 것이다.

「사신을 맞이하는 동래 원님」
(국립중앙박물관)

숙종 19년(1693년) 여름, 경상도 동래부 수군 소속으로 노를 젓는 노
군(橋軍)이었던 안용복은 표류 끝에 울릉도에 도착했다. 그런데 그곳에
일본 배 일곱 척이 와서 고기잡이를 하며 울릉도가 자기네 땅이라고
주장했다. "울릉도는 우리 땅"이라고 맞섰던 안용복은 일본인들에게
납치돼 오랑도(五浪島)를 거쳐 백기주도라는 섬에 끌려갔다.

백기주도의 도주(島主)를 만난 안용복은 "울릉도는 조선 땅이다. 조
선은 가깝고 일본은 멀다"며 자신을 풀어 달라고 요구했다. 도주는
안용복의 말이 맞다고 생각하고는 에도 막부에 이 같은 사실을 보고
했고, 막부에서는 안용복을 풀어 주고 "앞으로 일본인은 더 이상 울
릉도에 들어가서는 안 된다"는 금령까지 내렸다.

그런데 안용복은 귀국하던 도중 대마도 족장에게 감금당한 데다가 금령이 담긴 막부의 문건도 빼앗겼다. 50일 동안 대마도에 억류돼 있던 안용복은 동래부 왜관으로 넘겨졌고, 여기서도 40여 일간 억류돼 있어야 했다. 그런데 황당하게도 왜관에서 풀려난 안용복이 동래부사를 찾아가 전말을 털어놓자 동래부사는 '다른 나라 국경을 범했다'며 안용복을 2년 동안 감옥에 넣어 버렸다.

옥중 생활 2년은 오히려 안용복의 국토 수호 의지를 더욱 다지는 기간이었다. 숙종 21년 여름 출옥한 그는 떠돌이 중 다섯 명과 사공 다섯 명을 규합해 울릉도로 향했다. 그들이 울릉도에 도착했을 때 마침 일본인들이 고기잡이를 위해 울릉도로 들어왔다. 싸움 끝에 일본인들이 도망치자 안용복 일행은 끝까지 추격했다. 이렇게 해서 백기주에 다시 들어간 안용복은 스스로 '울릉도 수포장(搜捕將)'을 자처했다. 안용복은 다시 만난 도주에게 그간의 상황을 세세하게 설명한 다음 다시는 울릉도를 침범치 않겠다는 약속을 받아 냈다. 그리고 그해 가을 강원도 양양으로 귀국했다.

이번에는 강원도 관찰사가 안용복의 보고 내용을 조정에 올렸다. 하지만 그를 기다린 것은 상이 아니라 중형이었다. 안용복 일행은 졸지에 체포돼 한양으로 압송됐다. 조정에서는 안용복 일행이 불필요한 국경 문제를 야기했다며 참형을 시키려 했다. 다행히 1682년 통신사로 일본을 다녀온 바 있는 정승 윤지완이 나서서 막아 주었다.

"그동안 대마도 족장의 농간에 놀아났는데 안용복으로 인해 막부와 직접 통할 수 있는 길이 생겼으니, 이는 안용복의 공이다."

그러나 결국 안용복은 목숨만 겨우 건진 채 귀양을 가야 했다.

울릉도에 대한 조선 조정의 무관심은 그 이후에도 크게 개선되지 않았다. 영조 45년(1769년) 10월, 사도세자의 장인이기도 한 영의정 홍봉한이 울릉도 문제와 관련해 올린 글은 의미심장하다.

우리나라의 문헌이 부족하여 지금 울릉도의 일에 있어 고증할 바가 없습니다. 이제부터 전후의 문적(文蹟)을 널리 채택하여 한 책자를 만들어서 사대교린(事大交隣)의 지침으로 삼는 것이 좋겠습니다.

홍봉한의 말 중에서 '울릉도'를 '독도'로 바꾸면 지금 상황에도 그대로 유효하다. 그만큼 치밀한 연구 조사와 국민들에 대한 계몽이 부족하기 때문이다. 그나마 지금은 독도를 실효적으로 지배하고 있으니 다행이다. 그러나 실효적 지배를 영속화하려면 안용복 못지않은 나라 사랑 의지가 필수적이다.

안용복과 함께 울릉도 수호에 나섰던 '떠돌이 중' 5인은 뇌헌, 승담, 연습, 영률, 단책이고, 사공 5인은 유일부, 유봉석, 이인성, 김성길, 김순립이다.

제7장

왜 그들은 조선을 거부했는가?

난세의 민심에서 조선의 치부를 읽다

반란이나 역모 발생 여부를 통해 우리는 조선시대 어느 임금이 얼마나 광범위한 백성의 지지를 받고 있었는지를 어느 정도 판가름할 수 있다. 때문에 후반기로 갈수록 민란의 발생 빈도가 높아지는 것은, 특정 정권에 대한 반발이 아니라 조선 자체를 받아들일 수 없다는 절망적인 항의의 표시로 볼 수 있다. 조선 역사의 흐름을 볼 때 반란이나 역모의 발생 빈도나 규모를 함께 고려한다면 훨씬 입체적으로 그 시대를 파악할 수 있을 것이다.

도명이 골백번도 더 바뀐 충청도의 수난 시대

조선에서는 역모나 패륜을 저지르면 '죄인'의 집을 부수고 그 자리를 파내 연못을 만들었다. 이 땅에 살았던 흔적조차 없애 버리겠다는 전근대적 형벌이다. 이를 '파가저택(破家瀦宅)'이라 했다. 재산형이면서 명예형이었다. 당시에도 파가저택은 지나치게 잔인하다 해서 국왕들도 아주 제한적으로만 윤허했다. 우리가 알 만한 사람 중에는 광해군 때 역모에 연루됐던 『홍길동전』의 저자 허균(許筠, 1569년~1618년)이 능지처참을 당한 후에 파가저택당했다. 그보다 더 잔혹한 형벌이 읍호(邑號) 강등이다. 확대된 연좌제였다. 목(牧)을 현(縣)으로 내리는 등 행정구역의 서열을 낮추고 이름까지 바꾸는 경우도 있었으며, 아예 다른 행정구역에 편입시켜 없애 버리기도 했다. 해당 지역민들이 두고두고 역모자나 패륜아를 비난토록 하는 데 이보다 효과적인 방법도 없을 것이다.

조선 개국과 함께 양광도(楊廣道)를 분리해 양주와 광주는 경기도에 포함시키고 나머지 충주, 청주, 공주, 홍주(지금의 홍성)를 따로 묶어 충청도(忠淸道)라고 불렀다. 문제는 그 지역에서 국사범이 나올 경우 지역

자체가 읍호 강등되기 때문에 도의 이름마저 바뀐다는 것인데, 조선 8 도 중에서 도 이름이 가장 많이 바뀐 곳이 바로 충청도다.

'충청도의 시련'은 연산군 때 시작됐다. 연산군 11년(1505년) 4월, TV 드라마 『왕과 나』의 주인공으로 유명한 환관 김처선이 연산군의 폭정을 비판하다가 연산군에 의해 직접 살해당했고, 그때 김처선의 양자인 환관 이공신도 함께 죽었다. 김처선의 본향 전의는 읍호 강등되었으며 이공신의 본향 청주목(淸州牧)도 이웃 고을에 편입되어 버렸다. 그 바람에 청주가 빠지고 그 자리를 공주가 차지해 '충공도(忠公道)'가 된 것이다. 이럴 경우 대부분 10년이 지나야 원래의 이름으로 환원되는데, 충공도는 이듬해 중종반정이 일어나는 바람에 곧바로 충청도로 회복할 수 있었다.

중종 35년(1540년)에는 충주가 예성으로 강등되면서 다시 충청도가 '청공도(淸公道)'로 바뀌었다. 또 다시 공주가 충주를 대신한 계수관(界首官)이 된 것이다. 계수관이란 청주, 충주, 공주, 홍주처럼 도를 대표하는 지명을 쓸 수 있는 관아를 말한다. 그러나 이듬해부터 다시 청공도가 아니라 충청도라는 지명을 쓰고 있는 것을 보면 곧바로 '사면'이 이뤄진 것을 알 수 있다. "무익하다"는 게 중종의 판단이었다. 그러나 9년 후인 명종 4년(1549년), 충주목의 이홍윤이 난을 일으키자 충주목은 유신현으로 강등당하였고, 계수관도 충주에서 다시 홍주로 바뀌어 청홍도가 됐다.

광해군 집권 초에는 도명이 충청도와 충홍도를 오갔으나, 광해군 5년(1612년) 유인발이 충주에서 난을 일으키자 충주는 다시 강등되어 도명이 공청도로 바뀌었다. 인조 6년(1628년)에는 괴산과 충주 일대에서 일어난 역모로 인해 충청도로 원상 회복됐던 도명이 다시 공청도로 바뀌었다가 인조 24년(1646년)을 전후해 홍충도, 충홍도로 개칭을 거듭했다. 그만큼 내정이 불안정했다는 뜻이기도 하다. 효종 때와 현종 때도 각각 공홍도와 충홍도로 바꿨던 적이 있다.

숙종 7년(1681년)의 일이다. 청주의 생원 박상한이 올린 기우제 제문 가운데 역모의 뜻이 있다 하여 그는 사형당했고 청주는 서원현으로 강등됐다. 그런데 그 도에는 청풍부가 있으니 그대로 공청도로 쓰다가 청풍부는 '계수관'이 아니라는 게 뒤늦게 확인돼 부랴부랴 공청도를 공홍도로 바꾸는 해프닝도 있었다. 그리고 그로부터 10년 후 충청도로 복귀하게 된다.

영조 11년(1735년)은 특기할 만하다. 이 해 5월 충주, 청주, 나주, 원주 등 4곳의 '계수관'에서 역모가 일어나는 바람에 충청도는 공홍도로, 전라도는 나주를 빼고 광주를 포함해 전광도로, 강원도는 원주 대신 춘천을 넣어 강춘도로 바꿨다. 정조 때로 가면 다시 공주의 심혁이 역모를 꾸몄다 하여 공충도를 홍충도로 바꾸고, 강춘도도 잠시나마 원춘도로 불린다. 이후에도 충청도는 충청도와 공충도(충공도)를 오갔다.

전라도의 경우 전광도나 광주 남원을 합친 광남도로 바뀐 정도이고 함경도의 경우 성종 때 영흥과 안변의 앞 자를 따서 영안도로 불렀던 적이 있었다.

그래도 충청도같이 도명이 자주 바뀐 곳은 없다. '충', '청', '공', '홍'의 '경우의 수'를 헤아려 보니 열두 가지다. '충청도=청충도', '홍공도=공홍도'임을 감안하면 거의 모든 경우가 다 있다. 조선 500년의 상처다.

:: 조선의 DMZ, 함경도와 평안도

태조가 조선을 세웠을 때만 해도 지금의 함경도 전체가 조선의 땅은 아니었다. 조선 사람과 여진족이 뒤엉켜 있던 일종의 점이지대였다고 할 수 있다. 고려와 조선 초만 해도 평안도는 서북면, 함경도는 동북면으로 불렸다.

태종 13년, 태종이 하륜에게 명을 내려 지방의 명칭을 개정토록 하자 이에 하륜은 새로운 안을 내놓았다. 서북면은 평양과 안주를 계수관으로 해서 평안도, 동북면은 영흥과 길주를 계수관으로 해서 영길도로 명명한 것이다. 완주가 전주로, 계림이 경주로 바뀐 것도 이때부터다.

3년 후인 태종 16년, 태종은 아버지의 정치적 고향인 함주목을 함흥부로 승격시키면서 영흥부는 화주목으로 강등시켰다. 그에 따라 계수관이 영흥부에서 함흥부로 바뀌면서 도의 이름도 영길도에서 함길도로 바뀌게 된다. 그런데 세조 13년(1467년), 함흥을 기반으로 이시애가 반란을 일으키자 난의 진압 후 3년이 흐른 1470년 함흥부를 함흥군으로 강등시키고 관찰사 본부를 함흥에서 영흥부로 옮긴 다음 안변도호부를 새로운 계수관으로 삼아 영안도(永安道)로 개칭했다. 그래서 성종 때와 연산군 때 함경도는 줄곧 영안도로 불렸다.

그러나 함흥은 태조의 본거지이기 때문에 다시 계수관으로 승격해야 한다는 주장이 줄곧 제기됐고, 결국 중종 4년 함흥과 경성도호부를 계수관으로 해서 함경도로 정해 이후 줄곧 함경도로 불리게 된다. 반면 평안도의 경우 이렇다 할 이름의 변화는 없었다.

이괄, 왕을 내쫓다

조선에는 크게 네 차례의 성공한 쿠데타가 있었다. 태종의 '1차 왕자의 난'과 세조의 계유정난, 그리고 중종반정 및 인조반정이 그것이다. 예나 지금이나 반란이라고 할 수 있는 쿠데타가 발생하면 그 틈을 노리는 세력이 쿠데타 세력 내부나 반(反) 쿠데타 세력 내에 생겨나기 마련이다. 그로 인해 새로운 집권 세력을 '정당하지 못하다'고 생각하는 세력들이 집권 세력과 충돌하는 일이 잦았다.

태종의 집권에 대해서는 태조 이성계와 직·간접적으로 연결돼 있던 조사의가 맞섰다. 태종 1년 윤3월 1일, 태종은 막강한 힘을 갖고 있던 좌정승 이거이를 전격적으로 내쫓았다. 태종이 형인 정종을 내쫓고 왕위에 오르자 다시 태종을 제거하고 정종을 복위시키려 했기 때문이다. 이처럼 당시 태종이 정종을 강압적으로 퇴위시킨 데 대해 비판적으로 보는 세력들이 많았다. 게다가 태상왕 이성계는 이때부터 본격적으로 반 태종 행보를 보이기 시작한다. 함흥차사라는 말도 이런 흐름 속에서 생겨난 것이다. 이런 가운데 태종 2년 11월 5일, 함경도 안변부사 조사의가 군사를 일으켰다는 급보가 개경에 날아든다. 그러나 조사의의 난은 규모면에서 정부군과 비교가 되지 않아 한 달여 만에 제압되고 만다. 이후 태종 집권기에 반란이라고 부를 만한 대규모 거사는 일어나지 않았다.

세조는 피의 쿠데타로 권력을 장악했기 때문에 정당성이 약했다. 정당성이 약하다는 것은 세조의 조선을 정상적인 정치 체제로 받아들이지 않으려는 세력이 그만큼 많다는 뜻이기도 하다. 사실 사육신 사건도 세조 집권의 정당성을 인정치 않겠다는 의지의 표출이었다. 그러나 세조를 무엇보다 힘들게 했던 반란은 집권 말기인 세조 13년 5월에 일어난 이시애의 난이었다.

이시애는 대대로 함경도 길주에서 살아온 이 지방 토박이였다. 회령 절제사였던 이시애는 이 지역 사람들이 갖고 있는 중앙에 대한 불만을 기반으로 6천여 명의 군사를 몰아 반란을 일으켰다. 세조의 집권이 백성들의 큰 지지를 받지 못하고 있는 것도 반란의 한 요인으로 작용했다. 정부군과 반란군은 함경도 지역에서 일진일퇴를 거듭하며 석 달 가까이 교전했으나 뚜렷한 승부가 나지 않았다. 그러나 8월, 27살 동갑내기 남이 장군과 구성군 이준이 이끄는 토벌대는 마침내 만령 전투에서 반란군을 꺾고 이시애 등을 사로잡는 데 성공한다.

폭군 연산군을 내몬 중종반정도 취약성을 갖고 있기는 마찬가지였다. 물론 앞서의 경우처럼 간접적으로라도 태조나 정종의 복위, 혹은 단종의 복위처럼 연산군을 지지하는 세력은 나오지 않았지만, 박원종이 이끄는 반정 주도 세력에 대한 반감이 만만치 않았기 때문이다. 불과 8년의 중종 재위 기간 동안에 김공저·조광보의 옥사(중종 2년 윤정월), 이과의 옥사(중종 2년 8월), 신복의의 옥사(중종 3년 11월), 왕실 종친

옥사(중종 4년 10월), 박영문·신윤무의 옥사(중종 8년 10월) 등 역모나 불궤(不軌-반역)와 관련된 옥사가 연이어졌다는 것은 우리가 알고 있듯이 중종반정이 정당한 것으로만 받아들여진 것은 아니라는 점을 보여 주기에 충분하다. 그러나 중종 때의 옥사는 군사력을 동원한 반란으로까지 이어지지는 않았다는 점에서 역모 내지는 암투 수준에 불과했던 사건이라고 할 수 있다.

이런 맥락에서 볼 때 광해군을 내쫓은 인조반정은 훨씬 더 취약했던 쿠데타였다. 광해군이 영창대군을 죽이고 인목대비를 서궁에 유폐시키는 등 유교적 가치에 반하는 행위를 한 것은 사실이지만 백성들의 입장에서는 그리 절박한 문제가 아니었다. 폭넓은 지지를 받기 어려운 권력층 내부의 파워 게임적인 성격이 강했던 것이다.

인조 원년(1623년) 3월 14일, 인조가 반정을 일으켜 광해군을 내쫓은 지 하루가 지난 날이다. 이날 인조는 누구에게 병권을 맡겨야 할지, 즉 병조판서를 누구에게 맡기는 것이 좋은지를 두고 반정공신들과 격론을 벌이고 있었다. 일단 이날 김류가 병조참판에 제수된다.

그런데 이런 결정을 고까운 눈으로 지켜보고 있는 인물이 있었다. 이괄이었다.

사실 거사를 하기로 했던 3월 12일 밤 8시경, 홍제원에 모이기로 했던 시간에 김류는 나타나지도 않았다. 그 바람에 이귀는 임시방편으로 행동대장에 이괄을 지목했다. 상황이 끝날 무렵에야 모습을 드러낸 김류는 자신이 대장이라고 항변했다. 이괄의 입장에서는 속이 뒤집어지지 않을 수 없었다. 이런 김류와 이괄이 반정 이후 논공행상을 벌였고, 승리는 김류에게 돌아간 것이다. 병조참판에 제수됐던 김류는 며칠 후 병조판서로 승진했다. 게다가 김류는 같은 해 윤10월

공신을 정할 때 1등공신에 오른 반면, 이괄은 2등공신에 평안도 지역 부사령관격인 '평안도 부원수'로 임명되는데 그쳤다. 물론 평안도 군대는 오늘날로 따지면 DMZ 핵심 군사력이었지만, 혁명 동지라는 자부심에서 보자면 그것은 좌천이었다. 다만 조선 최고의 병력 1만 5000명이 자기 수하에 있다는 것이 위안이라면 위안이었다.

이렇게 이괄을 변방의 핵심 요직으로 보낸 이듬해(인조 2년 1624년) 1월 중순, 조선 조정으로 이괄의 난에 관한 소식이 들어왔다. 변방으로 내몰린 데 대해 불만을 갖고 있던 이괄이 아들과 측근 정인영, 한창국, 정찬 등에게 역모 의사를 털어놓았다는 것이다. 그러나 실제로 이괄이 그런 모의를 했는지, 아니면 조정 내 반 이괄 세력이 이괄을 제거하기 위해 사전 공작을 한 것인지는 확실치 않다. 일단 조정에서는 사람을 보내 이괄의 아들을 잡아 오기로 했다.

1월 21일, 자신의 아들을 잡아들이기 위해 중앙 조정의 선전관과 의금부 도사 등이 영변에 도착했다는 소식을 접한 이괄은 이렇게 죽으나 저렇게 죽으나 마찬가지라는 심정이 되어 난을 결심한다. 그에게는 조선 최고의 무력이 있었다. 어찌 보면 이괄이 치밀하게 난을 준비했다기보다는, 조선 조정이 사람 관리에 실패해 그를 반 조선, 반 국왕으로 몰아간 면이 강하다.

1월 22일 이괄은 영변에 집결한 최정예병 1만 2000명을 이끌고 남진을 시작한다. 도중에 자신의 직속상관인 평안도 도원수 장만이 이끄는 병력과 황해도 황주 인근 벌판에서 교전을 벌이기도 했다. 여기서 장만이 이끄는 정부군은 이괄의 기병대에 패퇴했다. 그것이 2월 2일의 일이다. 2월 6일 장만은 다시 한 번 부대를 수습해 반격에 나섰지만, 이괄이 이끄는 반란군에게 수적으로 상대되지 않았다. 이괄의 반란군은 더욱 속도를 높여 한양을 향해 남진하기 시작했다.

결국 2월 8일, 이괄이 한양 근처 벽제에 들어왔다는 소식이 전해지자 인조는 전라도를 향해 몽진(蒙塵)에 나서게 된다. 조선에서는 할아버지 선조가 왜군의 침입으로 인해 한양을 버린 이후 한양을 버린 두 번째 임금이 됐다. 게다가 국내의 반란으로 인해 한양을 버린 것은 인조가 처음이자 마지막이었다.

몽진론은 2월 7일 대사간 정엽이 처음으로 제기했다. 상황이 급박했기 때문에 반대론은 없었다. 논란은 경상도로 갈 것인지 전라도로 갈 것인지였다. 경상도 출신인 정경세(鄭經世, 1563년~1633년)는 경상도로 가야 한다고 주장했다.

"영남의 충의로운 선비 중에는 반드시 선뜻 호응하여 소매를 떨치고 일어날 자가 있어서 이로 인하여 회복할 수 있을 것입니다."

그러나 전라도 순천 사람이었던 김류(金瑬, 1571년~1648년)가 반대하고 나섰다.

"영남에 충의로운 선비가 많기는 하나, 그 풍속은 문을 숭상하고 무를 숭상하지 않으므로 도움을 받기 어렵습니다. 호남의 풍속은 대부분 무예를 숭상하니, 지금의 계책으로는 영남으로 가는 것이 호남으로 거둥하시어 진무하고 수용하는 것만 못합니다."

이때 장유(張維, 1587년~1638년)가 나서서 공주산성에는 큰 강이 있고 산세가 험하니 일단 그곳으로 가서 전황을 살펴 가며 어디로 갈 것인지 결정해도 늦지 않을 것이라고 중재안을 내놓는 바람에 몽진을 둘러싼 경상도, 전라도 논쟁은 더 이상 확대되지 않았다.

피난 준비를 하느라 인조는 2월 8일 밤에야 몽진길에 나설 수 있었다. 그날 밤 어렵사리 배를 구해 한강을 건너면서 북쪽 대궐 방향으로 돌아보니 "궁궐이 난민(亂民)들에게 불태워져 불꽃이 이미 하늘로 치솟았다."

다음날(2월 9일) 인조 일행은 길을 서둘러 과천을 거쳐 밤늦게 수원에 다다를 수 있었다. 실록은 지방 관리들이 어가가 지나갈 때 횃불도 준비하지 않고 어선(御膳-임금의 식량)도 내오지 않았다고 적고 있다. 그것이 어쩌면 당시 인조를 바라보는, 혹은 조선 조정을 바라보는 민심이었는지 모른다.

2월 10일, 인조 일행은 일단 수원에 하루 머물며 상황을 점검했다. 그리고 같은 날 새벽, 이괄의 반란군은 한양에 입성했다. 이날 경복궁에 들어온 이괄은 선조와 온빈 한씨 사이에서 난 흥안군 이제를 새로운 임금으로 추대했다. 인조에게는 삼촌뻘 되는 인물이다. 하루 이틀이지만 조선에 두 임금이 있게 되는 상황이 벌어졌다.

한편 그 시각 장만이 이끄는 병력도 이괄의 뒤를 계속 추격해 지금의 서대문 밖까지 진출해 있었다. 2월 11일, 장만의 정부군과 이괄의 반란군은 운명의 안령 전투를 벌인다. 새벽부터 시작된 전투는 저녁까지 계속됐고, 결국 이날 밤 이괄은 동대문 수구문을 통해 경기도 광주 쪽으로 달아났다. 흥안군 이제도 이괄의 뒤를 따랐다. 그러나 결국 이괄은 2월 13일 부하들에 의해 살해된다. 흥안군도 붙잡혀 장만에 의해 살해당했다. 이것으로 상황은 끝이었다.

한편 수원에 머물던 인조 일행은 2월 11일 다시 천안으로 내려간다. 그리고 2월 12일 관군이 대승을 거뒀다는 승전보를 접하고 한숨을 돌린다. 그러나 아직 이괄이 살아 있었고 남은 무리들이 남쪽으로 달아났기 때문에 어가를 바로 한양으로 돌릴 수는 없었다. 그래서 2월 13일, 인조 일행은 다시 보다 안전한 공주산성에 들어가서 상황이 완전히 끝날 때까지 지켜보기로 했다. 이렇게 해서 공주에 머물던 인조가 한양으로 다시 돌아온 것은 2월 22일이다.

거의 성공할 뻔했던 반란은 결국 장만이라는 장수의 지략과 용기에 막혀 실패로 돌아갔다. 조정에서는 3월 8일, 이괄의 반란에 공을 세운 장수들을 진무공신(振武功臣)에 책봉했다. 1등공신에는 장만을 비롯해 그의 수하에 있던 정충신, 남이흥 등 3인이 책봉됐으며, 모두 안령 전투에서 큰 공을 세운 사람들이었다.

물론 이괄의 난은 군사 작전의 성공으로 진압할 수 있었다. 그러나 당시 민심의 동향을 보면 인조와 조정이 승리했다고 보기는 힘들다. 인목대비까지 나서서 의병이 궐기할 것을 백성들에게 당부했지만 움직임은 거의 없었다. 오히려 이괄이 한양에 입성할 때 백성들이 길을 닦고 황토를 뿌려 임금의 예로 맞았다는 사실은 이미 이때부터 조선이 뿌리에서부터 크게 흔들리고 있었던 것을 보여 주는 단적인 예가 아닐까 생각하게 된다.

조선 유언비어사 500년

조선 500년은 유언비어(流言蜚語) 500년이다. 흉언(凶言), 유언(流言), 난언(亂言), 흉서(凶書), 괘서(掛書), 벽서(壁書)가 시대별로 난무했다. 조정은 이것들을 모두 '역심(逆心)의 발로'로 여겨 입수되는 즉시 내용을 보지 않고 불태워 폐기하는 것을 원칙으로 삼았다. 특히 익명서(匿名書)는 무고의 수단이 될 수 있다 하여 무조건 폐기했다. 그러나 동서고금을 막론하고 치세에는 언로가 넓어 유언이 줄어들지만 난세에는 각종 유언비어와 익명서가 난무하게 마련이다. 즉 유언비어의 과다(寡多)로 치난을 가릴 수 있는 것이다.

이성계가 조선을 개국했을 때는 새 왕조를 비난하는 유언비어나 흉서가 그다지 많지 않았다. 간혹 고려 말에 고위직에 있던 사람들이 비밀리에 모여 불평불만을 토로하는 정도였다. 건국한 지 두 달쯤 지난 태조 1년(1392년) 9월 16일, 사헌부에서는 이부와 허해라는 사람이 유언비어를 퍼뜨렸다며 국문하여 처벌할 것을 청했다. 아마도 이성계가 일개 무장으로서 나라를 세웠으니 정통성이 없다는 비판을 했던 것 같다. 이에 대해 태조 이성계는 대수롭지 않다는 듯이 웃으며

"지금 명나라 황제(주원장)도 일개 필부로서 천하를 얻었으니 그런 말에 신경 쓸 필요가 없다"고 말한다. 실제로 이부와 허해는 중벌을 받지 않았다. 건국 초 유언비어가 난무하지 않은 데는 태조의 이 같은 포용력도 한몫했다.

유언비어나 흉언은 아무래도 쿠데타나 반정으로 집권한 태종, 세조, 중종, 인조 때 많을 수밖에 없었다. 태종 4년 충청도와 전라도 일대를 휩쓴 유언비어는 이랬다. '한양에서는 재상들이 길을 갈 때 말을 놀라게 하거나 절을 하지 않고 도망가다가 붙잡히면 문득 죽인다고 한다.' 쿠데타 공신들의 위세가 워낙 컸기 때문에 생겨날 수 있는 흉언(凶言)이다.

중종 6년 5월 3일, 3정승이 국가의 현안과 관련해 중종에게 올린 건의 중에 유언비어의 폐단과 그 해법을 제시하는 대목이 나온다.

요즘 시중에는 유언비어를 전파하여 시비(是非)를 현란(眩亂)시키기도 해서 기어이 중상하려 하니, 사람들이 서로 의심하고 두려워서 각자 자기 몸만 보존하려고 합니다. 이 풍습이 그치지 않으면 나중에 위에서는 아래를 검속하지 못하고 아래서는 위의 잘못을 적발할 수 없어 그 폐해가 앞으로 구제하기 어렵게 될 것이니, 진실로 작은 일이 아닙니다. 순박한 데로 돌이키는 전이(轉移)의 기틀이 임금의 한 마음에 있기는 하지만 그 책임이 재상(宰相)에게도 있습니다.

말 그대로 순박한 데로 돌이키는 전이의 기틀, 즉 올바른 정치와 정직의 기풍이 유언비어를 막는 근본적인 해법이라는 것이다.

중종의 경우 기묘사화를 일으켜 조광조 일파를 숙청하는 등 부정적 유산도 남겼지만, 비교적 선정을 펼치려 노력한 임금의 하나다. 그런 중종도 줄곧 각종 유언비어에 시달려야 했다. '누구는 무엇 때문에 감사(관찰사)가 됐고 누구는 어찌해서 수령이 됐다고 하더라'는 것이었다.

반정으로 권력을 잡은 인조 때도 유언비어가 많았다. 인조 2년 3월 21일 사헌부의 급보다.

'근래 와언(訛言-유언비어)이 크게 일어 도성 백성이 다투어 나가므로 짐 진 자가 잇달아서 문을 메우고 길을 막아 마치 적병이 성에 다가온 때와 같습니다. 그런가 하면 유식한 사대부도 가족을 데리고 가고, 궁가(宮家)와 거실(巨室)에서도 가장(家藏)을 다투어 날라 나가니 매우 한심합니다.'

이 같은 혼란은 어떤 사람이 접신(接神)했다며 서둘러 도성을 빠져나가지 않으면 큰 변고를 당할 것이라고 떠들고 다닌 데서 비롯됐다. 유언비어 중에서도 악성이 바로 이 같은 접신형 유언비어였다. 국시(國是)를 흔들 수도 있기 때문이다.

반정에 희생당한 광해군 시대에도 유난히 유언비어가 많았다. 영창대군을 죽이고 인목대비를 유폐시키는 등 패륜적 행동에 대한 비판에서 비롯된 것도 있겠지만, 무엇보다 임진왜란을 겪은 정신적 외상이 백성들 마음 속에 크게 남아 있었기 때문이었다.

광해군 3년(1611년) 3월 4일, 사간원에서는 전라도 병마절도사 유승서를 탄핵했다. 유승서가 백성들에게 비상용 식량인 미숫가루와 미투리(신발의 일종)를 준비해 두라는 명을 내리자 전라도 일대 백성들 사이에 '전쟁이 날지 모른다'는 유언비어가 돌아 농사를 포기하고 피난 준비를 하느라 큰 소동을 빚었다는 것이다. 자라 보고 놀란 가슴 솥뚜껑 보고도 놀란다는 식이었다.

실록 속 눈에 띄는 유언비어 대처법 하나.

"유언비어는 지혜로운 사람에 이르면 해소된다."

딱 맞는 말이다. 유언비어는 몽매한 자들 사이에 확산되기 때문이다. 다만 이 말을 한 사람이 반정으로 쫓겨난 광해군이라는 것이 꺼림칙할 뿐이다.

유언비어를 잠재우는 힘은 올바른 정치

'데마고그'란 선동가를 말한다. 민주사회에서 늘 경계해야 할 집단이 바로 이 선동가 그룹이다.

그러나 선동은 민주제 사회에만 있는 것이 아니다. 전통적인 군주제나 귀족제 사회에서도 항상 지뢰처럼 숨어 있다가 작은 실수라도 발생하면 터져 나오곤 했다.

선동의 처음과 끝은 '그럴듯함'이다. 조선 초에는 도참설이 주요 선동의 원천이었다. 태종 8년 참수형을 당한 임형의 경우, '이씨의 30년 기업(基業)이 끝난 뒤에 다른 이씨가 온다'고 선동하며 역모를 꾸미다가 비명횡사했다. 이때는 무슨 년이 되면 성인이 온다는 식의 선동도 흘러 다녔다.

선동은 정치의 비정상을 먹고 자란다. 정치가 정상적으로 흘러가면 군주제건 민주제건 선동이 발붙일 공간은 없다. 태종도 집권 10년을 넘기고 정치가 안정 국면으로 접어들고 나서야 이 같은 선동의 위험으로부터 어느 정도 벗어날 수 있었다.

자기가 살고 있는 시대가 치세인지 난세인지는 일반 백성들이 더 잘 알고 있었다. 세종 때 이렇다 할 역모나 반란이 사실상 한 건도 일어나지 않은 것은 그 때문이다. 대신 세조처럼 무자비한 쿠데타로 집권할 경우, 백성들에게 선동이 먹혀들 위험성은 그만큼 커진다. 결국 세조 13년에 발발한 이시애의 난은 정권의 뿌리를 흔들 만큼 백성들에게 미친 영향이 컸다.

'이시애가 한번 그 난리를 선동하자 온 도(道)가 메아리치듯이 이에 응하였다.'

선동의 힘은 바로 이 메아리에서 나온다. 메아리를 만들어 내지 못하는 선동은 선동이 아닌 것이다.

물론 모든 선동이 다 잘못된 것은 아니다. 그중에는 진정으로 새로운 시대를 예비하는 정치적 투쟁의 노력도 포함돼 있기 때문이다. "그래도 지구는 돈다"는 갈릴레오의 한마디는 결코 선동이 될 수 없다. 진실에 기초한 주장이나 의견은 시간이 흐르고 나면 선동이었는지 그렇지 않았는지의 여부가 판명되기 때문이다.

중종 6년(1511년) 파직당한 채수라는 인물도 선각자적 업적으로 인해 선동가로 몰려 목숨을 잃을 뻔했다. 그는 성종 때부터 엘리트 코스를 거친 문신으로, 소설 형식을 빌린 『설공찬전』이라는 작품을 통해 연산군을 내몰고 중종반정에 적극 가담한 신흥 사림파들을 은근히 비판하려 했다.

내용은 이렇다. 전라도 순창에 살던 설충란이란 사람에게 아들, 딸 남매가 있었는데 딸은 혼인하자마자 죽고 아들 공찬은 장가들기 전에 병으로 죽었다. 그 후 공찬의 혼령을 불러내 이런저런 저승의 소식을 듣게 되는데, 그중에 반역으로 정권을 잡은 사람은 지옥에 떨어진다는 대목이 있었다. 불교적인 배경에 유학에서는 인정하지 않는 저승 세계를 설정한 것도 문제인데다가 반정 세력을 자극할 수 있는 내용이 포함된 것이 결정적이었다.

실은 채수 자신도 반정공신 4등에 이름이 오르기는 했지만 그것은 포섭 차원이었고, 아마도 마음 한구석으로는 비록 연산군이 폭군이기는 했지만 신하가 임금을 몰아냈다는 데 대해 가책을 느껴 이런 작품을 쓰지 않았나 싶다.

이에 대한 사헌부의 처벌은 당연히 가혹했다.

설공찬전은 괴이하고 허탄한 말을 꾸며서 문자로 나타낸 것이어서 사람들로 하여금 믿어 혹하게 하기 때문에, 부정한 도로 정도(正道)를 어지럽히고 인민을 선동하여 미혹케 한 율(律)에 의해 교수(絞首)해야 합니다.

그나마 중종이 공신이라 하여 파직하는 선에서 마무리됐다.

아이들의 노래가 세상을 비웃다

인터넷 덕에 요즘은 유치원생도 권력 비판에 동참한다. 그렇다면 조선시대에는 어땠을까? 조선시대에는 동요(童謠) 속에 권력에 대한 풍자와 해학을 담아 냈다. 중종 때의 권간으로 드라마 등에서 흔히 간신의 표상처럼 그려지는 김안로가 쓴 『용천담적기(龍泉談寂記)』에는 조선 전기 때 유행했던 여러 가지 권력 비판 동요가 실려 있다.

조선 건국 초 정도전과 남은이 권력을 잡고 있을 때다.

'저 남산에 가서 돌을 내려치는데 정(釘)이 남지 않는다.'

이 동요가 한동안 한양에 유행한 뒤 정도전과 남은은 이방원 세력에 의해 주살됐다. 김안로는 "남산이란 남은을 가리키는 말이고 정(釘)은 정(鄭)과 같은 음으로 정도전을 말한 것이다. 결국 정도전과 남은이 없어질 것이라는 뜻"이라고 풀이했다.

성종 때는 '망마다승슬어이라(望馬多勝瑟於伊羅)'라는 이두가 섞인 동요가 유행했다. 김안로는 '망마다'는 굳이 사절한다는 우리말을 한자로 옮긴 것이고 '승슬어이라' 또한 염증이 나서 물리친다는 뜻이라고 풀이한다. 얼마 후 성종비 윤씨가 폐비되었다. 성종이 윤씨를 멀리하고 염증을 내고 있다는 것을 일반 백성들도 다 알고서 이런 동요가 나왔을 것이다.

당연히 폭군 연산군 때는 수도 없는 풍자요(諷刺謠)가 유행했다. 그 중 대표적인 것이 로고요(盧古謠)다. 이것은 말 그대로 '무엇무엇이로 고!' 할 때의 그 로고를 한자로 나타낸 것이다. '패아로고(敗阿盧古)'는 '모든 것을 망쳐 버렸도다!'라는 뜻이고, '견소의로고(見笑矣盧古)'는 뜻 그대로 '남의 웃음거리가 되어 버렸구나!'라는 뜻이며, '굿기로고(仇 叱其盧古)'는 당시 말로 '더러운 행동을 하여 난잡하고 부정한 사람이 되어 버렸구나!'라는 뜻이다(叱은 ㅅ받침의 한자식 표현이다).

연산군 시대의 망조(亡兆)를 미리 읽어 낸 백성들은 이런 동요도 지어 불렀다.

'매이역가 매이역가 수묵묵(無伊斁可 無伊斁可 首墨墨)'

'매이'는 윗사람을 불러서 여쭙는다는 뜻이고 '역' 자는 중종의 이름 역(懌)과 소리가 같다. '수묵묵'은 반정의 주역 박원종과 성희안 둘 다 묵사동(墨寺洞)에 살고 있었기 때문이다. 이는 결국 중종이 추대되고, 그 거사의 우두머리 두 사람은 묵사동에 살고 있다는 뜻이다. 정확히 반정의 내용을 담은 노래다.

영조 때의 학자 성대중도 『청성잡기(靑城雜記)』라는 자신의 문집에서 조짐을 미리 짚은 동요들을 소개한다.

광해군을 내몰고 인조반정을 일으킨 공신 중 일부는 권신으로 타락해 당대 유학자들뿐만 아니라 후대 사가들로부터 호된 비판의 대상이 됐다. 그 대표적 인물이 김자점(金自點, 1588년 선조 21년~1651년 효종 2년)이다. 한때 그를 풍자하는 동요가 유행했는데, 그중에 '자점이 점점(點點)이다' 하여 그의 패망을 암시하는 가사가 포함돼 있었다. 실제로 김자점은 온갖 패악을 부리다가 패가망신한 대표적인 경우다. 영의정까지 지내며 소현세자와 세자빈 강씨의 죽음에 깊이 관여하고 임경업 장군을 고문으로 죽게 하는 등, 인조 때 최고의 실력자였던 그는 결국 1649년 인조가 세상을 떠나자 아들 김익과 함께 역모를 꾸미다가 발각되어 부자가 함께 형벌을 받아 죽었고, 그에게 기생했던 무리들도 뿌리째 뽑히고 말았다.

경종에서 영조로 왕위가 이어지는 과정에서 소론의 지도자로 노론 4대신을 죽이고 권세를 잡은 김일경(金─鏡, 1662년~1724년)이 마구 권력을 휘둘러 댈 때였다. '일경은 파경(破鏡)이다' 라는 촌철살인의 동요가 유행하더니, 얼마 안 가 그는 영조에 의해 참형을 당했다. 내용은 전하지 않지만 영조 말의 정후겸이나 정조 초의 홍국영을 비꼬는 동요도 유행했다는 기록이 있다.

미래를 예언하는 것은 아니지만 백성들을 힘들게 했던 대역사도 풍자적인 동요를 만들어 냈다. 영조 때의 대대적인 청계천 준설 때는 이를 주도한 홍계희, 홍봉한 등을 '개천(開川)' 당상이라 불렀다. 요즘식으로 풀이하면 '하수구 같은 당상관'이라는 의미로, 그 속에는 원망이 듬뿍 묻어난다. 정조 때 수원부유수가 되어 수원성 건설을 진두지휘했던 조심태(趙心泰)에 대한 분노를 담은 동요도 생겨났다.

'심태(心泰)가 태심(太甚)하니 수원(水原)이 원수(怨讐)로다.'

얼마나 일꾼들을 몰아세웠으면 이런 동요까지 불렀을까 싶다.

조선의 백성들은 구중궁궐 속 사정 또한 누구보다 잘 알고 있었다. 시조 부흥 운동으로 유명한 이은상 선생이 수집한 조선의 동요 중에 '간드렁가'라는 게 있다. 왕위가 간당간당하다는 뜻이다. 어린 헌종에게 자식이 없어 위태위태한 정국이 안타까워 지어 부른 노래가 아닐까?

이렇듯 권력을 쥐고 흔드는 자들은 저잣거리 아이들도 다 알아차리는 조짐을 제대로 파악하지 못해 횡액을 당한 반면, 하루하루 먹고 살기 힘들어했던 백성들은 대궐과 조정 사정을 손바닥처럼 들여다보고 있었다. 조선시대에만 국한되는 이야기는 아닌 듯하다.

임진왜란 때의 동요

임진왜란이 발발하자 개국 초 무학대사가 지었다는 『도참기(圖讖記)』에 실린 예언이 화제가 됐다. 그 책의 임진년(1592)에는 '악용운근(岳聳雲根) 담공월영(潭空月影) 유무하처거(有無何處去) 무유하처래(無有何處來)'란 말이 써 있었다는 것인데, 이것이 무자년(1588년, 선조 21년)부터 이미 세상에 내용이 파다하게 퍼졌으나 그것을 제대로 해석하는 이는 아무도 없었다.

결국 임진왜란이 터지자 조정에서 순변사(巡邊使) 신립(申砬)을 보내어 방어하도록 하였는데, 신립이 충주 탄금대에서 대패하고 전군이 월낙탄(月落灘)에서 몰사했다. 일이 이렇게 되고 나서야 사람들이 그 내용을 다음과 같이 해석했다. 이른바 '악(岳)'은 곧 '유악강신(維岳降申)'이고, '용(聳)'은 '입(立)'의 뜻이며, '운근(雲根)'은 곧 '돌(石)'이다. 그러므로 '악용운근(岳聳雲根)'은 '신립(申砬)'이란 말이 된다. 또 '담공월영(潭空月影)'은 곧 '달이 여울에 떨어진 것(月落灘)'이니 '물에 빠져 죽는다'는 말이다. 그 아랫 구절은, 도성 안의 백성은 피난 가고 왜구가 입성한다는 말이다.

또 한 동요가 임진년 정월부터 도성 안에 퍼지기 시작하더니 4월에는 크게 유행했다. 동요는 곧 '이팔자 저팔자 타팔자(此八字 彼八字 打八字), 자리 봉사 고리 첨정(自利 奉事 高利 僉正), 경기 감사 우장 직령(京畿 監

司 雨裝 直領), 큰달마기(大月乙麻其)'였는데, 임진 난리 뒤에 해석하는 자가
이렇게 말하였다.

중국 사람은 남녀가 간음하는 것을 일러 '타팔자(打八字)'라고 하는데 이는
중국 군대가 우리 나라의 여인을 간음한다는 말이고, '자리고리(自利高利)'
는 우리 나라의 방언으로 '냄새나고 더럽다'는 뜻인데 이것은 임진 난리
뒤에 생긴 납속군공(納粟軍功)을 의미하며, '봉사(奉事)', '첨정(僉正)'은 다
낮고 미천함을 의미하고, 상이 4월 그믐에 파천하였으니 그 달은 큰달이
며 큰달 그믐, 곧 큰달 말일이란 뜻이다. 이른바 '큰달마기'란 곧 '큰달 끝
[大月末]'이란 뜻이고, 그날은 마침 큰비가 내려 경기 감사가 우장(雨裝)과
직령(直領)을 입고 어가를 뒤따르게 된다는 뜻이다.

1592년(선조 25년) 4월 30일 실록에 실려 있는 예언 풀이다.

헛소문 하나에
한양이 발칵 뒤집히다

지금으로부터 정확히 121년 전인 1888년(고종 25년) 음력 5월 초, 서울 장안은 큰 소요 사태에 휘말렸다. 민간에서 몇몇 아이들이 연쇄 유괴된 것이 사건의 발단이었다. 문제는 유언비어가 사태를 걷잡을 수 없이 키운 데 있었다. 사태가 더욱 심각해지자 고종은 5월 10일 전교를 내렸다. '요즘 민간에서 아이를 잃어버리는 일 때문에 백성들이 놀라고 소란스러운데, 이보다 심각한 일은 없다. 뜬소문이 나돌아 민간을 소란하게 만드는 것은 반드시 조화를 부리는 놈이 있어서 그럴 것이다. 이와 같이 음흉하고 사특한 무리들은 확실히 염탐하여 체포해야 할 대상이다.'

사실 어린이 유괴는 종종 있던 일이다. 이 당시 사안이 불거진 결정적인 이유는 중국이 후원하는 수구 세력과 서방이 지원하는 개방 세력 간의 충돌 때문이었다. 당시 떠돌았던 유언비어 몇 가지를 살펴보면 쉽게 확인된다. '일본인들이 어린이들을 사서 요리해 먹는다', '외국인들이 약을 만들기 위해 어린이를 산다', '사진을 만들기 위해 희생자들의 눈알을 이용한다' 등등.

조정에서는 백성들이 동요하기 시작하자 처음에는 "그 소문이 거 짓이며 국민들은 자중할 것"을 당부하기도 했다. 그래도 효과가 없자 엄벌을 다짐하는 전교를 내렸던 것이다. 그러나 일단 흥분하기 시작 한 백성들을 진정시키는 데는 백약이 무효였다.

　이 무렵 조선 조정에서 고위 관리 자제들의 근대 교육을 위해 설립 한 신교육기관인 육영공원(育英公院)에 교사로 초빙됐던 미국인 G. W. 길모어는 『서울풍물지』라는 책을 통해 당시 상황을 이방인의 시각에 서 상세하게 적고 있다. 길모어는 이런 유언비어가 조선에 주재했던 중국 외교관에 의해 치밀하게 조작되어 전파된 것으로 단정했다. 아 마도 임오군란 진압을 위해 조선에 파견돼 사실상 총독 행세를 했던 위안스카이(袁世凱)를 염두에 둔 지적 같다. 당초 청나라는 조선의 개방 능력을 부정적으로 보았기 때문에 개방을 지원하는 척했으나, 조선이 점차 스스로 적극적인 개방 의지를 보이자 이를 방해하려고 서둘러 이런 유언비어 공작을 전개했다는 것이다. 공작도 문제지만 그에 놀 아나는 백성들도 비판을 면키 어렵다. 전반적으로 조선 백성들에게 큰 애정을 갖고 있던 길모어도 이 사건을 전하면서는 "이 나라 대중들 은 경솔하게 믿는 경향이 심하고 성질도 급하다"라고 쓴소리한다.

　서울 장안은 일대 혼란에 휩싸였다. 그전까지 친절하게 대했던 외 국인들, 특히 서양 사람들에 대한 태도가 갑작스레 바뀐 것이다. 게다 가 멀쩡한 조선 사람들 사이에서도 서로에 대한 의심이 팽배했으니, 낯선 이들이 매서운 눈초리에 시달리는 것은 물론이고 멀쩡하게 자 기 아이를 데리고 가다가 "저기 어린이 도둑이 간다!"는 외침 한 마 디에 군중들에게 짓밟혀 죽는 이들까지 생겨났다.

　길모어가 목격한 사건 중에는 이런 일도 있었다. 자기 아이 손을 잡고 가던 한 남자가 군중의 공격을 받게 되었으나, 다행히 하급 관리에게 애원해 재판관 앞에서 친자식임을 입증받은 후에야 풀려났다는 것이다. "확실한 증거가 있었음에도 불구하고 군중들은 재판관이 외국인에게 아이를 파는 사람과 결탁하고 있다며 노골적으로 비난과 협박을 퍼부었다."

사실 이런 외국인 혐오증(Xenophobia)은 일본이나 중국처럼 개화의 경험을 갖고 있는 나라들 사이에서는 초창기에 반드시 일어나는 일종의 통과 의례라고 볼 수도 있다. 문제는 그런 유언비어가 난무할 때 합리적 이성을 작동시켜 그것을 극복해야 한다는 것이며, 이것이 바로 근대화의 핵심이다. 그렇게 함으로써 불필요한 공포의 영역을 축소하고 우리의 합리적 세계를 확장하는 게 근대성이다.

지난 120년 동안 우리는 외국인 혐오증을 얼마나 극복하고 합리적 세계를 넓혀 놓았을까, 자문해 볼 때 솔직히 아직도 멀었다고 해야 하지 않을까? 외국인 혐오증은 이런저런 혐오의 단계를 거쳐 미국 혐오증(Americanophobia)으로까지 면면히 이어지고 있다. 1888년 5월의 서울과 2008년 5월의 서울은 얼마나 다른 것일까? 열흘 동안의 소란이 끝난 후의 풍경 또한 지금을 그대로 빼닮은 듯하다. 길모어의 언급이다.

"열흘이 채 안 되어 흥분은 가라앉았다. 불과 며칠 전에 성난 군중들이 모였던 곳에서는 일상적인 숫자의 낙천적으로 웃는 게으름뱅이들과 상인들, 물건을 사려는 사람들만이 보일 뿐이었다."

이를 보면 역사의 진전 속도는 분명 우리가 생각하는 것보다는 훨씬 느린 것이 아닐까 하는 생각을 버릴 수가 없다.

|자료 출처|

사진 출처
34쪽_정몽주가 이방원에 의해 살해당한 선죽교 연합뉴스
40쪽_진충귀에게 내린 「조선 개국원종공신 녹권」 국립중앙박물관(중박 200904-179)
60쪽_복원된 신기전 연합뉴스
76쪽_「정조의 현륭원 행차」 국립중앙박물관(중박 200904-179)
82쪽_「철종대왕 어진」 연합뉴스
90쪽_「온양별궁전도」 연합뉴스
102쪽_「주역」 한국학중앙연구원
117쪽_창빈 안씨 신도비부묘소 한국학중앙연구원
122쪽_「조선왕조실록」 표지 한국학중앙연구원
127쪽_「광해군일기」 국립중앙박물관(중박 200904-179)
141쪽_「효령대군 영정」 한국학중앙연구원
186쪽_구한말 경복궁 연합뉴스
188~189쪽_「정재무도홀기」 국립중앙박물관(중박 200904-179)
204쪽_「한양 도성도」 국립중앙박물관(중박 200904-179)
242쪽_「성학십도」 한국학중앙연구원
247쪽_성삼문의 글씨 한국학중앙연구원
257쪽_「백패」(좌) · 「홍패」(홍패) 국립중앙박물관(중박 200904-179)
262쪽_「송시열 초상」 국립중앙박물관(중박 200904-179)
310쪽_「일본 사신을 맞이하는 동래 원님」 국립중앙박물관(중박 200904-179)

인용 도서
210쪽_낙천정 관련 설명 한글학회 「한국지명총람」 1 서울편. 1966. p.104
211~212쪽_압구정에 대한 예겸의 글 「신증동국여지승람(新增東國輿地勝覽)」 권2

본문에 쓰인 사진과 그림자료들은 위에서 밝힌 소장처의 허락을 구하여 사용했습니다. 자료를 협조해 주신 분들께 감사드립니다.